Android-Smartphone
Die verständliche Anleitung

von

Rainer Hattenhauer

Liebe Leserin, lieber Leser,

flexibel, vielseitig und Apps ohne Ende – Ihr Android-Smartphone ist ein wahrer Alleskönner! Egal, ob Sie telefonieren, im Internet surfen, Fotos und Videos aufnehmen, Musik hören oder sich durch fremde Städte navigieren lassen möchten: Der immensen Funktionsvielfalt sind praktisch keine Grenzen gesetzt.

Bei so vielen Möglichkeiten ist es aber nicht immer leicht, den Überblick zu wahren. Rainer Hattenhauer führt Sie deshalb durch die bunte Welt Ihres Android-Smartphones. Alle Funktionen werden von ihm ausführlich, verständlich und Schritt für Schritt erklärt. Dabei ist es ihm besonders wichtig, alle Dinge, die Sie mit Ihrem Smartphone erledigen wollen, so zu beschreiben, dass Sie es an Ihrem eigenen Gerät ganz leicht nachvollziehen können. Das Besondere dabei: Das Buch behandelt die ganz aktuelle Version Android 4.4., so dass die Anleitungen und Kniffe für jedes moderne Android-Smartphone gültig sind!

Dieses Buch wurde mit größter Sorgfalt geschrieben und hergestellt. Sollten Sie dennoch einmal einen Fehler finden oder inhaltliche Anregungen haben, freue ich mich, wenn Sie mit mir in Kontakt treten. Für konstruktive Kritik bin ich dabei ebenso dankbar wie für Lob. Senden Sie mir einfach eine E-Mail an die untenstehende Adresse. Zunächst aber wünsche ich viel Freude beim Lesen und Erkunden der vielen Möglichkeiten Ihres Smartphones!

Ihre Ariane Börder
Lektorat Vierfarben

ariane.boerder@vierfarben.de
www.facebook.com/vierfarben

Auf einen Blick

1	Start mit dem Android-Smartphone	13
2	Telefonieren und Kontakte einrichten	55
3	Nachrichten senden und empfangen	85
4	Online mit dem Android-Smartphone	97
5	E-Mails senden und empfangen	131
6	Kalender, Termine, Erinnerungen und Co.	149
7	Apps installieren und verwalten	171
8	Fotografieren mit dem Android-Smartphone	201
9	Videos aufzeichnen und abspielen	227
10	Karten und Navigation	247
11	Musik und E-Books auf dem Smartphone	267
12	Nützliche Apps und Spiele	291
13	Sicherheit, Backup und Synchronisation	307
14	Die Akkulaufzeit verlängern	333
15	Tipps, Tricks und Fehlerbehebung	343
	Glossar	363

Impressum

Sie haben Fragen, Wünsche oder Anregungen zum Buch?
Gerne sind wir für Sie da:

Anmerkungen zum Inhalt des Buches: ariane.boerder@vierfarben.de
Bestellungen und Reklamationen: service@vierfarben.de
Rezensions- und Schulungsexemplare: sophie.herzberg@vierfarben.de

Das vorliegende Werk ist in all seinen Teilen urheberrechtlich geschützt. Alle Rechte vorbehalten, insbesondere das Recht der Übersetzung, des Vortrags, der Reproduktion, der Vervielfältigung auf fotomechanischem oder anderen Wegen und der Speicherung in elektronischen Medien.

Ungeachtet der Sorgfalt, die auf die Erstellung von Text, Abbildungen und Programmen verwendet wurde, können weder Verlag noch Autor, Herausgeber oder Übersetzer für mögliche Fehler und deren Folgen eine juristische Verantwortung oder irgendeine Haftung übernehmen.

Die in diesem Werk wiedergegebenen Gebrauchsnamen, Handelsnamen, Warenbezeichnungen usw. können auch ohne besondere Kennzeichnung Marken sein und als solche den gesetzlichen Bestimmungen unterliegen.

An diesem Buch haben viele mitgewirkt, insbesondere:

Lektorat Ariane Börder
Korrektorat Marita Böhm, München
Herstellung Janina Brönner
Einbandgestaltung Daniel Kratzke
Coverentwurf Mai Loan Nguyen Duy
Typografie und Layout Vera Brauner
Satz Markus Miller, München
Druck Offizin Andersen Nexö Leipzig

Gesetzt wurde dieses Buch aus der ITC Charter (10,5 pt/15 pt) in Adobe InDesign CC.
Und gedruckt wurde es auf mattgestrichenem Bilderdruckpapier (115 g/m²).
Hergestellt in Deutschland.

Bibliografische Information der Deutschen Nationalbibliothek
Die Deutsche Nationalbibliothek verzeichnet diese Publikation in der Deutschen National-
bibliografie; detaillierte bibliografische Daten sind im Internet über *http://dnb.d-nb.de* abrufbar.

ISBN 978-3-8421-0131-9

© Vierfarben, Bonn 2014
1. Auflage 2014
Vierfarben ist ein Verlag der Galileo Press GmbH
Rheinwerkallee 4, D-53227 Bonn
www.vierfarben.de

Der Verlagsname Vierfarben spielt an auf den Vierfarbdruck, eine Technik zur Erstellung farbiger Bücher. Der Name steht für die Kunst, die Dinge einfach zu machen, um aus dem Einfachen das Ganze lebendig zur Anschauung zu bringen.

Inhalt

Kapitel 1: Start mit dem Android-Smartphone 13

Android – eine Erfolgsgeschichte	14
Frisch ausgepackt	14
Die Bedienelemente eines Android-Smartphones	16
Das Android-Smartphone zum ersten Mal starten	17
Das Smartphone auf dem neusten Stand halten	25
Die Oberfläche im Überblick	26
Frühjahrsputz – überflüssige Extras entfernen	32
Die Oberfläche selbst einrichten	33
Ordnung schaffen mit Ordnern	35
Die Displaysperre einrichten	35
So bedienen Sie Ihr Android-Smartphone	38
Texte eingeben	39
Copy & Paste	41
Einstellungsmenü und Schnellzugriffleiste	42
Die Spracheingabe und Google Now	45
Apps aus dem Google Play Store installieren	47
Der Google Play Store	47
Eine App suchen und installieren	48
Eine App per QR-Code installieren	50
Apps auf dem neuesten Stand halten	51
Suchen und Finden auf dem Android-Smartphone	53
Inhalte auf dem Smartphone und im Internet suchen	53

Kapitel 2: Telefonieren und Kontakte einrichten . 55

Die Telefon-App	55
Jemanden anrufen	57
Einen Anruf annehmen	58
Verpasste Anrufe	59
Mit mehreren Gesprächspartnern telefonieren	60
Das Anrufprotokoll einsehen und löschen	62
Die Mailbox einrichten	63
Rufnummernunterdrückung und Anklopfen	65
Weitere Konfigurationsoptionen	65
Ein Headset nutzen	67
Kontakte einrichten und verwalten	68
Einen neuen Kontakt hinzufügen	70
Verbindung zu einem Kontakt herstellen	71
Eine neue Gruppe erstellen	71
Das Kontakte-Menü	72
Kontakte im Browserinterface	72
Kontakte importieren	73
Klingeltöne und Vibration anpassen	76
Eigene Klingeltöne verwenden	77
Profile einrichten	78
Internettelefonie (VoiceOverIP)	79
Videotelefonieren mit Google Hangouts	80
Die Alternative – Skype	82
Einige nützliche GSM-Codes	83

Kapitel 3: Nachrichten senden und empfangen 85

SMS senden und empfangen	85
Weitere SMS-Optionen	87

SMS verwalten	88
MMS senden und empfangen	89
Eine alternative SMS-App verwenden	91
WhatsApp – die kostengünstige Alternative	92
Chatten mit Hangouts	95

Kapitel 4: Online mit dem Android-Smartphone . 97

Über WLAN günstig ins Internet	97
WLAN aktivieren und einrichten	97
Ein erster Verbindungstest	100
Was tun bei Problemen?	101
WLANs analysieren	103
Überall online mit UMTS und Co.	104
Den richtigen Anbieter finden	106
Den mobilen Datenzugang einrichten	107
Den Zugang manuell einrichten	108
Zwischen Verbindungsarten wechseln	110
Behalten Sie die Kosten im Blick	111
Mit anderen Geräten die Internetverbindung Ihres Smartphones nutzen (Tethering)	112
Im Internet surfen	114
Browsen mit mehreren Fenstern	117
Lesezeichen anlegen und verwalten	118
Lokale Suche auf Webseiten	121
Webseiten teilen	121
Privat surfen und die Chronik aufrufen	122
Google Now und Knowledge Graph	123
Facebook, Twitter und Google+	126

Kapitel 5: E-Mails senden und empfangen 131

Das Google-Programm Gmail 131
Gmail im Überblick 134
Eine E-Mail schreiben 135
E-Mails verwalten, ordnen und sortieren 135
E-Mails über die Website am PC abrufen 138
Einstellungen vornehmen 138
Bilder und andere Dokumente an E-Mails anhängen 139
Andere E-Mail-Anbieter einrichten: GMX, WEB.DE, Yahoo und Co. 141
Ein IMAP-Konto einrichten 142
Alternative Mailprogramme 144
Zugang zu einem Microsoft-Exchange-Konto einrichten 145
Mehrere E-Mail-Konten nutzen 146
E-Mails an Kontakte aus dem Adressbuch schicken 147
Signatur und Benachrichtigungston anpassen 148

Kapitel 6: Kalender, Termine, Erinnerungen und Co. 149

Die Kalender-App 149
Der Google-Kalender 150
Einen Termin eintragen 151
Termine auf dem Smartphone verwalten 152
Termindetails bearbeiten und einen Termin löschen 156
Einen Termin mit einer Erinnerung versehen 157
Regelmäßige Termine eintragen 158
Einen neuen Kalender erstellen 159
Synchronisierung mit Outlook 162
Aufgaben, Listen und Memos 163
Office-Software 165
PDF-Reader 168

Kapitel 7: Apps installieren und verwalten 171

Ein Rundgang durch den Google Play Store 171
Installierte Apps anzeigen 173
Apps aktualisieren 174
Was Apps dürfen 176
Apps suchen 177
Eine App kaufen 179
Eine App erneut installieren 183
Optionen der Play-Store-App 186
Apps außerhalb von Google Play kaufen 186
Apps verwalten und löschen 189
Apps komplett löschen oder zurücksetzen 192
Den Speicher im Blick 193
Apps auf eine SD-Karte verschieben 194
Dateien kopieren und löschen 196
Mehrere Anwendungen gleichzeitig ausführen 197

Kapitel 8: Fotografieren mit dem Android-Smartphone 201

Ein erstes Foto machen 201
Die Kamera-App kennenlernen 203
Den Blitz einsetzen 205
Die Szenenmodi nutzen 206
Ein Selbstporträt machen 206
PhotoSphere- und Panoramafunktion 207
HDR-Aufnahmen 209
Alternative Kamera-Apps 210
Fotos in der Galerie- und Fotos-App anzeigen 213
Alben erstellen 216

Eine Diashow vorführen 218

Optionen der Fotos-App 219

Fotos bearbeiten 221

Bilder und Alben mit anderen teilen 222

Fotos direkt drucken 223

Kapitel 9: Videos aufzeichnen und abspielen 227

Ein Video aufnehmen und wiedergeben 227

Aufnahmen nachbearbeiten 230

Videos vom Smartphone auf den PC übertragen 232

Videos teilen auf YouTube, Facebook und Co. 234

Videos auf YouTube anschauen 236

Filme im Play Store ausleihen oder kaufen 237

Alternatives Videoangebot: Watchever 239

Videos vom Smartphone auf TV streamen 240

Fernsehen auf dem Smartphone 243

Kapitel 10: Karten und Navigation 247

GPS einrichten 247

Google Maps kennenlernen 250

Mit Google Maps unterwegs 252

Navigation – der Routenplaner 258

Apps für unterwegs 261

Kapitel 11: Musik und E-Books auf dem Smartphone 267

Musik auf das Smartphone übertragen 267

Musik abspielen 270

Musik in der Cloud speichern 271

Google Play Music im Überblick	274
All-Inclusive: Googles Musik-Flatrate	278
Musik zusammenstellen – Playlists und Play Music Radio	280
Herausfinden, welche Musik gerade gespielt wird	283
Radio hören	284
Hörbücher und Podcasts hören	286
E-Books lesen	288

Kapitel 12: Nützliche Apps und Spiele — 291

Mit dem Android-Smartphone auf Reisen	291
Praktische Apps für den Alltag	295
Auf dem Laufenden: Spiegel, Stern und Co.	298
Knobel- und Geschicklichkeitsspiele	300
Quizspiele	301
Abenteuerspiele	303
Jump & Run	304
Gemeinsam spielen	304
Augmented Reality	305

Kapitel 13: Sicherheit, Backup und Synchronisation — 307

Vor Viren und Trojanern schützen	307
Den Sperrbildschirm einrichten	311
Die PIN der SIM-Karte ändern	313
Das Smartphone verschlüsseln	314
Eine Datensicherung erstellen	315
Googles eingebauter Airbag	319
Kontakte und Daten mit dem Google-Konto synchronisieren	321
Den Onlinespeicher »Google Drive« nutzen	323

Inhalt

Den Speicherdienst »Dropbox« nutzen 326

Ihr Android-Smartphone wiederfinden und
aus der Ferne sperren 329

Dateien tauschen mit AirDroid 331

Kapitel 14: Die Akkulaufzeit verlängern 333

Die großen Stromfresser 333

Erste Schritte zum Stromsparen 334

Mit Profilen arbeiten 337

Apps ermitteln, die zu viel Energie verbrauchen 339

Stromsparen mit Snapdragon BatteryGuru 340

Nützliche Utensilien 341

Kapitel 15: Tipps, Tricks und Fehlerbehebung 343

Das Gerät neu starten 343

Tipps und Hilfe in Internetforen finden 348

Dokumente vom Smartphone aus drucken 352

Das Smartphone als Taschenscanner 356

Bluetooth-Hardware verwenden 359

Einen Netzwerkspeicher einrichten 361

Glossar 363

Stichwortverzeichnis 371

Kapitel 1
Start mit dem Android-Smartphone

Sie haben sich ein Android-Smartphone zugelegt oder tragen sich zumindest mit dem Gedanken, dies zu tun? Dann ist das vorliegende Buch genau das richtige für Sie! Egal, ob Samsung, HTC, LG, Motorola, Sony oder gar ein Exemplar aus Googles legendärer Nexus-Reihe – alle modernen Androiden bieten mittlerweile eine Rechen- und Grafikpower, die ihresgleichen sucht. Mit der Leistung der Hardware Ihres neuen Telefons hätte man in den Achtzigerjahren bequem ein ganzes Rechenzentrum betreiben können.

Google bietet mit seiner Nexus-Reihe pures Android-Feeling. Bildquelle: google.de

Ein Android-Smartphone ist eine multimediale Wollmilchsau. Ihr Navigationssystem, Ihre Fotoausrüstung, Ihre CD- und Videosammlung: All die lieb gewonnenen Multimedia-Utensilien können in Zukunft zu Hause bleiben und werden durch Ihren neuen elektronischen Begleiter ersetzt. Aber auch Aufgaben wie Terminplanung, To-do-Listen oder das Bearbeiten von Office-Dokumenten gehört zum Portfolio eines Android-Smartphones.

Android – eine Erfolgsgeschichte

Tux, das Linux-Maskottchen und der Android-Roboter

Das hätte sich Linus Torvalds, der Erfinder des freien Betriebssystems Linux, wohl auch nicht träumen lassen, dass sein studentisches Hobby einmal als Grundlage für ein rasant wachsendes Smartphone-Betriebssystem dienen würde: Fakt ist, dass das Linux-basierte Betriebssystem Android mittlerweile den Smartphone-Markt sehr deutlich dominiert: Momentan werden bei Google, dem »Erfinder« von Android, jeden Tag 1,5 Millionen Android-Geräte aktiviert – Tendenz steigend. Im Jahr 2013 wurde schließlich die Milliardenmarke geknackt – eine Erfolgsstory, die bislang nur dem PC in Verbindung mit dem Betriebssystem Windows vorbehalten war.

Im Windschatten von Android sonnen sich auch diverse Hardwarehersteller im Erfolg. Samsung, Huawei, HTC, Sony und Motorola bieten passende Smartphones und Tablets für jeden Geschmack an – und das bei Stückzahlen im Millionenbereich.

Aber genug der drögen Zahlen – sicher wollen Sie nun endlich mit Ihrem neuen Schmuckstück loslegen oder sich zumindest, falls Sie noch wankelmütig in Ihrer Kaufentscheidung sind, informieren, was Sie mit so einem Hightech-Gerät alles anstellen können. Und das ist in der Tat einiges.

Frisch ausgepackt

YouTube ist voll von sogenannten Unboxing-Videos, in denen stolze Käufer ihre Smartphones vor laufender Kamera auspacken, und Sie haben nun selbst das Vergnügen, Ihr Gerät und das mitgelieferte Zubehör näher in Augenschein zu nehmen. Bei Samsungs Bestseller, dem millionenfach verkauften Galaxy S4, findet man beispielsweise Folgendes im Lieferumfang:

- eine Kurzanleitung ❶ zur ersten Inbetriebnahme des Geräts sowie ein Garantieheft
- das Smartphone selbst (❷, zunächst ohne Akku)
- der Akku ❸
- ein Micro-USB-Ladekabel ❹
- ein Ladeadapter ❺ für 230-V-Steckdosen, der an das USB-Kabel angeschlossen werden kann
- ein einfaches In-Ear-Headset ❻ mit 3,5-mm-Klinkenstecker

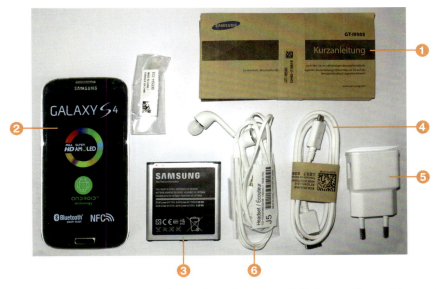

Beachten Sie: Der Lieferumfang kann natürlich von Hersteller zu Hersteller bzw. von Gerät zu Gerät variieren. Insbesondere ist bei einigen Geräten (z. B. der Google-Nexus-Reihe) der Akku mittlerweile fest verbaut.

Sicher wollen Sie Ihr gutes Stück so schnell wie möglich in Betrieb nehmen. Aber halt – nicht so voreilig! Entfernen Sie zunächst das Verpackungsmaterial (Folien etc.) und laden Sie anschließend Ihr neues Android-Smartphone auf.

Kapitel 1 – Start mit dem Android-Smartphone

> **HINWEIS**
>
> **Laden Sie Ihr Smartphone zuerst vollständig auf!**
>
> Bauen Sie den mitgelieferten Akku ein und laden Sie das Gerät *vollständig* auf. Den Ladezustand können Sie durch einen kurzen Druck auf den Einschalter jederzeit kontrollieren. Aus Gründen der Sicherheit werden Akkus bei elektronischen Geräten, die verschickt werden, stets nur halb aufgeladen. Mit der ersten vollständigen Ladung sorgen Sie zudem dafür, dass die Ladeelektronik korrekt kalibriert wird.

Die Bedienelemente eines Android-Smartphones

Während des Aufladens können Sie sich schon einmal mit den am Gerät befindlichen Knöpfen und Anschlüssen vertraut machen. Folgende Elemente werden Sie in der Regel entdecken (auch hier soll wieder ein Samsung-Gerät als Muster dienen):

Das Android-Smartphone zum ersten Mal starten

- ❶ Lautstärkewippe
- ❷ Kamera
- ❸ LED-Blitz
- ❹ Kopfhöreranschluss, Klinke 3,5 mm
- ❺ Micro-USB-Anschluss
- ❻ Mikrofon
- ❼ Lautsprecher
- ❽ Frontkamera
- ❾ Benachrichtigungs-LED (hier unsichtbar)
- ❿ Ein-Aus-Schalter

Die folgenden Hardwaretasten sind optional und zum Teil nur bei einigen Geräten (z. B. der Samsung-Galaxy-Serie) zu finden:

- ⓫ **Home**-Taste
- ⓬ Softbutton **Menü** (erscheint bei Bedarf)
- ⓭ Softbutton **Zurück** (erscheint bei Bedarf)

Google-Nexus-Geräte verfügen hingegen im unteren Bildschirmbereich über sogenannte *Softschaltflächen* bzw. *-buttons*, welche die Funktionalitäten **Home** ⓮, **Zurück** ⓯ und **Zuletzt geöffnete Anwendungen** ⓰ ansprechen.

Das Android-Smartphone zum ersten Mal starten

Nachdem der Akku frisch geladen ist, steht dem ersten Start nichts mehr im Weg. Legen Sie einfach los:

1. Öffnen Sie zunächst die rückseitige Abdeckung und legen Sie die SIM-Karte Ihres Providers in den vorgesehenen Einschub ❶ (Seite 18). Bei den Geräten der Nexus-Serie wird die SIM-Karte in einen seitlichen

17

Einschub mithilfe eines nadelförmigen Stifts geschoben. Lesen Sie in diesem Fall am besten die beiliegende Anleitung des Herstellers.

Es ist nicht zu empfehlen, das Smartphone ohne SIM-Karte in Betrieb zu nehmen, da sonst ggf. einige Funkkanäle für den WLAN-Betrieb nicht freigeschaltet werden. Anhand der eingelegten Karte erkennt das Gerät, in welchem Land Sie sich befinden, und passt anhand dieser Information die Kanäle an.

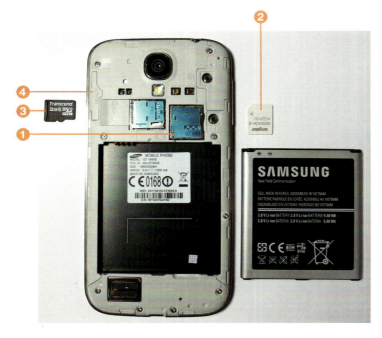

Vor Inbetriebnahme bestücken Sie das Smartphone mit der Micro-SIM-Karte ❷ und der optionalen microSD-Karte ❸. Bei einigen Geräten wird die SIM-Karte in einen seitlichen Slot geschoben.

Bei einigen Geräten wie z. B. dem Nexus 5 von Google wird die SIM-Karte mithilfe eines speziellen Werkzeugs per Schlitten in das Smartphone geschoben.

2. Falls Ihr Gerät über einen SD-Einschub für eine externe (microSD-) Speicherkarte verfügt und Sie eine solche (nicht im Lieferumfang enthalten) bereits erworben haben, können Sie diese Karte nun ebenfalls einsetzen ❹. Mit so einer Karte erweitern Sie die Speicherkapazität Ihres Smartphones.

Das Android-Smartphone zum ersten Mal starten

3. Befestigen Sie nun wieder den hinteren Gehäusedeckel und schalten Sie das Gerät durch einen langen Druck auf den auf der rechten Seite befindlichen Einschaltknopf ein ❺. Halten Sie den Knopf so lange, bis Ihnen das Smartphone mit einer kurzen Vibration bestätigt, dass es eingeschaltet ist.

> **INFO**
>
> **Der Zoo der SIM-Karten**
>
> Standard-, Micro-, ja sogar Nano-SIM-Karten bevölkern derzeit den Markt. Aktuelle Android-Smartphones benötigen in der Regel Micro-SIM-Karten. Diese können Sie aus einer Standard-SIM-Karte auch selbst herstellen, indem Sie mit einem Teppichmesser die vorgezeichneten Grate, die die Micro-SIM umgeben, trennen.

Der erste Startvorgang (das *Booten*) des Betriebssystems beansprucht eine gewisse Zeit.

Nachdem der Startvorgang abgeschlossen ist, begrüßt Sie der erste Dialog zur Einrichtung und Personalisierung Ihres Smartphones. Jetzt geht es mit den folgenden Schritten weiter. Beachten Sie bitte, dass die Erstkonfigurationsroutine von Hersteller zu Hersteller unterschiedlich gestaltet sein kann, die wesentlichen Schritte werden Sie aber sicher nachfolgend wiedererkennen.

1. Bei eingelegter SIM-Karte werden Sie zunächst aufgefordert, die PIN (*persönliche Identifikationsnummer*) der Karte einzugeben. Folgen Sie der Aufforderung. Die PIN finden Sie im Schreiben Ihres Providers oder auf der Plastikkarte, aus der Sie den SIM-Chip herausgelöst haben. Die PIN lässt sich jederzeit ändern, mehr dazu später ab Seite 313.

Kapitel 1 – Start mit dem Android-Smartphone

2. Ein Assistent nimmt Sie bei der Ersteinrichtung Ihres Smartphones an die Hand. Im ersten Schritt wählen Sie die Sprache der Benutzeroberfläche aus. Aktuelle Geräte erkennen diese meist automatisch anhand des verwendeten Mobilfunknetzes. Durch Betätigen der Schaltfläche **Weiter** ❶ gelangen Sie zum nächsten Dialog.

3. Befinden Sie sich in der Nähe eines drahtlosen Netzwerkes (WLAN), so haben Sie im nächsten Schritt die Gelegenheit, sich mit diesem zu verbinden. Tippen Sie den entsprechenden Eintrag, der dem Namen Ihres Netzes entspricht, an. Anschließend werden Sie nach Ihrem WLAN-Passwort gefragt, das Sie mithilfe der Softtastatur eingeben. Experten können sich an dieser Stelle die erweiterten Optionen zum Herstellen der WLAN-Verbindung anzeigen lassen. Über das Menü in der oberen rechten Ecke ❷ haben Sie zudem die Gelegenheit, den WLAN-Anschluss per WPS automatisch konfigurieren zu lassen.

4. Anschließend haben Sie bei einigen Geräten die Gelegenheit, die Systemuhrzeit manuell einzustellen. Bereits an dieser Stelle sollte das

Das Android-Smartphone zum ersten Mal starten

Telefon aber schon per WLAN eine Verbindung zum Internet aufgebaut haben, sodass die aktuelle Zeit aus dem Netz bezogen wird.

5. Bei manchen Geräten (z. B. Samsung) müssen Sie anschließend die Endbenutzerlizenzvereinbarung des Herstellers bestätigen. Das kennen Sie sicher schon, wenn Sie bereits ein gängiges Computerbetriebssystem wie z. B. Windows selbst installiert haben. Auch verlangen einige Hersteller (ebenfalls Samsung) an dieser Stelle die Einrichtung eines spezifischen Kontos, um das Gerät später einmal bei Verlust oder Diebstahl leichter auffinden zu können. Es besteht die Möglichkeit, die hier geforderten Schritte zu überspringen und später nachzuholen.

6. Im nächsten Schritt wird nachgefragt, ob Sie ein bestehendes Google-Konto nutzen möchten. In der Regel verfügen die meisten Android-Nutzer schon über ein Konto bei Google, z. B. wenn sie einen Gmail-Account besitzen. Sie können sich also bereits an dieser Stelle mit den entsprechenden Login-Daten anmelden.

Das Google-Konto ist Dreh- und Angelpunkt eines Android-Smartphones. Sollten Sie noch kein Google-Konto eingerichtet haben, so kön-

21

Kapitel 1 – Start mit dem Android-Smartphone

nen Sie das an dieser Stelle nachholen, indem Sie auf **Nein** ❸ (Seite 21) klicken. Der Assistent führt Sie dann selbsterklärend durch die notwendigen Schritte. (Alternativ können Sie auch ein Google-Konto bequem am PC mithilfe eines Browsers erstellen.)

7. Vor der ersten Anmeldung müssen Sie zunächst Googles Nutzungsbedingungen bestätigen. Danach erwartet Sie ein Dialog, mit dessen Hilfe Sie die automatische Wiederherstellung Ihres Smartphones im Falle eines späteren Resets einrichten können. Dabei werden sowohl Apps als auch spezifische Einstellungen übertragen. Aktivieren Sie den Haken vor der entsprechenden Option ❹. Weiterhin haben Sie die Möglichkeit, Googles Standortdienste zu aktivieren ❺. Misstrauische Naturen lassen die Finger davon: Schließlich können Sie so jederzeit über Ihr Smartphone lokalisiert werden.

8. Die Konfigurationsroutine wird mit der Eingabe eines Namens zur Personalisierung des Geräts fortgesetzt.

9. Abschließend wird Googles innovativer Suchdienst Google Now konfiguriert. Bestätigen Sie die entsprechenden Dialoge, um die benötigte App herunterzuladen.

Das Android-Smartphone zum ersten Mal starten

Geschafft! Ihr Smartphone ist nun einsatzbereit. Einige Dialoge nach der Erstkonfiguration sollen Ihnen das Zurechtfinden in der neuen Umgebung erleichtern.

Gegebenenfalls lädt Ihr neues Smartphone noch ein Update des Betriebssystems sowie einiger bereits auf dem Smartphone befindlicher Apps aus dem Internet, wofür sich, wie bereits oben erwähnt, eine WLAN-Verbindung anbietet. Das geschieht beinahe alles im Hintergrund. Sie bemerken es an kleinen, unscheinbaren Meldungen ❶ (siehe Seite 24) in der Statuszeile, dass Apps aktualisiert wurden bzw. ein Update zur Installation bereitsteht. Ziehen Sie dazu die Statuszeile am oberen Bildrand mit gedrücktem Finger herunter. Tippen Sie auf den Eintrag ❷, um das Systemupdate zu installieren. Die Installation erfolgt selbsterklärend.

> **HINWEIS**
>
> **Ersteinrichtung im WLAN**
>
> Die erste Einrichtung Ihres Smartphones sollten Sie stets in Verbindung mit dem heimischen WLAN vornehmen. Das geht schneller, und so belasten die notwendigen Datentransfers (z. B. für Updates) nicht unnötig Ihr Onlinebudget.

Kapitel 1 – Start mit dem Android-Smartphone

Nach der ersten Inbetriebnahme begrüßt Sie schließlich die vorkonfigurierte Oberfläche des Herstellers.

 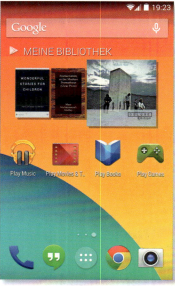

> **HINWEIS**
>
> **Aktualisierungen unbedingt durchführen**
>
> Ziehen Sie doch einmal nach der Ersteinrichtung die Statusleiste, die sich am oberen Bildrand befindet, mit gedrücktem Finger herunter. Dort erfahren Sie, ob Aktualisierungen des Betriebssystems oder gegebenenfalls auch einiger Anwendungen (*Apps* genannt) zur Verfügung stehen. Es empfiehlt sich stets, solche Aktualisierungen durchzuführen, da sie oft die Sicherheit des Betriebssystems betreffen. Wichtig: Sorgen Sie bei Aktualisierungen des Betriebssystems stets dafür, dass der Akku Ihres Smartphones randvoll geladen ist. Ein Absturz infolge Energiemangels wäre bei einem Update fatal.

Das Smartphone auf dem neusten Stand halten

Es empfiehlt sich stets, das Smartphone auf dem aktuellen Stand zu halten. Mehr zur Aktualisierung von Apps erfahren Sie im Abschnitt »Apps auf dem neusten Stand halten« ab Seite 51.

 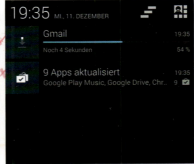

Links wird gerade ein Softwareupdate für das Betriebssystem angeboten. Rechts sehen Sie einige Apps, die im Google Play Store aktualisiert wurden.

> **INFO**
>
> **Einschalten, Ausschalten, Standby**
>
> Ein kurzer Druck auf den Ein-Aus-Knopf bringt Ihr Telefon in den Standby-Modus bzw. erweckt es wieder. Möchten Sie das Gerät komplett ausschalten, so halten Sie den Ein-Aus-Knopf kurz gedrückt. In dem erscheinenden Menü wählen Sie nun die entsprechende Option, um das Telefon herunterzufahren.

Das Smartphone auf dem neusten Stand halten

Nicht jeder hat das Geld, sich jedes Jahr das allerneueste Smartphone leisten zu können. So fragen sich nun sicher die Besitzer älterer Android Smartphones, ob es Mittel und Wege gibt, dem eigenen Gerät eine Frischzellenkur zu verpassen. Leider sind die Hersteller hier stets bemüht, die allerneueste Hardware unter das Volk zu bringen und betagte Geräte werden hier nur stiefmütterlich behandelt.

Kapitel 1 – Start mit dem Android-Smartphone

Dennoch empfiehlt es sich stets, ein neu erworbenes Gerät solange wie möglich mit den Bordmitteln des Herstellers auf dem aktuellen Stand zu halten. Dies geschieht in der Regel mit sogenannten *Over-Air-Updates*, d. h., Sie müssen nichts tun – Ihr Gerät wird sich melden, wenn ein Update zum Download und zur Installation zur Verfügung steht (siehe auch den Hinweiskasten »Aktualisierung unbedingt durchführen« auf Seite 24).

> **INFO**
>
> **Ältere Android-Version?**
>
> In jedem Fall können Sie die meisten Inhalte des vorliegenden Buchs, das auf Grundlage von Android 4.4 geschrieben wurde, auch mit älteren Android-Geräten problemlos nachvollziehen – sogar ohne Systemupdate. Ich habe mich bemüht, die einen Großteil der beschriebenen Funktionalitäten auf App-Ebene zu beschreiben, und die verwendeten Android Apps sehen auf jedem Gerät gleich aus.

Die Oberfläche im Überblick

Sollten Sie das erste Mal ein Smartphone in der Hand haben, so werden Sie vielleicht von der bunten Oberfläche voller Icons ein wenig überfordert sein. Beginnen wir daher mit dem grundlegenden Aufbau. Sie werden folgende Elemente entdecken:

❶ Statusleiste

❷ Google-Suchfeld (Spracheingabe möglich)

❸ Widget, hier für die Google-Medienbibliothek

❹ Icons einiger Apps (**Play Music, Play Movies, Play Books, Play Games**)

Die Oberfläche im Überblick

⑤ Anzeige des momentan verwendeten Home-Bildschirms (dicker Punkt).

⑥ Schnellzugriffleiste mit Apps, die auf jedem Home-Bildschirm erscheinen.

⑦ **Zurück**-Schaltfläche

⑧ **Home**-Schaltfläche

⑨ Schaltfläche **Zuletzt geöffnete Apps**

Folgende Begriffe sind für Sie vielleicht neu:

Home-Bildschirm(e) bzw. **Startbildschirm(e)**: Darunter versteht man den Bildschirm, auf dem sich die bunten Bildchen und Symbole Ihres Smartphones tummeln. Da ein einziger Bildschirm nicht sonderlich viel Platz auf dem kleinen Display bieten würde, gibt es davon mehrere: Sie wechseln zwischen den einzelnen Bildschirmchen, indem Sie mit einem Finger über das Display von rechts nach links oder umgekehrt wischen. Oft verwende ich im Buch für die Home- oder Startbildschirme auch das Synonym *Desktop*. Das verdeutlicht die Ähnlichkeit des Smartphones mit dem entsprechenden Bereich auf dem Computer.

Apps: Eine App ist zunächst einmal die Kurzform von *Application*. Früher nannte man so etwas einfach *Programm*. Apps sind also Programme auf dem Smartphone und damit ein ganz entscheidender Teil dessen, was das Smartphone so universell einsetzbar und *smart* im Sinne von *intelligent* macht.

Sehr wichtig für den Umgang mit Ihrem Smartphone sind die drei Schaltflächen am unteren Rand des Displays, die bei einigen Geräten ständig als Softbuttons präsent sind, bei anderen durch Überstreichen erst zum Vorschein gebracht werden müssen.

27

Kapitel 1 – Start mit dem Android-Smartphone

Die Tasten (siehe Abbildungen Seite 27) haben folgende Funktionalitäten:

Home-Taste ⑩: Mit ihr gelangen Sie aus jeder Situation wieder zurück auf den Start-Desktop. Sie können sich auf Ihrem Smartphone also praktisch nicht verlaufen. Ein langer Druck auf die **Home**-Taste zeigt bei Samsung-Geräten außerdem die zuletzt aufgerufenen Anwendungen. Die **Home**-Taste ist auf *puren* Android-Geräten – also Geräten, die Google selbst herstellt, wie die Nexus-Serie – nicht als echte Taste, sondern ebenfalls nur virtuell realisiert.

Menü-Taste ⑪: Mit ihr rufen Sie das Menü der aktuellen App oder das Kontextmenü des aktuellen Bildschirms auf. Sie ist quasi ein Äquivalent zum rechten Mausklick auf einem Windows-Desktop. Bei Google-Nexus-Geräten, die mit *purem* Android ausgestattet sind, fehlt eine explizite Menüschaltfläche. Die Menüfunktion taucht stattdessen in Form einer mit Punkten gekennzeichneten Schaltfläche innerhalb der App auf ⑫.

Zurück-Taste ⑬: Mit ihr bewegen Sie sich aus einem Untermenü einer App jeweils um einen Schritt zurück. Wenn Sie sich bereits im Hauptmenü der App befinden, dann beenden Sie die App durch Betätigen der **Zurück**-Taste.

Genug der Erklärungen, Zeit für einige praktische Übungen:

1. Wechseln Sie vom Startbildschirm auf einen anderen Home-Bildschirm, indem Sie nach links oder rechts wischen, und sehen Sie sich an, womit Ihr Hersteller die anderen Home-Bildschirme bestückt hat. Der Positionsanzeiger über den Apps am unteren Bildrand ❶ zeigt Ihnen, auf welchem Desktop Sie sich gerade befinden. Wenn Sie länger auf den Hintergrund tippen, öffnet sich eine Übersicht über die aktuell definierten Home-Bildschirme. Diese können Sie nun nach Belieben mit App-Verknüpfungen und Widgets ausstaffieren.

2. Tippen Sie in der Übersicht auf die Schaltfläche **Widgets** ❷ und wählen Sie beispielsweise die Analoguhr ❸ durch langes Antippen aus. Diese kann nun auf einen Bildschirm Ihrer Wahl gezogen werden, falls dort genügend Platz für das Widget ist.

Der beschriebene Weg bezieht sich auf ein Gerät der Google-Nexus-Serie. Ein alternativer Weg, Widgets auf einem Home-Bildschirm zu

Die Oberfläche im Überblick

installieren, führt über die Rubrik **Widgets** im App-Menü und funktioniert bei der Mehrzahl der Android-Smartphones (siehe auch den Abschnitt »Die Oberfläche selbst einrichten« auf Seite 33).

Kapitel 1 – Start mit dem Android-Smartphone

3. Um einen neuen Home-Bildschirm zu den bereits bestehenden hinzuzufügen, müssen Sie lediglich ein Widget oder eine App-Verknüpfung hinter den letzten Home-Bildschirm ziehen.

> **INFO**
>
> **Wie viele Home-Bildschirme dürfen's denn sein?**
>
> Sie können beliebig viele Home-Bildschirme zu Ihrer Oberfläche hinzufügen. Das Ganze kann natürlich bisweilen unübersichtlich werden, aber keine Angst: Ziehen Sie überflüssige Home-Bildschirme auf Samsung-Geräten einfach in der Übersichtsansicht aus dem Displaybereich heraus, und schon sind sie verschwunden. Bei anderen Geräten werden Home-Bildschirme automatisch entfernt, wenn diese frei von App-Verknüpfungen und Widgets sind.

Es verbergen sich weitere Funktionen der Oberfläche hinter der Statusleiste:

1. Ziehen Sie mit gedrücktem Finger die Statusleiste herunter. Zunächst erscheint der Meldungsbereich.

   Im vorliegenden Fall erkennen Sie, dass ich mein Smartphone per USB-Anschluss als *Mediengerät* am PC angeschlossen ❶ und soeben einen Screenshot angefertigt habe ❷. Dies lässt sich auf den meisten Android-Geräten durch gleichzeitiges Betätigen des **Einschalt**-Knopfes und der **Leiser**-Schaltfläche realisieren.

2. Die auftretenden Meldungen können Sie durch Antippen der **Status löschen**-Schaltfläche ❸ beseitigen.

3. Tippen Sie nun das Menüsymbol am oberen rechten Bildrand an ❹. Damit gelangen Sie zunächst in den Einstellungs- und Infobereich Ihres Smartphones.

Die Oberfläche im Überblick

4. Tauchen Sie nun durch Antippen der Schaltfläche **Einstellungen** 5 weiter in das Konfigurationsmenü Ihres Smartphones ab. Der Einstellungsbereich ist der Dreh- und Angelpunkt, wenn es um die Konfiguration Ihres Android-Geräts geht.

5. Verlassen Sie schließlich den Einstellungsbereich durch Betätigen der **Zurück**- oder **Home**-Taste. Damit wäre unser erster Rundgang durch die Oberfläche beendet.

Frühjahrsputz – überflüssige Extras entfernen

Ich weiß nicht, wie es Ihnen geht, aber ich bin nicht begeistert, wenn mir jemand vorschreibt, wie ich mein Heim einrichten soll. Grund genug, die vorhandenen Home-Bildschirme von allen vorkonfigurierten Extras zu säubern. Keine Angst: Es handelt sich dabei um App-Verknüpfungen und sogenannte Widgets, die Sie bei Bedarf jederzeit wieder auf die Home-Bildschirme befördern können.

> **INFO**
>
> **App-Icons und Widgets**
>
> Auf den Home-Bildschirmen werden lediglich Verknüpfungen zu den Apps (*Icons*) oder Informationsfelder von Apps (*Widgets*) abgelegt, nicht jedoch die eigentlichen Programme (Apps). Wenn Sie den Home-Bildschirm säubern, werden die mit den Icons und Widgets verknüpften Apps nicht gelöscht.

Los geht's mit dem Frühjahrsputz auf der Oberfläche!

1. Tippen Sie nacheinander auf jedes unerwünschte Element auf der Startseite und den übrigen Home-Bildschirmen und ziehen Sie es mit gedrücktem Finger auf den Bereich mit der Aufschrift **X Entfernen** ❶. Das Objekt färbt sich rot und verschwindet nach dem Loslassen von Ihrem Bildschirm.

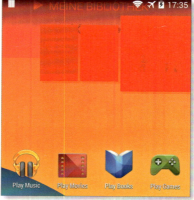

Die Oberfläche selbst einrichten

Natürlich können Sie auch die Fix-Icons (**Telefon**, **Hangouts** …) in der unteren Hauptmenüzeile auf die gleiche Weise entfernen und nach Belieben durch neue ersetzen. Lassen Sie uns den Desktop auch noch mit einem neuen Hintergrundbild versehen:

2. Halten Sie den Finger auf einem leeren Bereich der Oberfläche gedrückt und wählen Sie im erscheinenden Startbildschirm-Menü den Punkt **Hintergründe**.

3. Wählen Sie aus der Hintergrundbildgalerie, der Fotogalerie oder aus den Live-Hintergründen einen neuen Hintergrund aus. Bestätigen Sie Ihre Auswahl schließlich mit der Schaltfläche **Hintergrund auswählen** ❷.

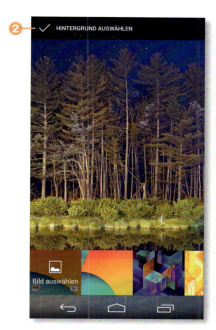

Die Oberfläche mit neuem Hintergrund

Die Oberfläche selbst einrichten

Nachdem Sie nun aufgeräumt haben, ist es an der Zeit, alle Apps auf die Home-Bildschirme zu befördern, die Sie aller Voraussicht nach häufiger verwenden werden. Doch wo finden Sie sie?

Kapitel 1 – Start mit dem Android-Smartphone

1. Wischen Sie mit dem Finger nach links oder rechts, bis Sie einen Home-Bildschirm gefunden haben, auf dem noch genügend Platz ist. Tippen Sie die **Menü**-Schaltfläche an ❶. Sie gelangen in den Bereich aller auf Ihrem Smartphone installierten Apps (siehe die folgende Abbildung).

2. Halten Sie einen Finger über einer App gedrückt und verschieben Sie sie auf eine freie Fläche des Home-Bildschirms. Wenn Sie den Finger loslassen, wird eine Verknüpfung zur App auf dem Screen abgelegt (nicht die App selbst!).

Eine Verknüpfung zu einer App (in diesem Fall Play Music) wird auf einem Startbildschirm abgelegt.

3. Auf die gleiche Art können Sie auch Widgets auf den Home-Bildschirmen ablegen. Sie gelangen direkt zu den Widgets durch Antippen der entsprechenden Rubrik ❷. Suchen Sie sich hier das gewünschte Widget aus und platzieren Sie es wie in Schritt 2 beschrieben auf einem Home-Bildschirm.

Ordnung schaffen mit Ordnern

Mit der Zeit werden die Home-Bildschirme recht unübersichtlich, wenn zu viele Icons darauf liegen. Der Trick: Legen Sie die Icons in Ordnern ab.

1. Halten Sie einen Finger über einer auf dem Home-Bildschirm befindlichen App gedrückt und ziehen Sie sie auf eine andere App, die zum Thema passt. Dadurch werden die Apps automatisch in einen Ordner gruppiert. Beispielsweise können Sie die Apps Play Music und Play Movies auf einem Home-Bildschirm in einem Ordner namens *Multimedia* zusammenfassen.

   Bei Samsung-Geräten halten Sie zum Erstellen eines Ordners den Finger auf einem Homescreen gedrückt und wählen aus dem erscheinenden Kontextmenü den Punkt **Ordner erstellen**.

2. Geben Sie dem Ordner einen prägnanten Namen, indem Sie auf ihn tippen. Im unteren Bereich können Sie dann einen Namen eintragen. Ziehen Sie anschließend die Icons der Apps, die in demselben Ordner enthalten sein sollen, in diesen hinein.

Die Displaysperre einrichten

Wenn Sie Ihr Android-Smartphone durch einen kurzen Druck am Ausschalter in den Standby-Modus fahren und anschließend wieder erwecken, so landen Sie im Sperrbildschirm. Um diesen zu verlassen, streichen Sie einfach über das Display. Das ist natürlich kein wirkliches Hindernis für einen Dieb, der

Kapitel 1 – Start mit dem Android-Smartphone

Ihnen das Gerät gestohlen hat. Einen wirksameren Schutz richten Sie über das Einstellungsmenü ein: Ziehen Sie die Statusleiste herunter und begeben Sie sich in den Bereich **Einstellungen** (vgl. Seite 31). Wechseln Sie in das Menü **Sicherheit ▸ Display-Sperre** und wählen Sie die entsprechende Option aus. Hier können Sie unter anderem einen PIN-Code einrichten oder das Entsperren des Smartphones per Blick in die Frontkamera (*Face Unlock*). Wir werden uns in Kapitel 13 noch ausführlicher mit dem Thema Sicherheit beschäftigen.

Einrichten des Sperrbildschirms, hier: Face Unlock

> **INFO**
>
> **Sperrbildschirm-Widgets**
> Bei den aktuellen Android-Smartphones können Sie einige Widgets auf dem Sperrbildschirm positionieren. Diese präsentieren aktuelle Informationen wie z. B. das lokale Wetter oder eingegangene Mails, ohne das Gerät explizit entsperren zu müssen. Die Widget-Option ist standardmäßig deaktiviert und muss über die Einstellungen im Bereich **Sicherheit ▸ Widgets aktivieren** eingerichtet werden.

Die Displaysperre einrichten

Richten Sie Sperrbildschirm-Widgets ein, indem Sie auf dem Sperrbildschirm mit dem Finger nach links fahren und dort das Pluszeichen antippen.

Sie können aus dem Sperrbildschirm heraus übrigens problemlos zu *Google Now* wechseln und dort eine Suchabfrage abschicken, indem Sie den Pfeil ❶ am unteren Bildrand drücken und ihn nach oben ziehen. Das setzt allerdings voraus, dass Sie Ihr Smartphone bereits mit Ihrem Google-Konto verknüpft haben (siehe Seite 21).

Wechseln Sie vom Startbildschirm direkt zu Google Now und geben Sie eine Suchabfrage ein.

37

Kapitel 1 – Start mit dem Android-Smartphone

So bedienen Sie Ihr Android-Smartphone

Die Oberfläche und ihre Elemente haben Sie bereits kennengelernt, jetzt geht es darum, die Bedienung Ihres Smartphones noch einmal zu vertiefen. Einiges haben Sie im letzten Abschnitt bereits gelernt, hier noch einmal die wichtigsten Grundregeln:

- Apps, Widgets, Menüpunkte, einfach alles, was als Symbol auf dem Bildschirm liegt, starten Sie durch **Antippen**.

- Sie gelangen mit der **Zurück**-Taste stets eine Ebene zurück oder verlassen damit gegebenenfalls auch eine gestartete App.

- Sollten Sie sich einmal komplett »verfahren« haben: Ein kurzer Druck auf den **Home**-Button bzw. die virtuelle **Home**-Schaltfläche genügt, und Sie landen auf dem zuletzt verwendeten Home-Bildschirm. Im Übrigen werde ich nachfolgend nicht mehr zwischen Software- und Hardwareknöpfen unterscheiden.

- Sie möchten schnell zu einer kürzlich gestarteten Anwendung zurückwechseln? Drücken Sie dazu die Schaltfläche **Liste kürzlich gestarteter Anwendungen**, aus der Sie die gewünschte App durch Antippen erneut starten bzw. wiederbeleben. Bei den Geräten der Samsung-Galaxy-Reihe erreichen Sie die beschriebene Funktion durch einen langen Druck auf die **Home**-Taste.

Die Liste zeigt alle Apps, die im Hintergrund schlummern. Möchten Sie eine App aus der Liste endgültig beenden, so halten Sie den Finger über der Anwendung gedrückt und ziehen Sie sie aus dem Bildschirm heraus.

Texte eingeben

Sie haben die virtuelle Tastatur bereits bei der Einrichtung Ihres Android-Smartphones kennengelernt. Schauen wir uns das gute Stück einmal näher an:

1. Starten Sie zum Testen die universelle Notizzettel-App *Google Keep*.

2. Wechseln Sie in das Hauptmenü von Google Keep und erstellen Sie durch das Antippen der Textfläche ❶ eine neue Notiz.

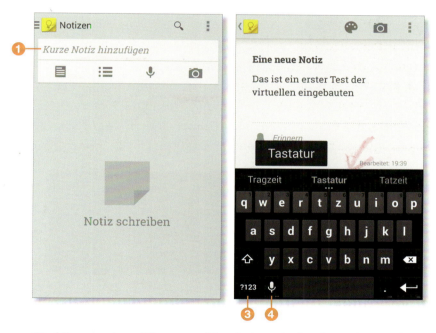

Sie können einen Wortvorschlag jederzeit durch Antippen des Wortes am oberen Rand der Tastatur in den Text übernehmen. Dadurch erhöht sich Ihre Tippgeschwindigkeit beträchtlich.

3. Schreiben Sie Umlaute und Sonderzeichen, indem Sie den Finger länger auf dem entsprechenden Grundbuchstaben platzieren ❷. Für ein »ö« halten Sie z. B. das »o« länger gedrückt (siehe erste Abbildung Seite 40). Das »ß« erreichen Sie per Langdruck über dem »s«.

4. Für Sonderzeichen tippen Sie auf die Taste **?123** ❸ (Seite 39).

5. Sie können Ihre virtuelle Tastatur auch jederzeit feinkonfigurieren. Dies geschieht durch einen langen Druck auf das Mikrofonsymbol ❹, gefolgt von dem Antippen des Menüpunkts **Google-Tastatureinstellungen** ❺. An dieser Stelle können Sie auch im Handumdrehen die zu verwendenden **Eingabesprachen** ❻ definieren, nach Wunsch ändern und beispielsweise die automatische Groß- und Kleinschreibung deaktivieren.

6. Der Wechsel der Eingabesprache erfolgt einfach durch Antippen des Globussymbols ❼ oder per Langdruck auf die Leertaste ❽.

Mit der original Google-Tastatur können Sie Wörter auch per Wischgeste über die Tastatur schreiben. Dazu wischen Sie mit dem Finger von Buchstabe zu Buchstabe. Sie brauchen dabei nicht auf Groß- und Kleinschreibung zu achten: Das intelligente Wörterbuch des Android-Systems erkennt die Wörter automatisch. Diese Technik nennt sich übrigens *Swypen*. Prüfen Sie dazu, ob in den Einstellungen des Smartphones im Bereich **Sprache und Eingabe** bei den Optionen der Google-Tastatur der Punkt **Bewegungseingabe** aktiviert ist.

Funktioniert bestens: das »Swypen« von Wörtern.

Copy & Paste

Es ist nicht nur bei Verfasser/innen unrühmlicher Doktorarbeiten in Mode: das Kopieren und Einfügen von Text. Hier eine Anleitung für Ihr Smartphone:

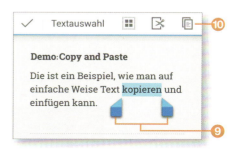

1. Doppeltippen Sie auf eine Stelle im Text, sodass zwei kleine blaue Trapeze ❾ erscheinen. Diese können Sie durch Verschieben mit dem Finger sehr exakt am Anfang und am Ende des zu kopierenden Textes positionieren.

Copy & Paste ist ein Kinderspiel.

2. Tippen Sie auf die Schaltfläche **Kopieren** ❿, die neben dem Text erschienen ist.

3. Wechseln Sie an die Stelle, an welche der zu kopierende Text eingefügt werden soll. Das kann durchaus auch eine andere Anwendung sein. Tippen Sie dazu einfach die gewünschte Stelle an.

4. Fügen Sie den Text mit der Schaltfläche **Einfügen** ⓫ an den entsprechenden Ort ein.

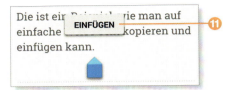

In ganz ähnlicher Weise positionieren Sie den blauen Cursor durch Antippen der gewünschten Tippstelle und können diesen buchstabengenau verschieben.

Einstellungsmenü und Schnellzugriffleiste

Im Vergleich zum iPhone verfügt Ihr Android-Smartphone über schier unglaubliche Konfigurationsmöglichkeiten. Das kann für den Profi ein Segen, für den Einsteiger aber auch ein Fluch sein.

Es gibt zwei Möglichkeiten, zum Einstellungsmenü zu gelangen:

1. Starten Sie aus dem App-Menü die App **Einstellungen**.

2. Bequemer ist die zweite Möglichkeit (vgl. Seite 30): Ziehen Sie die Statusleiste herunter und tippen Sie auf das Konfigurationssymbol ❶.

Hier finden Sie zunächst eine Übersicht über alle Schnellzugriffschaltflächen. Mit diesen können Sie bestimmte Funktionalitäten (WLAN, Helligkeit) sofort konfigurieren. Zum vollständigen Einstellungsmenü gelangen Sie über den Menüpunkt **Einstellungen** ❷. Über die Listenschaltfläche ❸ erreichen Sie wieder den Bereich der Statusmeldungen.

Einstellungsmenü und Schnellzugriffleiste

Sehen wir uns einmal etwas genauer im Einstellungsmenü um. Dort finden Sie folgende wesentlichen Bereiche bzw. Konfigurationsmöglichkeiten:

- Im Bereich **Drahtlos & Netzwerke** ❹ legen Sie fest, auf welche Weise Ihr Gerät mit der Umwelt kommunizieren soll. Ob WLAN, Bluetooth oder LTE: Alles, was Datentransfer anbelangt, stellen Sie in diesem Bereich ein. Die Konfiguration des Mobilfunkzugangs verbirgt sich hinter dem Menüpunkt **Mehr** ... ❺.

- In der Rubrik **Gerät** ❻ konfigurieren Sie alles, was das Aussehen oder das Feedback Ihres Gerätes betrifft. Das sind z. B. die Gestalt der Oberfläche, der Klingelton und Benachrichtigungston, aber auch Apps bzw. mobile Bezahlung lassen sich an dieser Stelle anpassen. Letzterer Menüpunkt erscheint nur dann, wenn Sie mit einem Mobilfunknetz verbunden sind.

- In der Rubrik **Nutzer** ❼ (Seite 44) aktivieren Sie den Standortbericht und können die Sicherheitseinstellungen (z. B. die SIM-Sperre) konfigurieren. Darüber hinaus haben Sie hier die Möglichkeit, die Systemsprache einzustellen bzw. Ihr Smartphone zu sichern.

- Hinter dem Reiter **Konten** ❽ verbergen sich alle Ihre Onlinekonten (neudeutsch: *Accounts*), z. B. das Google-Konto.

- Schließlich finden Sie im Untermenü **System** ❾ die Möglichkeit, Datum und Uhrzeit einzustellen, den Android-Druckservice zu konfigurieren und genauere Informationen über das System in Erfahrung zu bringen.

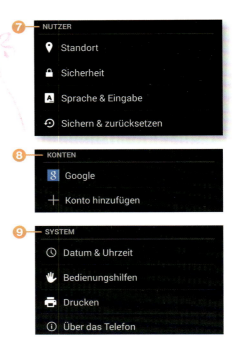

Ich werde an entsprechenden Stellen auf die verschiedenen Optionen eingehen. Für den Moment genügt es, wenn Sie eine grobe Ahnung haben, in welchen Bereichen sich die verschiedenen Optionen verstecken.

Sie müssen sich jedoch nicht für jede Funktion, die Sie aktivieren oder deaktivieren wollen – z. B. die WLAN-Funktion oder das GPS, um Energie zu sparen –, umständlich durch die Tiefen der Einstellungs-App hangeln. Für diesen Zweck verwenden Sie das Energiesteuerungs-Widget (eine Art Schnellzugriffleiste), das zunächst auf den freien Bereich eines Homescreens abzulegen ist:

1. Tippen Sie länger auf den freien Bereich eines Homescreens und wählen Sie den Menüpunkt **Widgets**. Alternativ begeben Sie sich in das App-Menü in den Bereich **Widgets**.

2. Suchen Sie das Energiesteuerungs-Widget und platzieren Sie es, wie auf Seite 34 beschrieben, auf einem freien Bildschirmbereich.

3. Sie können nun in Zukunft die größten Stromfresser per Fingertipp aktivieren bzw. deaktivieren.

Die Spracheingabe und Google Now

Schnellschaltflächen von links nach rechts: WLAN, Bluetooth, Ortungsdienst (GPS), Synchronisierung und Helligkeitsregler

Die Spracheingabe und Google Now

Erinnern Sie sich an den alten Star Trek-Film, in dem Spock mit dem Computer spricht? Das ist mit Ihrem Android-Smartphone längst Realität geworden. Mehr noch: Google Now verknüpft dabei in geschickter Weise kontextabhängig Informationen, wie in den Beispielen weiter unten noch deutlich wird. Um in den Genuss des kompletten Funktionsumfangs der Spracherkennung zu kommen, sind einige Konfigurationsschritte notwendig.

1. Begeben Sie sich in den Einstellungen in den Bereich **Nutzer ▸ Sprache & Eingabe**.

2. Scrollen Sie zum Ende des Dialogs und wählen Sie hier den Punkt **Sprachsuche**.

3. Wechseln Sie nun zum Punkt **Offline-Spracherkennung** und laden Sie das deutsche Sprachpaket auf Ihr Smartphone. Damit funktioniert dann später auch die Spracherkennung einfacher Ausdrücke ohne bestehende Internetverbindung. Für optimale Ergebnisse empfiehlt es sich allerdings, per WLAN oder Mobilfunk mit dem Internet verbunden zu sein.

Nun ist es Zeit für einen Test. Dieser soll die Fähigkeiten von Google Now demonstrieren. Dieses universelle Suchwerkzeug stellt seine Fähigkeiten insbesondere in Verbindung mit der Spracheingabe eindrucksvoll unter Beweis. Um den Test zu absolvieren ist in jedem Fall eine Onlineverbindung erforderlich.

45

Kapitel 1 – Start mit dem Android-Smartphone

4. Wischen Sie ausgehend von einem beliebigen Homescreen ganz nach links, sodass Sie auf der Google-Now-Seite landen. Alternativ gelangt man auch per Google-Suche-App direkt in Google Now.

5. Tippen Sie das Mikrofonsymbol im Suchfeld an und stellen Sie eine intelligente Frage. Beispiele:

- Wann wurde Vincent van Gogh geboren?
- Bei welcher Temperatur schmilzt Kupfer?
- Wer hat die Fußballweltmeisterschaft 2006 gewonnen?
- Wo befindet sich in der Nähe eine Pizzeria?
- Wann wurde der Eiffelturm gebaut?
- Wie hoch ist er?

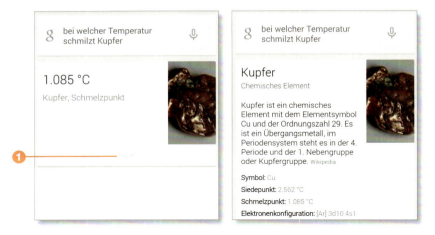

Durch Antippen des Pfeilsymbols ❶ erhalten Sie weiterführende Informationen.

Beachten Sie, dass Google Now auch kontextabhängige Fragen beherrscht, wie an dem letzten Fragenpaar zu erkennen ist.

Wer der englischen Sprache mächtig ist, der kann sein Smartphone auf englische Spracheingabe umstellen und erweiterte Möglichkeiten nutzen:

1. Aktivieren Sie die englische Sprache über **Einstellungen ▶ Sprache & Eingabe**. Wählen Sie das Modul **English (United States)** aus.

Im Google-Suchfeld wurde nun ein kurzer Hinweistext zur Sprachsuche ergänzt ❷.

2. Leiten Sie Ihre Suchabfrage nun mit den Worten »Ok Google« ein und stellen Sie eine Frage in englischer Sprache. Sie werden überrascht sein, wie gut hier die Verbindung zu Google Now realisiert wurde.

Es bleibt zu hoffen, dass die Funktion *Ok Google* auch bald Einzug in die deutsche Lokalisierung des Systems hält.

Apps aus dem Google Play Store installieren

Sie sind die Bausteine, mit deren Hilfe Sie aus Ihrem Smartphone die sprichwörtliche *eierlegende Wollmilchsau* machen können: Kleine Programme oder Applikationen, kurz *Apps* genannt, erweitern die Möglichkeiten Ihres Minicomputers in nie gekannter Weise. Der folgende Abschnitt gibt Ihnen einige Handreichungen, wie Sie die kleinen digitalen Freunde im Handumdrehen auf Ihr Android-Smartphone befördern.

Der Google Play Store

Die zentrale Anlaufstelle für Apps ist der *Google Play Store*. Sie gelangen in den Play Store, indem Sie das entsprechende Icon im Anwendungsmenü antippen. In der Standardeinstellung liegt bereits ein Verknüpfungssymbol zum Play Store auf Ihrem Home-Bildschirm. Bevor Sie den Play Store aufrufen, sollten Sie natürlich sicherstellen, dass Sie auch mit dem Internet verbunden sind. Sehen Sie sich zunächst einmal in Ruhe im Play Store um. Es gibt dort viel zu entdecken.

Wir werden uns später in Kapitel 7, »Apps installieren und verwalten«, ab Seite 171 noch sehr ausführlich dem Play Store widmen. An dieser Stelle genügt es, zu wissen, wie Sie eine App suchen, installieren und gegebenenfalls aktualisieren. Die im Folgenden vorgestellten Apps sind kostenlos, erfordern also noch keine Einrichtung von Googles Bezahlsystem *Wallet*. Dies wird ebenfalls später erläutert.

Der Play Store ist Dreh- und Angelpunkt aller Software und Medien, die für Ihr Smartphone erhältlich sind.

Eine App suchen und installieren

Beginnen wir damit, die vielleicht wichtigste App für Ihr künftiges Leben im Android-Kosmos zu installieren: einen Virenscanner. Ja, Sie haben richtig gelesen: Auch auf Googles Smartphone-Betriebssystem spielen die fiesen, kleinen digitalen Schädlinge mittlerweile eine ernst zu nehmende Rolle. Sie sollten daher einen Virenscanner installieren. Einen sehr guten Ruf genießt *TrustGo*. Sie installieren ihn folgendermaßen:

1. Starten Sie Google Play und begeben Sie sich in den Bereich **Apps** ❶.

2. Tippen Sie die Lupe ❷ an und geben Sie per Tastatur »trustgo« ein.

3. Wählen Sie gleich den ersten angebotenen Eintrag ❸ aus. Durch An-

Eine App suchen und installieren

tippen der App in der nachfolgenden Liste erfährt man mehr über deren Eigenschaften, wenn man durch den Beschreibungstext scrollt.

4. Tippen Sie auf die Schaltfläche **Installieren** ❹. Der Play Store informiert Sie anschließend darüber, welche Berechtigungen die App für sich beansprucht.

An dieser Stelle sollten Sie bei jeder Installation einer App genau hinsehen. Bedenklich ist es z. B., wenn ein scheinbar harmloses kostenloses Spiel die Berechtigung zum Versenden einer SMS einfordert.

5. Akzeptieren Sie die geforderten Berechtigungen; daraufhin wird die App schließlich heruntergeladen und installiert.

6. Sie können den Virenschutz nun aus dem App-Menü oder gleich über die Schaltfläche **Öffnen** ❺ aus dem Play Store heraus starten.

7. Nach dem Starten der App sollten Sie noch ein Benutzerkonto für TrustGo anlegen. Dies ist notwendig, um das Gerät beispielsweise bei Verlust aus der Ferne sperren zu können. Danach steht Ihnen die App uneingeschränkt zur Verfügung, und Sie können beispielsweise einen sofortigen Virenscan durch Antippen der entsprechenden Schaltfläche ❻ vornehmen.

Fertig! Der TrustGo-Virenscanner schützt fortan Ihr Smartphone. Ein Icon in der Statuszeile informiert Sie darüber, dass der Scanner im Hintergrund aktiv ist.

49

Eine App per QR-Code installieren

Sie haben sich sicher auch schon mal über diese merkwürdigen zerfransten, schwarz-weißen Quadrate gewundert, die öfters mal z. B. auf Plakaten zu sehen sind? Dabei handelt es sich um sogenannte *QR-Codes* (oder *Tags*). Ihre erste Aufgabe besteht darin, eine App auf Ihrem Android-Smartphone zu installieren, die in der Lage ist, die QR-Codes in lesbare Informationen umzuwandeln. Dazu installieren Sie die Scanner-App *Barcode Scanner* von ZXing.

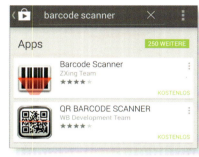

1. Suchen Sie im Play Store nach dem Begriff »barcode scanner« und installieren Sie die Scanner-App vom ZXing-Team.

   Mit dieser App sind Sie nun bestens ausgerüstet, um die im Buch vorgestellten Apps per Knopfdruck zu installieren. Ein Test gefällig?

2. Starten Sie den ZXing Barcode Scanner nach der Installation und scannen Sie den oberen Barcode ein.

3. Ist Ihnen der erste Scan geglückt, scannen Sie doch auch den folgenden QR-Code ein, der hier links abgebildet ist.

Google Goggles

Hinter dem nebenstehenden QR-Code verbirgt sich ein Link zu der App *Google Goggles* im Google Play Store. Hierbei handelt es sich um einen weiteren beliebten QR-Scanner.

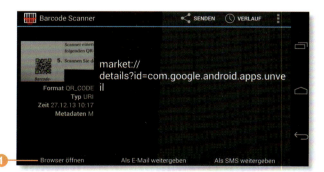

4. Tippen Sie anschließend auf die Schaltfläche **Browser öffnen** ❶. Sie werden nun per Play-Store-Browser zur entsprechenden App im Market geleitet.

5. Installieren Sie die App über die Schaltfläche **Installieren** ❷.

> **HINWEIS**
>
> **Text und QR-Code**
>
> Der Text unter dem im Buch abgedruckten QR-Code nennt die App oder den Inhalt des Links und dient zur manuellen Suche der App im Play Store, falls der Hersteller den Link kurzfristig geändert haben sollte und der Scanner-Link ins Leere läuft.

Apps auf dem neuesten Stand halten

Ebenso wichtig wie die Installation eines Virenscanners ist die Aktualisierung Ihrer Apps in regelmäßigen Abständen. Sie werden gelegentlich durch eine Meldung in der Statusleiste informiert, wenn aktualisierbare Apps auf Google Play vorliegen. Tippen Sie die Meldung an und Sie werden zur Aktualisierung direkt in den Play Store geleitet.

Wer selbst einmal nachschauen möchte, ob bereits Aktualisierungen vorliegen, geht folgendermaßen vor:

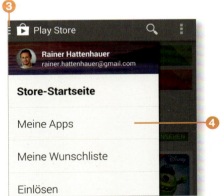

1. Starten Sie die Play-Store-App und betätigen Sie die **Menü**-Schaltfläche in der linken oberen Bildschirmecke ❸.

2. Wählen Sie **Meine Apps** ❹ aus. Es erscheint eine Übersicht über alle Apps, die auf Ihrem Smartphone installiert sind. Ganz oben auf der Liste stehen Apps, für die Aktualisierungen bereitstehen. Dahinter sehen Sie das Schlüsselwort **Update**.

Kapitel 1 – Start mit dem Android-Smartphone

3. Sie können nun die aktualisierbaren Apps entweder selektiv durch Antippen auf den neuesten Stand bringen oder aber den Punkt **Alle Aktualisieren** ❶ wählen. Letzteres ist zu empfehlen.

4. Sollten Apps neue Berechtigungen verlangen, so wird dies explizit gemeldet, und Sie müssen es gegebenenfalls bestätigen.

INFO

Automatische Updates

Sie können selbst entscheiden, ob Updates unmittelbar nach deren Veröffentlichung automatisch installiert werden sollen. Tippen Sie dazu auf die Menüschaltfläche am rechten oberen Bildrand der Play-Store-App und begeben Sie sich in den Bereich **Einstellungen**. Im Bereich **Automatische App-Updates** können Sie nun das Verhalten bei Vorliegen eines Updates konfigurieren. Ich persönlich habe die automatischen Updates deaktiviert, da ich selbst bestimmen möchte, wann ein Update zu erfolgen hat, um meinen Arbeitsfluss nicht zu stören.

Bestimmen Sie das Update-Verhalten Ihrer Apps selbst. Es empfiehlt sich, automatische Updates zu deaktivieren.

Suchen und Finden auf dem Android-Smartphone

Im letzten Abschnitt der Einführung in Ihr Android-Smartphone beschäftigen wir uns mit der Möglichkeit, Inhalte auf dem Smartphone, aber auch im Internet zu finden. Dazu verwenden Sie am einfachsten das vorinstallierte Google-Such-Widget auf der Startseite, das mit einer echten Android-Spezialität verknüpft ist: Google Now. Sie haben Google Now ja bereits auf Seite 45 kennengelernt, im Folgenden geht es um die reine Suchfunktionalität.

Inhalte auf dem Smartphone und im Internet suchen

Standardmäßig ist die Suchfunktion so voreingestellt, dass sowohl lokale als auch globale Inhalte gesucht werden, also Inhalte auf Ihrem Smartphone und im Internet. Möchten Sie z. B. auf die Schnelle eine App suchen, die sich in den Tiefen des Anwendungsmenüs verbirgt, so geben Sie einige Anfangsbuchstaben der App an, und schon wird diese in einer Auswahlliste angezeigt.

Per Google-Suche können Sie sowohl den Inhalt Ihres Smartphones als auch die Weiten des Webs durchsuchen. Im vorliegenden Fall wird nach der Barcode-Scanner-App gesucht.

Das Ganze funktioniert ebenso gut mit den Kontakten aus Ihrer Kontaktsammlung oder Medien, die sich im Speicher Ihres Smartphones befinden.

Kapitel 1 – Start mit dem Android-Smartphone

Sie können die Suchoptionen Ihres Smartphones jedoch auch weiter einschränken (siehe untenstehender Kasten).

> **INFO**
>
> **Die Suche auf das Telefon einschränken**
>
> Sie können die Suche auch auf einzelne Bereiche einschränken, indem Sie im Bereich **Einstellungen ▸ Konten ▸ Google ▸ Suche ▸ Suche im Telefon** die Vorauswahl entsprechend anpassen.
>
>
>
> *Das Feintuning der Suche erfolgt über die Einstellungen des Google-Kontos.*

Kapitel 2
Telefonieren und Kontakte einrichten

Wer hätte das gedacht: Sie können mit Ihrem Android-Smartphone sogar telefonieren. Man verzeihe mir an dieser Stelle den ironischen Unterton – Fakt ist, dass ein Smartphone mittlerweile nur noch einen Bruchteil der Zeit für die ursprüngliche Aufgabe eines Handys genutzt wird. Trotzdem sollten Sie natürlich wissen, wie Sie mit Ihrem Gerät telefonieren.

Die Telefon-App

Der Weg zur eingebauten Telefoniefunktion führt über das entsprechende Symbol ❶ in der Leiste der Hauptanwendungen bzw. aus dem App-Menü.

Die Leiste der Hauptanwendungen befindet sich am unteren Displayrand.

Beim ersten Start der App wird meist ein kurzer Begrüßungsdialog gezeigt. Später erscheinen auf der Startseite der Telefonie-App die Kontakte, mit denen Sie häufig kommunizieren.

Kapitel 2 – Telefonieren und Kontakte einrichten

Die App zum Telefonieren nach dem ersten Start. Rufnummern werden nach Eingabe der ersten Ziffern mit bestehenden Kontakten verglichen.

Nach dem Antippen der **Tastatur**-Schaltfläche ❶ öffnet sich die gewöhnliche Telefontastatur auf Ihrem Display. Hier können Sie nun eine beliebige Nummer per Hand eintippen und wie gewohnt telefonieren. Sollte die Nummer bereits in Ihrem Kontaktverzeichnis gespeichert sein, so erscheinen nach der Eingabe der ersten Ziffern Kontakte zur Auswahl, deren Telefonnummer mit den eingegebenen Ziffern beginnt.

Auf dem nächsten Bild sehen Sie die Telefonie-App beim Tätigen eines Anrufs sowie die Elemente und Schaltflächen, die Sie dabei sehen und benutzen können:

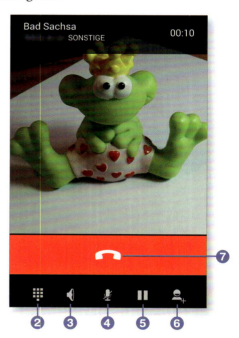

❷ Wahlbereich/Tastatur

❸ Freisprech-Lautsprecher aktivieren/deaktivieren

❹ Mikrofon ausschalten

❺ Anruf halten

❻ Ins Kontaktverzeichnis wechseln/ einen weiteren Kontakt anrufen

❼ Anruf beenden

Jemanden anrufen

Die Verwendung des Telefonmenüs ist selbsterklärend – jeder, der schon einmal mit einem Handy telefoniert hat, wird auf Anhieb mit der App klarkommen.

Jemanden anrufen

1. Geben Sie eine Telefonnummer über die Tastatur ein. Alternativ können Sie über das Suchfeld ❽ einen Namen oder ein Suchwort eingeben.

Dadurch werden Ihre Kontakte durchsucht. Falls Sie mit dem Internet verbunden sind, funktioniert das sogar mit Suchabfragen der Form »Pizzeria«. Es werden dann alle in der Nähe befindlichen Pizzerien aufgelistet, und Sie können einen Anruf schnell durch Antippen des Eintrags aufbauen.

2. Falls Sie eine Nummer per Tastatur eingegeben haben, tippen Sie auf das Feld mit dem Hörer ❾. Dadurch wird der Anruf aufgebaut.

3. Zum Beenden des Anrufs tippen Sie auf das Feld mit dem rot unterlegten Hörer ❿. Die rote Farbe signalisiert eine aktive Verbindung.

Kapitel 2 – Telefonieren und Kontakte einrichten

Einen Anruf annehmen

1. Zum Annehmen eines Anrufs schieben Sie einfach den erscheinenden Kreis mit dem Hörer ❶ nach rechts auf das grüne Hörersymbol ❷.

2. Wenn Sie den Anruf hingegen abweisen möchten, schieben Sie den Hörer nach links auf das rote Hörersymbol ❸.

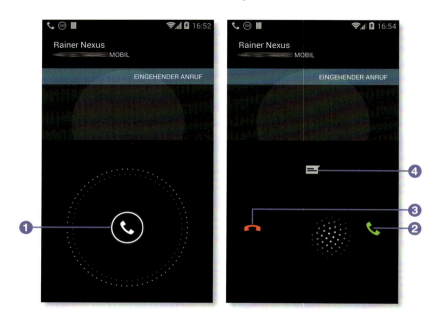

3. Alternativ können Sie den Anruf auch mit einer vorgefertigten Nachricht abweisen (»Ich rufe später zurück«). Dazu ziehen Sie den Kreis einfach auf die **Text**-Schaltfläche ❹. Es erscheint ein Feld, in dem Sie bereits einige vorgefertigte, für viele Situationen treffende Texte vorfinden. Sie können aber auch einen eigenen Text über den Punkt **Eigene Antwort schreiben…** erstellen.

Verpasste Anrufe

TIPP

Wahl per Spracheingabe

Praktisch ist die bei einigen Android-Smartphones integrierte Möglichkeit, per Sprache zu wählen. Samsung bietet in seiner Galaxy-Reihe dazu die Option *S Voice* an. Auf aktuellen Android-Geräten gelangen Sie via Google Now mit Sätzen wie »Rufe das Handy von Max Mustermann an!« zum Ziel (Internetverbindung und Google-Now-Konto vorausgesetzt).

Google Now unterstützt Sie bei der Sprachwahl.

Verpasste Anrufe

Haben Sie einen Anruft verpasst? Keine Sorge, die Statusleiste weist Sie auf verpasste Anrufe ❺ hin. Ziehen Sie diese herunter, zeigt Ihnen Ihr Smartphone im Benachrichtigungsfeld ❻, wann Sie angerufen wurden. Weitere Informationen zum verpassten Anruf erhalten Sie, wenn Sie den Eintrag antippen.

Unbeantwortete Anrufe werden in der Statusleiste angezeigt und befinden sich darüber hinaus im Verlaufsprotokoll.

Kapitel 2 – Telefonieren und Kontakte einrichten

Sie gelangen von der Telefonie-App aus in das Verlaufsprotokoll durch Antippen des Uhrsymbols ❼. Hier können Sie auch die selbst getätigten Anrufe einsehen.

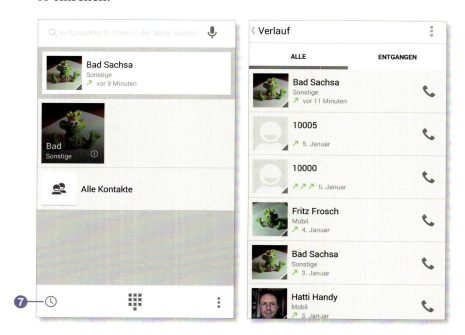

> **INFO**
>
> **Name von unbekannten Anrufern anzeigen lassen**
> Seit Android 4.4 KitKat werden auch die Namen unbekannter Anrufer angezeigt, sofern diese ihre Daten in einem Onlineadress- bzw. Telefonbuch hinterlegt haben.

Mit mehreren Gesprächspartnern telefonieren

Selbstverständlich können Sie im Zeitalter der modernen Telefonie auch mit mehreren Gesprächsteilnehmern kommunizieren. Um das zu tun, müssen Sie vorher natürlich bereits in einem Gespräch sein. Einen dritten Partner fügen Sie dann so zu dem bereits bestehenden Gespräch hinzu:

Mit mehreren Gesprächspartnern telefonieren

1. Tippen Sie auf die Schaltfläche **Halten** ❶ und wählen Sie die Nummer eines weiteren Kontakts oder übernehmen Sie diesen direkt aus Ihrer Kontaktsammlung durch Antippen der **Kontakte**-Schaltfläche ❷.

2. Sie können nun über die Schaltfläche **Tauschen** ❸ zwischen beiden Gesprächspartnern hin- und herschalten.

3. Einfacher geht es, wenn Sie nun die Schaltfläche **Zusammenführen** ❹ betätigen. In diesem Falle legen Sie alle Telefonate zusammen, und alle können gleichzeitig sprechen. Das Ganze nennt man auch *Telefonkonferenz*. Über die Schaltfläche **Konferenz verwalten** ❺ (siehe Seite 62) können Sie nun gezielt einzelne Teilnehmer von der Konferenz abkoppeln. Es lassen sich aber auch weitere Teilnehmer einladen, dazu tippt man einfach die Schaltfläche **Teilnehmer hinzufügen** ❻ an.

Kapitel 2 – Telefonieren und Kontakte einrichten

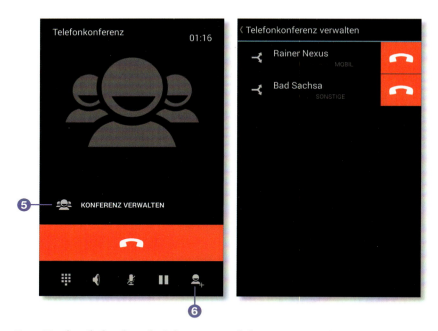

Der Nachteil des beschriebenen Verfahrens: Sie zahlen nun für zwei oder mehr Anrufe. Im Zeitalter der Flatrates kein Problem, werden Sie sagen. Nun, nicht aber, wenn sich die Kommunikationspartner in einem anderen Mobilfunknetz befinden.

Die Lösung: Organisieren Sie Konferenzen stets per WLAN über Google Hangouts. Mehr dazu erfahren Sie in Kapitel 3, »Nachrichten senden und empfangen«.

Das Anrufprotokoll einsehen und löschen

Um Ihre gesamten ausgehenden und eingehenden Anrufe einzusehen, begeben Sie sich in der Telefon-App in den Bereich **Verlauf ▶ Alle**. Mithilfe des App-Menüs (**Menü**-Schaltfläche ❶ drücken) können Sie Ihre Anruferliste über den nun auftauchenden Menüpunkt ❷ auch löschen.

Die Mailbox einrichten

Zur Einrichtung Ihrer Mailbox müssen Sie eine Rufumleitung auf selbige einrichten. Gehen Sie dazu folgendermaßen vor:

1. Bringen Sie zunächst die Mailboxnummer Ihres Providers in Erfahrung, am besten durch eine Google-Recherche. Die folgende Tabelle gibt Ihnen dazu einige Anhaltspunkte:

Provider	Mailboxnummer
T-Mobile	3311
Vodafone	550
E-Plus	9911
O2	333

2. Starten Sie die Telefon-App und begeben Sie sich per App-Menü ❸ in den Bereich **Einstellungen** ❹.

3. Wechseln Sie im folgenden Menü in den Bereich **Anrufeinstellungen** ❺. Hier finden Sie auch Optionen zur Konfiguration Ihrer Mailbox ❻.

4. Hier tragen Sie im Bereich **Einrichtung** ❼ (Seite 64) die Nummer Ihres Providers ein.

Kapitel 2 – Telefonieren und Kontakte einrichten

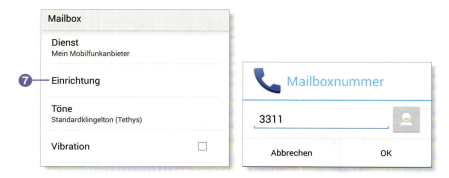

5. Die eigentliche Einrichtung der Sprachansage Ihrer Mailbox erfolgt dann über die providerspezifische Anleitung, die Sie mit Ihrem Mobilfunkvertrag erhalten haben.

6. Konfigurieren Sie nun die Rufumleitungsoptionen gemäß der Anleitung Ihres Providers. Dies können Sie auch einfach im Bereich **Anrufeinstellungen ▶ Rufweiterleitung** erledigen, falls die SIM-Karte Ihres Providers dies unterstützt.

Bei den Rufumleitungen unterscheidet man folgende Typen:

- Bei der *absoluten Rufumleitung* werden alle Anrufe ohne Wenn und Aber an Ihre Mailbox weitergeleitet.

- Bei der *bedingten Rufumleitung* werden die Anrufe nur unter bestimmten Bedingungen weitergeleitet, z. B. wenn Ihr Telefon gerade besetzt ist oder wenn Sie nicht erreichbar sind.

> **HINWEIS**
>
> **Probleme mit der Nexus-Serie und der Telekom**
>
> Diverse Besitzer von Nexus 4 und 5, deren Mobilfunkprovider die Deutsche Telekom ist, berichteten in den einschlägigen Foren von massiven Problemen bei der Einrichtung ihrer Sprachmailbox. Hier bietet sich als Ausweichmöglichkeit die App *Mobilbox Pro* der Deutschen Telekom AG an, welche die eingegangenen Sprachnachrichten direkt an das Smartphone übermittelt. Sie finden die genannte App im Play Store.

Rufnummernunterdrückung und Anklopfen

Gehen Sie zur Unterdrückung Ihrer Rufnummer folgendermaßen vor:

1. Begeben Sie sich in die Telefon-App in den Bereich **Anrufeinstellungen ▶ Sonstige Anrufeinstellungen ▶ Zusätzliche Einstellungen**.

2. Tippen Sie dort den Punkt **Anrufer-ID** an und wählen Sie die entsprechende Option für die Rufnummernunterdrückung.

3. Im Menü **Zusätzliche Einstellungen** können Sie außerdem die Anklopffunktion aktivieren: Sie erhalten ein akustisches Signal, wenn während eines Telefonats ein weiterer Teilnehmer versucht, Sie zu erreichen.

> **INFO**
>
> **Wo finde ich meine Telefonnummer?**
>
> Die allseits beliebte Frage bei Gelegenheitsnutzern: »Wie lautet eigentlich meine Telefonnummer?« Diese finden Sie schnell im Bereich **Einstellungen ▶ Über das Telefon ▶ Status**. Dort sehen Sie ebenfalls die MAC-Adresse des WLAN-Adapters sowie die eindeutige Hardwarekennung IMEI. Letztere zu kennen kann sich lohnen, falls das Smartphone einmal gestohlen wird.

Weitere Konfigurationsoptionen

Die Telefon-App bietet weitere Möglichkeiten zum Feintuning. Dazu rufen Sie das Menü der App über die entsprechende Schaltfläche auf und begeben sich zum Punkt **Einstellungen**. Beachten Sie bitte, dass einige der genannten Optionen nur bei eingelegter SIM-Karte erscheinen. Außerdem darf sich Ihr Smartphone nicht im Flugzeugmodus befinden.

Kapitel 2 – Telefonieren und Kontakte einrichten

Im Hauptbereich finden Sie folgende Optionen:

❶ **Anrufer-ID von Google**: Ist die Option aktiviert, so sucht das System bei eingehenden unbekannten Telefonnummern via Internet nach dem Namen des Anrufers.

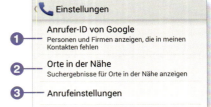

❷ **Orte in der Nähe**: Die Aktivierung dieser Option gestattet die Suche von Telefonnummern zu Lokalitäten. Dies haben Sie bereits auf Seite 57 kennengelernt.

❸ **Anrufeinstellungen**: Hier lassen sich weitere Einstellungen zur Telefonie-App vornehmen.

Sehen wir uns die Option **Anrufeinstellungen** etwas genauer an. Folgende wichtige Optionen verbergen sich hier:

❹ **Klingelton & Vibration**: Hier definieren Sie den Klingelton sowie das Vibrationsverhalten bei eingehenden Anrufen.

❺ **Sonstige Anrufeinstellungen**: In diesem Bereich lässt sich die Mailbox konfigurieren. Weiterhin kann man vordefinierte Kurzantworten in SMS-Form vorgeben. Der TTY-Modus ermöglicht Sprach- bzw. Hörbehinderten, während eines Telefonats per Text zu kommunizieren.

❻ **Einstellungen für Internetanrufe**: Hier können Sie sogenannte SIP-Konten definieren. SIP-Provider ermöglichen die Telefonie via Internet, bekannt als *Voice over IP* (VOIP). Ein bekannter Provider in diesem Zusammenhang ist beispielsweise Sipgate.

Ein Headset nutzen

Die meisten Android-Smartphones der Oberklasse werden mit einem Headset ausgeliefert. Sie können beliebige andere Sets mit 3,5-mm-Klinkenstecker nutzen, auch kabellose Bluetooth-Headsets sind möglich. Mehr zum Anschließen von Bluetooth-Hardware erfahren Sie in Kapitel 15, »Tipps, Tricks und Fehlerbehebung«, ab Seite 343. Schließen Sie ein Headset an die Kopfhörerbuchse Ihres Smartphones an und führen Sie ein Probetelefonat durch.

Dieses Headset verfügt sogar über eine externe Lautstärkeregelung ❼.

Bei einigen Geräten wie der Samsung-Galaxy-Serie erscheint nach Anschluss des Headsets eine Meldung in der Statusleiste (siehe rechte Abbildung), andere wie die Nexus-Serie von Google schalten die Tonausgabe ohne Kommentar auf das Headset. Nach dem Anschluss des Headsets stehen Ihnen auf Samsung-Geräten Schnellzugriffe auf Apps, die das Audiosystem nutzen, zur Verfügung. Ziehen Sie dazu die Statusleiste herunter.

Kontakte einrichten und verwalten

Das Adressbuch namens *Kontakte* ist der Dreh- und Angelpunkt, wenn es darum geht, Freunde oder Geschäftspartner dauerhaft an Ihrem digitalen Leben teilhaben zu lassen.

Wenn Sie ein Google-Konto eingerichtet haben, dann sollten Sie es als Basis für Ihre Kontaktdatensammlung verwenden. Dadurch ist sichergestellt, dass Ihnen Ihre Kontakte auch auf dem PC per Browser oder weiteren Android-Smartphones, die mit dem gleichen Google-Konto verknüpft sind, zur Verfügung stehen. Alternative Speicherorte für Ihre Kontakte sind die SIM-Karte oder der Speicher Ihres Smartphones. Beide genannten Alternativen sind allerdings nicht geeignet, um die Adresssammlung auf unterschiedlichen Geräten synchron zu halten.

Im Folgenden gehe ich zunächst davon aus, dass Sie bereits über eine reichhaltige Kontaktsammlung auf Ihrem Android-Smartphone verfügen. Sollten Sie von einem anderen System (z. B. Outlook oder Exchange) kommen und Ihre bestehenden Kontakte noch nicht in Ihr Google-Konto importiert haben, so können Sie die Vorgehensweise schon einmal im Abschnitt »Kontakte importieren«, ab Seite 73 nachlesen.

Starten Sie die Kontakte-Anwendung. Der Bildschirm der Kontakte-Anwendung ist in drei Bereiche aufgeteilt. Sie wechseln in jeden Bereich durch Antippen des zugehörigen Symbols am oberen Bildschirmrand.

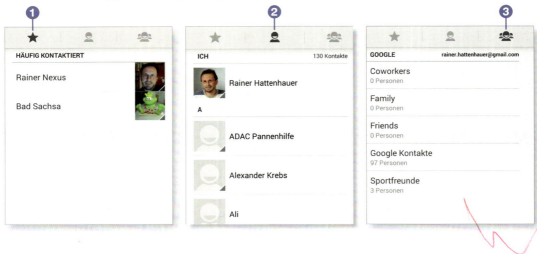

Kontakte einrichten und verwalten

❶ **Häufig kontaktiert**: Hier finden Sie diejenigen Kontakte, mit denen Sie häufig kommunizieren.

❷ **Kontaktsammlung**: In der Kontaktsammlung werden sämtliche Kontakte zusammengefasst. Scrollen Sie durch die Kontaktsammlung, indem Sie den Finger an der rechten Bildschirmseite auf oder ab bewegen. Ein Buchstabe erleichtert die Navigation.

❸ **Kontaktgruppen**: Hier können Sie einzelne Kontakte zu Gruppen zusammenfassen. Das ist vorteilhaft, wenn Sie z. B. Rundmails verfassen möchten.

Am unteren Bildschirmrand finden Sie folgende Schaltflächen:

❹ **Lupe**: Mit dieser Funktion suchen Sie gezielt durch Texteingabe nach Kontakten.

❺ **Kontakt hinzufügen** bzw. **Gruppe erstellen**: Ergänzen Sie einen weiteren Kontakt oder definieren Sie eine neue Gruppe (im Bereich **Kontakt**).

❻ **Einstellungen**: Passen Sie die App nach Ihren Vorstellungen an.

> **INFO**
>
> **Kontakte nach Nachnamen sortieren**
>
> Die Kontakte-App ordnet die Namen alphabetisch nach Vornamen. Möchten Sie die übliche Ordnung per Nachnamen, so begeben Sie sich durch Drücken der **Menü**-Schaltfläche ins Menü der App und wählen bei **Einstellungen** den Punkt **Liste sortieren nach** die Option **Nachname** sowie bei **Kontaktnamen anzeigen** die Option **Nachname zuerst**.

69

Kapitel 2 – Telefonieren und Kontakte einrichten

Einen neuen Kontakt hinzufügen

1. Tippen Sie dazu einfach auf das **+**-Kontakt-Zeichen am unteren Bildrand der Kontakte-App.

2. Bei der erstmaligen Eingabe eines Kontakts müssen Sie zunächst das Konto auswählen, mit dem der aktuelle Kontakt und nachfolgende Kontakte verknüpft werden sollen. Ich empfehle an dieser Stelle die Verwendung des Google-Kontos. Sie können später aber auch den Abgleich mit einem anderen Konto über die Einstellungen der App definieren.

3. Geben Sie die Kontaktdaten ❶ ein. Durch Antippen des Fotosymbols ❷ können Sie von Ihrem Kontakt auch sofort ein Foto per Smartphone schießen und mit dem Kontakt verknüpfen.

Weitere Optionen, z. B. zum Eintragen eines Geburtstags, finden Sie, wenn Sie die Schaltfläche **Weiteres Feld hinzufügen** ❸ antippen.

4. Bestätigen Sie die Änderungen schließlich durch Antippen der Schaltfläche **Fertig** ❹.

Verbindung zu einem Kontakt herstellen

Die Kommunikation mit den gespeicherten Kontakten ist kinderleicht: Tippen Sie einen Kontakt aus dem Adressbuch an oder suchen Sie ihn per Eingabe in das Suchfeld. Die Kontaktdaten erscheinen, und es werden Ihnen entsprechend der Kontaktinformationen diverse Kommunikationsmöglichkeiten angeboten, um mit dem gewählten Kontakt in Verbindung zu treten. Wählen Sie die gewünschte Möglichkeit durch Antippen aus, und die Verbindung wird entsprechend aufgebaut.

Eine neue Gruppe erstellen

Um Kontakte zu einer Gruppe hinzuzufügen, gehen Sie folgendermaßen vor:

1. Wählen Sie den Menübereich **Gruppe** und betätigen Sie die **Neue Gruppe**-Schaltfläche am unteren Bildrand.

2. Benennen Sie die Gruppe ❺.

3. Tippen Sie anschließend die Eingabefläche **Namen der Person eingeben** ❻ an und fügen Sie die gewünschten Mitglieder der Gruppe hinzu.

4. Beenden Sie Ihre Eingabe über die Schaltfläche **Fertig**.

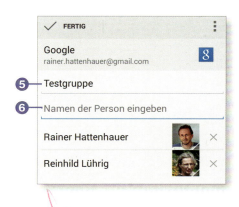

Kapitel 2 – Telefonieren und Kontakte einrichten

Über das Menü im Bereich **Gruppen** können Sie die Gruppe jederzeit bearbeiten oder löschen.

Das Kontakte-Menü

Durch Betätigen der **Menü**-Schaltfläche gelangen Sie in das Menü der App. Hier finden Sie die folgenden Menüpunkte:

- **Kontakte zum Anzeigen**: Falls Sie mehrere Konten verwenden (z. B. ein Exchange- und ein Google-Konto), so lässt sich an dieser die Anzeige auf ein einzelnes Konto beschränken.

- **Importieren/Exportieren**: Über diesen Menüpunkt lassen sich Kontaktdaten, z. B. zwischen SIM-Karte und Telefonspeicher, austauschen.

- **Konten**: Dieses Menü zeigt an, aus welchen Konten die verwendeten Kontakte stammen. Auf einem frischen Android-Smartphone wäre dies das Google-Konto. Sie können hier aber auch den Abgleich zu anderen Kontaktdatenbanken herstellen.

- **Einstellungen**: Hier definieren Sie unter anderem die Anzeigeoptionen (siehe Info oben).

- **Hilfe**: Führt Sie per Browser zu Online-Hilfeseiten, welche Ihnen weitere Informationen zur aktuell verwendeten App bieten.

Kontakte im Browserinterface

Die nahtlose Integration des Android-Systems in die Google-Cloud wird auch bei den Kontakten deutlich: Sie können auf Ihre Kontakte von jedem PC oder Mac per Browser zugreifen.

Loggen Sie sich mit Ihrem Google-Account per Browser (z. B. Chrome) ein und begeben Sie sich zum Bereich **Gmail ▸ Kontakte**. Dort finden Sie alle Kontakte Ihres Google-Kontos, die auch mit Ihrem Android-Smartphone synchronisiert wurden:

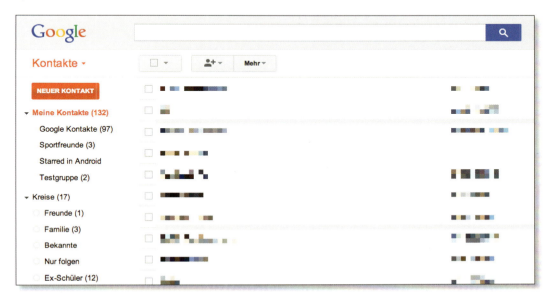

Ihre Kontakte finden Sie nach der Synchronisation online im Google-Mail-Bereich. Wählen Sie dazu im Dropdown-Menü den Punkt »Kontakte«.

Kontakte importieren

Das einfachste Szenario: Ihre Kontakte sind auf Ihrer SIM-Karte gespeichert, die sich ihrerseits in Ihrem neuen Smartphone befindet. Gehen Sie zum Import folgendermaßen vor:

1. Begeben Sie sich in die Kontakte-App und wählen Sie per App-Menü den Punkt **Importieren/Exportieren**.

2. Es erscheint ein Auswahldialog. Wählen Sie hier den Punkt **Von SIM-Karte importieren** ❶ (siehe Abbildung auf Seite 74).

Kapitel 2 – Telefonieren und Kontakte einrichten

3. Nun wählen Sie die Kontakte aus, die übernommen werden sollen. Es empfiehlt sich, per Menüschaltfläche alle Kontakte zu importieren ❷.

Etwas komplexer gestaltet sich der Import Ihrer Daten von einem Outlook-Konto oder der Adressdatenbank anderer Anbieter. Hier empfiehlt sich der Umweg über einen PC via Browserschnittstelle. Das werde ich im Folgenden am Beispiel Microsoft Outlook 2010 demonstrieren. Bei aktuelleren Outlook-Versionen können sich ggf. Abweichungen ergeben.

1. Begeben Sie sich in Outlook in den Bereich **Kontakte**. Wählen Sie hier den Menüpunkt **Exportieren/Importieren**.

    Darauf wird der Import-/Exportassistent für Kontakte gestartet.

2. Wählen Sie **In Datei exportieren** und als Typ **Kommagetrennte Werte (Windows)**, kurz: CSV (*Comma-Separated Values*).

3. Im nächsten Schritt definieren Sie die Exportquelle, in diesem Fall die Kontaktanwendung.

4. Nach Festlegung eines Exportnamens und -ortes wird die Datei schließlich erstellt.

Zum Import in die Google-Kontaktanwendung gehen Sie folgendermaßen vor:

1. Öffnen Sie Google Mail in Ihrem Browser (Google-Link **Gmail**).

Kontakte importieren

2. Begeben Sie sich in den Bereich **Kontakte** ❸. Erstellen Sie am besten zunächst eine neue Kontaktgruppe namens »Outlook Import«. Dies geschieht über den Menüpunkt **Neue Gruppe** ❹. Wählen Sie anschließend die neue Gruppe durch Anklicken aus ❺.

3. Wählen Sie nun den Punkt **Kontakte importieren** ❻ aus dem Menü. Geben Sie für den Import über **Datei auswählen** die soeben erstellte CSV-Datei an und bestätigen Sie dann den Import durch Anklicken der Schaltfläche **Importieren** ❼.

Das Ganze klappt auch mit anderen Adressbuchanwendungen, sofern diese den Export ins CSV-Format beherrschen.

> **INFO**
>
> **Abgleich mit Exchange, Facebook und Co.**
>
> Bei Microsoft Exchange hat Google die Unterstützung ebenso wie beim Import von Facebook-Kontakten stark reduziert. Wer hier alle Kontaktsätze synchron halten möchte, kommt nicht um Drittanbieter-Apps herum. Bei Exchange empfiehlt sich zunächst ein manueller Import der Kontakte aus einer Outlook-Umgebung heraus sowie die anschließende Synchronisation mit dem kostenlosen Programm *GO Contact Sync Mod* (*http://googlesyncmod.sourceforge.net*). Der Abgleich der Facebook- und Google-Kontakte erfolgt idealerweise mit der App *Sync.ME*, die Sie im Play Store finden.

Klingeltöne und Vibration anpassen

Was wäre die Handy-Welt nur ohne die bunte Welt der Klingeltöne? Auf den nächsten Seiten erfahren Sie, wie Sie Ihr Android-Smartphone soundtechnisch individualisieren.

1. Schauen wir uns zunächst einmal an, was Android an Bordmitteln bietet. Starten Sie die Telefon-App und begeben Sie sich in den Bereich **Einstellungen ▶ Anrufeinstellungen**.

2. Zur Auswahl eines Klingeltons wählen Sie den Punkt **Klingelton** ❶.

3. Tippen Sie verschiedene Töne ❷ an. Diese werden in Form einer akustischen Vorschau sofort wiedergegeben. Wählen Sie einen Ihnen genehmen Ton aus.

4. Soll das Smartphone beim Klingeln auch vibrieren, so wählen Sie die entsprechende Option an ❸.

Sie gehören zu dem Typ Smartphone-Nutzer, der bestimmten Kontakten gern einen individuellen Klingelton zuweist? Kein Problem!

5. Möchten Sie individualisierte Klingeltöne für bestimmte Kontakte verwenden, so begeben Sie sich in die Kontakte-App und wählen den gewünschten Kontakt aus. Tippen Sie anschließend das Menüsymbol an und wählen Sie den Punkt **Klingeltonwahl** ❹ aus. Nun können Sie dem Kontakt einen individuellen Ton zuweisen.

Eigene Klingeltöne verwenden

Sie finden die Systemklingeltöne langweilig? Importieren Sie folgendermaßen individuelle Klingeltöne:

1. Schließen Sie Ihr Smartphone per USB-Anschluss als Massenspeicher an Ihren PC an. Wie das funktioniert, wird z. B. im Abschnitt »Musik auf das Smartphone übertragen« auf Seite 267 gezeigt.

2. Suchen Sie auf Ihrem PC eine MP3- oder M4A-Audiodatei heraus. Die beiden Formate sind in Onlinemusikshops wie Google Play Music oder iTunes zu finden.

3. Kopieren Sie die Datei mithilfe eines Dateimanagers in das Verzeichnis **Ringtones** ❺ auf Ihrem Smartphone. Die Verwendung eines Dateimanagers zum Transfer von Dateien bzw. Medien wird in Kapitel 11 besprochen werden.

4. Sie können nun auf den Klingelton über **Einstellungen ▸ Töne ▸ Klingelton** zugreifen.

5. Passen Sie nun die Lautstärke des Klingeltons bzw. der Benachrichtigungen über das Untermenü **Lautstärke** über die Schieberegler ❻ an. Hier lässt sich auch die Lautstärke für die Medienwiedergabe ❼ etc. konfigurieren.

Kapitel 2 – Telefonieren und Kontakte einrichten

> **HINWEIS**
>
> **Klingeltöne kaufen? – Bloß nicht!**
>
> Natürlich bleibt es Ihnen freigestellt, im Internet kostenpflichtige Klingeltöne à la Jamba zu erwerben. Davon rate ich aber ab, da diese Angebote oft Abonnements enthalten oder mindestens fragwürdig sind. In der Regel werden Sie auch bei kostenfreien Angeboten fündig.

Profile einrichten

Profile Scheduler

Das ist wohl eines der Dinge, die Sie als frischgebackener Android-Smartphone-Besitzer im Vergleich zum guten alten Handy am meisten vermissen: unkompliziert Nutzungsprofile für verschiedene Umgebungen anzulegen. Nichts ist störender für die Umwelt als das laut klingelnde Smartphone in der Opernaufführung oder im Kinosaal. Android wäre aber nicht Android, wenn es nicht mindestens eine App gäbe, die sich des Problems annimmt: In diesem Fall schafft der *Profile Scheduler* Abhilfe.

1. Starten Sie die App nach der Installation und bestätigen Sie die Lizenzvereinbarung.

2. Sie können nun zwischen vordefinierten Profilen auswählen und diese nach Ihren Vorlieben anpassen. Dazu tippen Sie das gewünschte Profil länger an.

Der Clou: Das Ganze funktioniert auch zeitgesteuert, d. h. mit einem sogenannten *Scheduler*. Sie können z. B. zeitgenau einstellen, wann das Nachtprofil aktiviert wird. Weitere Informationen zum Profile Scheduler finden Sie ab Seite 337.

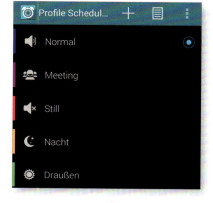

Erstellen Sie eigene, frei definierbare Benutzerprofile.

Internettelefonie (VoiceOverIP)

Diverse Anbieter ermöglichen die kostengünstige Telefonie über Internet. Dieses Verfahren wird *Voice Over Internet Protocol* (kurz: VOIP) genannt. Nachfolgend zeige ich Ihnen exemplarisch die Einrichtung Ihres Android-Smartphones für die VOIP-Telefonie am Beispiel des beliebten Providers Sipgate.

1. Besorgen Sie sich zunächst auf *www.sipgate.de* einen Sipgate-Account. Notieren Sie sich Ihre SIP-ID sowie Ihr SIP-Passwort. Beides finden Sie nach dem Login im Bereich **Einstellungen**.

2. Starten Sie die Telefon-App auf Ihrem Smartphone und begeben Sie sich über das App-Menü in **Einstellungen ▸ Anrufeinstellungen**. Dort finden Sie den Punkt **Einstellungen für Internetanrufe**. Wählen Sie hier den Punkt **Konten** und ergänzen Sie ein Konto über den Menüpunkt **Konto hinzufügen** ❶.

3. Geben Sie den Benutzernamen (dieser besteht bei Sipgate aus Ziffern) sowie das zugehörige Sipgate-VOIP-Passwort an. Achtung: Dieses deckt sich nicht mit Ihrem Web-Login-Passwort. Geben Sie außerdem als Server »sipgate.de« an.

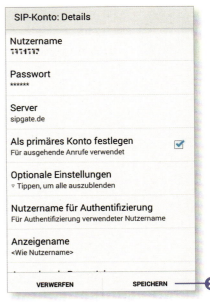

4. Speichern Sie die Änderungen schließlich mittels **Speichern** ❷ ab.

5. Nun ist es an der Zeit für einen Testanruf. Stellen Sie zunächst sicher, dass im Bereich **Einstellungen für Internetanrufe** die Option **Bei jedem Anruf fragen** ❸ aktiviert ist. Wählen Sie per Telefontastatur die Nummer »10000« (normaler Test) oder »10005« (Echotest). Vor dem Verbindungsaufbau

79

Kapitel 2 – Telefonieren und Kontakte einrichten

werden Sie gefragt, ob die Verbindung via Internet oder per Telefon erfolgen soll. Wählen Sie hier **per Internet** ❶.

Hat es geklappt? Prima! Sie können nun Ihr Sipgate-Konto auffüllen und zu äußerst günstigen Minutenpreisen insbesondere vom Ausland nach Deutschland telefonieren. Es empfiehlt sich auch hier, zunächst einen Testanruf zu Ihrem Festnetzanschluss durchzuführen.

Videotelefonieren mit Google Hangouts

Wenn Sie eine Begrenzung (z. B. 100 Freiminuten) in Ihrem Mobilfunkvertrag festgelegt haben, können Sie Telefonzeit sparen, indem Sie über WLAN telefonieren. Eine Möglichkeit habe ich Ihnen ja bereits im letzten Abschnitt vorgestellt. Die Google-eigene Lösung ist bereits im System eingebaut und nennt sich *Google Hangouts*.

Hangouts ist eine App, mit der Sie über das Internet telefonieren können. Auch Videokonferenzen sind per Hangouts möglich. Zum Testen benötigen Sie einen Gesprächspartner, der ebenfalls ein Android-Smartphone besitzt, auf dem Google Hangouts installiert ist.

1. Beide Kommunikationspartner sind per Internetverbindung mit ihrem Google-Konto verknüpft. Ein Teilnehmer startet nun Hangouts auf seinem Smartphone. Sie finden die App über das App-Menü.

2. Beim ersten Start der App können Sie sich über Ihre Mobilfunknummer verifizieren. Dadurch werden Sie von Ihrem Kommunikationspartner gegebenenfalls schneller gefunden.

3. Starten Sie einen Hangout durch Antippen der **+**-Schaltfläche ❷ (siehe Seite 81). Wenn Sie einen neuen Kontakt anrufen möchten, geben Sie in die Eingabezeile dessen Gmail-Adresse ein.

Videotelefonieren mit Google Hangouts

Das Tolle an einem Google Hangout ist, dass Sie beliebig viele Freunde für eine Konferenzschaltung einladen können.

4. Die Videokonferenz leiten Sie nun durch Antippen der Schaltfläche **Videoanruf** ein.

> **TIPP**
>
> **Hangouts am PC per Browser**
>
> Google Hangouts können Sie auch prima per Browser am PC nutzen. Sie müssen natürlich ein Mikrofon, Lautsprecher und möglichst auch eine Webcam besitzen und bei Google eingeloggt sein. Die besten Ergebnisse erhalten Sie, wenn Sie dazu den Google-Chrome-Browser verwenden.

5. Ihr Gegenüber wird automatisch benachrichtigt und schiebt wie beim Telefonieren das Hörersymbol zum Annehmen des Rufs nach rechts – so einfach und günstig kann Videofonieren sein!

Videotelefonie mit Google Hangouts. Zum Sichtbarmachen der Steuerflächen tippen Sie auf die Mitte des Bildes.

81

Die Alternative – Skype

Skype

Nun kann es ja durchaus vorkommen, dass Sie in Ihrem Bekanntenkreis den einen oder anderen iPhone-Fan haben. Möchten Sie mit diesen kostengünstig telefonieren, so bietet sich die Universallösung *Skype* an. Das Programm müssen Sie zunächst aus dem Play Store installieren. Dabei hilft der QR-Code links.

Mit Skype können Sie sowohl reine Audio- als auch Videotelefonate durchführen. Gehen Sie zur Einrichtung von Skype folgendermaßen vor:

1. Falls Sie noch keinen Account bei Skype haben, legen Sie einen solchen auf *https://login.skype.com/account/signup-form* an.

2. Laden Sie die Skype-App vom Google Play Store auf Ihr Smartphone und installieren Sie sie.

3. Starten Sie die Skype-App und loggen Sie sich mit Ihrem Skype-Namen und dem zugehörigen Passwort ein.

4. Suchen Sie nach einem Gesprächspartner, der ebenfalls ins Skype-Netz eingeloggt ist. Das geschieht am einfachsten, indem Sie über das Kontaktmenü nach der (Ihnen bekannten) E-Mail-Adresse Ihres Gegenübers oder dessen Namen suchen. Fügen Sie den Skype-Namen zu Ihren Kontakten hinzu und rufen Sie ihn an. Sie können auch Teilnehmer im Festnetz anrufen. Dazu müssen Sie aber zunächst Ihr Onlineguthaben per Überweisung oder Kreditkarte aufladen. Ein Anruf ins Festnetz kostet ca. 2 Cent pro Minute.

5. Beginnen Sie ein Skype-Telefonat mit einem Bekannten, der die Software ebenfalls verwendet.

Nach dem Start läuft die App im Hintergrund und kann sofort auf eingehende Anrufe reagieren.

Skype lässt sich auf fast allen Smartphones und Computern nutzen. Unter *http://www.skype.com* finden Sie Programme für die gängigsten Betriebssysteme.

Einige nützliche GSM-Codes

Haben Sie schon von GSM-Codes gehört? Das sind kurze Kombinationen aus Zahlen und Symbolen, mit denen Sie schnell und einfach Einstellungen ändern und Informationen abrufen können. GSM steht für *Global System for Mobile Communications*, das bedeutet, GSM-Codes funktionieren bis auf wenige Ausnahmen auf jedem Handy und Smartphone gleich.

Um einen GSM-Code einzugeben, gehen Sie folgendermaßen vor:

1. Stellen Sie zunächst sicher, dass Sie mit einem Mobilfunknetz verbunden sind.

2. Starten Sie die Telefon-App so, als wollten Sie telefonieren, und geben Sie statt einer Telefonnummer einen der Codes aus der Tabelle ein, die Sie auf Seite 84 weiter unten sehen.

3. In einigen Fällen ist der Code noch mit der **Rufannahme**-Taste (grüner Hörer) zu bestätigen.

Kapitel 2 – Telefonieren und Kontakte einrichten

Ein Beispiel: Wenn Sie »*#30#« eingeben, erhalten Sie eine Information darüber, ob Ihre Rufnummernübermittlung aktiviert wurde.

Die folgende Tabelle listet einige nützliche GSM-Codes auf, die mit einem Gerät der Nexus-Serie im Netz der Telekom getestet wurden und normalerweise auch mit anderen Geräten funktionieren sollten.

GSM-Code	Funktion
*135#	eigene Rufnummer anzeigen
**21*<Rufnummer>*#	sofortige Rufumleitung setzen
##21#	sofortige Rufumleitung löschen
#21#	sofortige Rufumleitung deaktivieren
*21#	sofortige Rufumleitung aktivieren
*#21#	sofortige Rufumleitung prüfen
##002#	alle gesetzten Rufumleitungen löschen
*43#	Anklopfen einschalten
#43#	Anklopfen ausschalten
*#43#	Anklopfen prüfen
*31#	eigene Rufnummer zeigen
#31#	eigene Rufnummer nicht zeigen
*#31#	Status der Rufnummernanzeige prüfen
*#30#	Status der eingehenden Rufnummernanzeige
*#06#	Seriennummer (IMEI) anzeigen

Etliche Android-Smartphones, insbesondere Geräte aus der Samsung-Galaxy-Reihe, verfügen noch über eine ganze Menge weiterer interessanter GSM-Codes, die unter anderem einige versteckte Funktionen des Geräts aktivieren können. Führen Sie diesbezüglich einfach einmal eine Google-Recherche der Form »›Mein Gerät‹ GSM codes« durch.

Kapitel 3
Nachrichten senden und empfangen

Obwohl wir im Zeitalter des mobilen Internets in erster Linie per Mail, Messenger oder Videokonferenz kommunizieren, hat die klassische SMS noch nicht ausgedient. Gerade im nicht europäischen Ausland bietet sie eine günstige Form der Kommunikation, denn mobile Internetverbindungen sind dort noch vergleichsweise teuer. Aber auch MMS erfreuen die lieben Verwandten, wenn sie Ihr Abbild vor den klassischen Touristenzielen zeigen.

SMS senden und empfangen

Beginnen wir mit dem Klassiker: der guten, alten SMS. Die Abkürzung steht für *Short Message Service*. Eines sei vorab gesagt: Es gibt heute wesentlich günstigere Methoden, Informationen per Text auszutauschen. So findet sich bei Heise Online ein Artikel, der die Kosten für die Übertragung einer Datenmenge von einem Megabyte bei einem Tarif von 6 Cent/SMS auf 470 Euro beziffert, vergleiche *http://www.heise.de/newsticker/meldung/SMS-Kosten-sind-astronomisch-207127.html*. Im Vergleich dazu übertragen Sie die gleiche Datenmenge per E-Mail für günstige 50 Cent. Der große Vorteil der SMS ist aber: Sie funktioniert auch im hintersten Winkel von Tadschikistan.

Der Weg zur ersten SMS auf Ihrem Android-Smartphone ist leicht. Er führt direkt über die universelle Kommunikations-App Hangouts, die Sie bereits im letzten Kapitel kennengelernt haben. Die nachfolgende Beschreibung

Kapitel 3 – Nachrichten senden und empfangen

bezieht sich auf »pure« Android-Geräte wie Googles Nexus-Serie. Es kann durchaus sein, dass Geräte anderer Hersteller wie z. B. Samsung noch eine eigenständige SMS-App namens *Nachrichten* oder *SMS/MMS* verwenden.

1. Starten Sie die Hangouts-App. In der Standardkonfiguration finden Sie das Icon der App in der Schnellzugriffleiste im unteren Bereich des Bildschirms ❶.

2. Tippen Sie nach dem Starten der App auf das +-Zeichen ❷ und geben Sie in der folgenden Suchmaske die Handy-Nummer oder die Anfangsbuchstaben eines Kontakts an, dem Sie eine SMS schicken möchten. Wichtig: Dem Kontakt muss eine Telefonnummer zugeordnet sein.

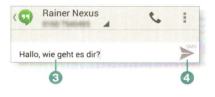

3. Geben Sie einen Text in das Nachrichtenfeld ❸ ein. Mithilfe der integrierten Spracheingabe von Android können Sie die kurzen Texte sogar diktieren – vorausgesetzt, Sie sind online.

4. Nach der Fertigstellung des Textes tippen Sie auf die Schaltfläche **Senden** ❹.

Fertig! Die SMS tritt nun ihren Weg zum Empfänger an. Die Antwort Ihres Gegenübers erscheint direkt unter der verschickten SMS. Android-typisch werden Kommunikationen im Gesprächsverlauf gespeichert. Solche Verläufe nennt man *Threads*. Die Antwort erfolgt dann direkt im Thread.

86

Weitere SMS-Optionen

Die Hangouts-App bietet weitere Möglichkeiten für den SMS-Versand oder die Verwaltung Ihrer SMS. Tippen Sie dazu mit dem Finger länger auf die betreffende SMS im SMS-Darstellungsmodus. Dort öffnet sich ein Menü mit weiteren Optionen, die als Symbole am rechten oberen Bildrand zu finden sind. Diese haben folgende Bedeutung:

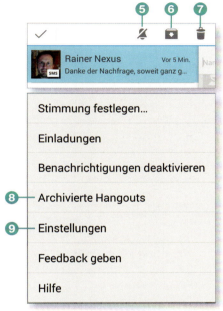

- ❺ Benachrichtigung deaktivieren
- ❻ SMS archivieren
- ❼ SMS löschen

Über das Menü der App erhalten Sie Zugang zu weiteren Optionen. So gelangen Sie dort z. B. in den Bereich der archivierten Hangouts ❽.

Im Bereich **Einstellungen** ❾ finden Sie unter **SMS** ein spezielles Menü zur Konfiguration der SMS-Funktionalität vor. Diese bietet folgende wichtigen Optionen (siehe auch die Abbildung auf Seite 88).

- ❿ **SMS aktiviert**: Die Standard-SMS-App festlegen. Dies ist im Normalfall Hangouts.
- ⓫ **SMS importieren**: SMS aus einer Sicherung (z. B. der Google-Cloud) neu importieren
- ⓬ **Benachrichtigungen** aktivieren/deaktivieren
- ⓭ **Ton**: Signalton konfigurieren

87

Kapitel 3 – Nachrichten senden und empfangen

- ⑭ **Vibration** bei Eingang einer Nachricht ein-/ausschalten
- ⑮ **MMS an Gruppe senden**: Verschickt Massen-SMS automatisch als MMS (Vorsicht, Kostenfalle!).
- ⑯ **Zustellberichte** anfordern
- ⑰ **Automatischen MMS-Download** aktivieren

SMS verwalten

Um ganze Konversationen bzw. Threads zu entfernen, begeben Sie sich mithilfe der **Zurück**-Taste ins Hauptmenü der Hangouts-App und tippen dann den entsprechenden Thread länger an. Es erscheint ein Papierkorbsymbol, und Sie können den Thread durch Antippen des Symbols löschen.

Möchten Sie hingegen den Thread archivieren, so tippen Sie das Ordnersymbol an. Noch einfacher geht die Archivierung, indem Sie den entsprechenden Thread mit dem Finger aus dem Displaybereich wischen. Sie finden die archivierten Threads über das App-Menü im Bereich **Archivierte Hangouts**.

 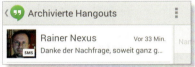

Archivierung eines Threads

MMS senden und empfangen

War schon die SMS für die Mobilfunkprovider eine willkommene Geldquelle, so stellt die MMS (*Multimedia Messaging Service*) einen wahren Goldesel dar: Das Verschicken von multimedialen Inhalten wie Fotos, Textdokumenten oder kleinen Videos kostet richtig Geld – meist das Vier- bis Fünffache einer »normalen« SMS.

Der Versand einer MMS erfolgt prinzipiell über den gleichen Weg, über den auch andere Onlinedaten verschickt und empfangen werden, Sie haben also keinen Geschwindigkeitsvorteil gegenüber einer E-Mail. Somit fahren Sie wesentlich günstiger, wenn Sie Ihr Urlaubsfoto gleich per E-Mail-Attachment verschicken – am besten abends über das hoteleigene WLAN. Wenn Sie dennoch auf MMS nicht verzichten können, folgt hier die Anleitung zum Verschicken der Multimediabotschaft.

1. Stellen Sie sicher, dass Sie mit dem Smartphone online sind, d. h., dass sich das Gerät im Datenübertragungsmodus befindet (vergleiche dazu auch Kapitel 4, »Online mit dem Smartphone«, auf Seite 97).

2. Suchen Sie sich einen Kontakt aus, dem Sie eine MMS schicken möchten. Das kann durchaus auch einmal direkt über die Kontakte-App geschehen.

3. Tippen Sie das Nachrichten-Symbol neben Ihrem Kontakt an ❶. Sie werden nach Hangouts weitergeleitet.

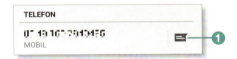

89

Kapitel 3 – Nachrichten senden und empfangen

4. Wählen Sie das Symbol mit dem Fotoapparat am unteren Bildrand aus. Sie können nun direkt ein neues Bild aufnehmen (**Foto machen**, ❶) oder ein altes aus der Bildergalerie wählen (**Foto anhängen**, ❷). Mehr zu Fotos und zur Bildergalerie erfahren Sie in Kapitel 8, »Fotografieren mit dem Android-Smartphone«, ab Seite 201.

5. Wählen Sie aus dem sich öffnenden Menü die Option **Foto anhängen** ❷ und begeben Sie sich in die Galerie. Wählen Sie dort ein Bild aus.

Eine MMS darf in der Regel 300 KByte nicht überschreiten. Sie müssen sich aber nicht selbst darum kümmern, das Bild auf die richtige Dateigröße zu verkleinern, das übernimmt Ihr Smartphone automatisch.

6. Betätigen Sie nach der Übernahme des Fotos die **Senden**-Schaltfläche ❸.

Fertig! Die MMS kommt allerdings nur dann beim Empfänger an, wenn er MMS ebenfalls aktiviert und konfiguriert hat. Falls nicht, erhält er aber auch eine Nachricht, sodass er zumindest informiert ist.

> **TIPP**
>
> **MMS-Einrichtung leicht gemacht**
>
> Um das Smartphone und seine Gegenstelle korrekt auf den Empfang von MMS einzustellen, helfen in der Regel die Provider. Sie bieten meist einen Service an, mit dessen Hilfe der MMS-Dienst per SMS automatisch auf Ihrem Smartphone konfiguriert wird.

Eine alternative SMS-App verwenden

Seit Android 4.4 KitKat wurde die SMS-Funktion fest in die Google-eigene App Hangouts eingebaut – mit allen Vor- und Nachteilen. So wird beispielsweise der Versand einer SMS an mehrere Empfänger automatisch als MMS deklariert und mit den entsprechenden Mehrkosten versendet. Das ist insbesondere ärgerlich für Anwender, die sich in Sicherheit wiegen, weil sie eine vermeintliche SMS-Flatrate besitzen. Leider sind in diesem Fall MMS oft nicht eingeschlossen.

Einen Ausweg bieten Apps von Drittanbietern. In diesem Zusammenhang hat sich insbesondere *Go SMS Pro* einen Namen gemacht.

1. Installieren Sie die App mithilfe des nebenstehenden QR-Codes.

2. Nach dem ersten Start werden Sie gefragt, ob Sie die App anstelle von Hangouts verwenden möchten. Bestätigen Sie dies.

GO SMS Pro

3. Im nächsten Schritt laden Sie das deutsche Sprachpaket zur Lokalisierung der App herunter. Dies geschieht über einen Link zum Play Store.

4. Anschließend muss die App neu gestartet werden und begrüßt Sie danach mit einer mehr oder weniger gelungenen deutschen Lokalisierung.

Kapitel 3 – Nachrichten senden und empfangen

5. Tippen Sie zum Verschicken einer neuen SMS auf das Schreibsymbol in der rechten oberen Ecke ❶ und suchen Sie sich einen Kontakt aus, dem Sie eine SMS schreiben möchten.

6. Schreiben Sie den Text der SMS und verschicken Sie diese durch Antippen des Briefsymbols.

7. Sollte Ihnen die alternative SMS-App nicht gefallen, so können Sie jederzeit wieder zu Hangouts wechseln. Starten Sie dazu Hangouts erneut und aktivieren Sie die SMS-Funktion entweder über den Begrüßungsdialog oder über **Einstellungen ▸ SMS**.

Zurück nach Los: Hangouts wieder als Standard-SMS-App wählen

> **INFO**
>
> **Weitere SMS-Apps**
>
> Im PlayStore finden Sie mit der Suchfunktion schnell weitere Alternativen: 8sms, Handcent SMS, mysms und chomp SMS.

WhatsApp – die kostengünstige Alternative

Es gibt kostengünstige Alternativen zur klassischen SMS. Der Platzhirsch ist hier sicher *WhatsApp*. Der Name ist ein Wortspiel mit dem englischen Ausdruck *What's up?*, zu Deutsch »Was ist los?«. Die App gibt es für alle prominenten Smartphone-Betriebssysteme, und sie ist wirklich sehr verbreitet,

WhatsApp – die kostengünstige Alternative

sodass die Chancen gut stehen, dass Sie damit eine Vielzahl von Freunden erreichen können. WhatsApp wurde Anfang 2014 von Facebook übernommen, und nach einem ersten Aufschrei des Entsetzens, bei dem auch viele Nutzer zu alternativen Messengern abwanderten, hält WhatsApp nach wie vor die Poleposition inne.

Whats-App

Wenn Sie WhatsApp ausprobieren möchten, installieren Sie zunächst die App über den nebenstehenden QR-Code oder suchen Sie nach »WhatsApp« im Play Store. Im ersten Jahr der Benutzung nach Aktivierung der App ist WhatsApp kostenlos, danach müssen Sie für jedes weitere Jahr 89 Cent Benutzungsgebühr bezahlen – ein echtes Schnäppchen im Vergleich zur klassischen SMS. Schließlich können Sie über WhatsApp so viele Nachrichten schreiben wie Sie möchten. Und so richten Sie WhatsApp ein:

1. Starten Sie die App und bestätigen Sie beim ersten Start die Lizenzvereinbarungen.

2. Geben Sie im ersten Dialogfeld Ihre Mobiltelefonnummer ohne führende Null ein.

Wenn Sie Ihre Nummer nicht auswendig wissen, schauen Sie bitte noch einmal in Kapitel 2, »Telefonieren und Kontakte einrichten«, auf Seite 83 nach, wie Sie sie schnell per GSM-Code in Erfahrung bringen.

3. Bestätigen Sie im nächsten Dialogfeld Ihre Telefonnummer. Das Anmeldungssystem testet nun per SMS-Gateway, ob Ihre Nummer gültig ist.

Kapitel 3 – Nachrichten senden und empfangen

4. Wählen Sie im nächsten Schritt einen Namen ❶ und wählen Sie gegebenenfalls ein Profilbild ❷ aus. Denken Sie bei Namen und Foto daran, dass Sie von Ihren Freunden und Gesprächspartnern ja erkannt werden wollen.

5. Durch Betätigen der Schaltfläche **Weiter** ❸ schließen Sie die Grundkonfiguration ab.

6. Schauen Sie nun einmal nach, wer von Ihren Freunden in der Kontakte-Sammlung WhatsApp bereits verwendet. Dazu tippen Sie auf das **+**-Symbol ❹.

7. Kontaktieren Sie einen Freund, indem Sie seinen Namen in WhatsApp antippen ❺. Das Schöne an WhatsApp: Sie sind nicht in der Länge Ihrer Botschaften beschränkt und können auch Bilder, Audiodateien oder Videos anfügen. Und das Ganze ist um ein Vielfaches günstiger als bei SMS oder MMS.

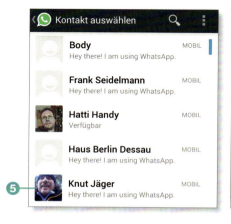 

Mit WhatsApp können Sie auch kostengünstig Bilder verschicken.

> **HINWEIS**
>
> **Kommunikation im Ausland**
>
> Im Ausland gibt es verschiedene Möglichkeiten, kostengünstig via Textbotschaft zu kommunizieren. Für kurze Botschaften in Gebieten mit schlechter Verbindung ist immer noch die SMS das Mittel der Wahl. In Städten können Sie offene WLANs in vielen Cafés (z. B. bei McDonald's oder Starbucks) nutzen oder sich eine spezielle SIM für die Internetkommunikation besorgen. Mittlerweile sind zumindest im Bereich der EU die Datentarife gedeckelt: Mehr als 60 Cent pro Megabyte müssen Sie heute mit der SIM-Karte eines deutschen Providers in einem EU-Land nicht mehr bezahlen.

Chatten mit Hangouts

Wer direkt mit Freunden chatten, also per Textbotschaft kommunizieren möchte, die ebenfalls ein Android-Handy besitzen, kann dazu ebenfalls Google Hangouts einsetzen. Das Programm versteht sich nicht nur auf SMS, Internettelefonie und Videokonferenzen, sondern kann auch ganz profan zum Chatten genutzt werden.

1. Starten Sie Hangouts und öffnen Sie Ihr Adressbuch.

2. Tippen Sie einen Kontakt an, der auch ein Android-Smartphone besitzt.

3. Wählen Sie die Option **Nachricht** und starten Sie einen Chat.

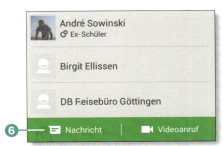

95

Kapitel 3 – Nachrichten senden und empfangen

Google-Hangout-Chats funktionieren übrigens auch im Browser auf dem PC, wenn Sie sich bei Google mit Ihrem Konto angemeldet haben.

Falls Sie schon mit anderen Messenger-Programmen gearbeitet haben und sich fragen, was mit ICQ, AIM und MSN ist: Auch hier gibt es Apps für Ihr Android-Smartphone. Suchen Sie im Play Store danach.

> **INFO**
>
> **Weitere Programme zum Nachrichtenaustausch**
>
> Im Play Store finden Sie mit der Suchfunktion schnell weitere Alternativen:
>
> - ICQ
> - AIM
> - MSN Messenger
> - Yahoo! Messenger
> - Threema: Diese App ist *die* Alternative zu WhatsApp. Sie bietet abhörsichere Kommunikation; eine geeignete App also, um die NSA zu ärgern.

Kapitel 4
Online mit dem Android-Smartphone

Sicherlich wollen Sie mit Ihrem Android-Smartphone auch ins Internet. Vielleicht war das ja sogar der Grund, warum Sie sich Ihr Gerät gekauft haben. Deshalb möchte ich Ihnen in diesem Kapitel zeigen, wie Sie das am besten anstellen und welche Möglichkeiten es gibt.

Über WLAN günstig ins Internet

Bevor Sie das Budget bei Ihrem Mobilfunkprovider unnötig strapazieren, zeige ich Ihnen den einfachsten und günstigsten Weg, mit Ihrem Smartphone ins Internet zu gelangen: per WLAN. So ein drahtloses Netz steht vielen Menschen zu Hause oder im Büro zur Verfügung, und so verursacht das Surfen keine weiteren Kosten.

WLAN aktivieren und einrichten

Bevor Sie sich in einem WLAN anmelden, müssen Sie zunächst den WLAN-Empfang am Smartphone aktivieren. Das sollte für Ihr heimisches WLAN schon bei der Inbetriebnahme Ihres Geräts geschehen sein, vgl. Kapitel 1, »Start mit dem Android-Smartphone«. Zur nachträglichen Aktivierung bzw. Deaktivierung des WLAN-Zugangs gehen Sie folgendermaßen vor:

Kapitel 4 – Online mit dem Android-Smartphone

1. Ziehen Sie die Statusleiste herunter und tippen Sie die Schaltfläche **Einstellung/Schnellkonfiguration** an ❶.

2. Tippen Sie nun das Zeichen **WLAN** ❷ an und kontrollieren Sie, ob der WLAN-Empfang aktiviert ist ❸. Falls nicht: Aktivieren Sie den WLAN-Empfang über die **AN**-Schaltfläche ❹.

3. Sollten Sie sich im heimischen WLAN befinden, so wird die Verbindung sofort hergestellt, falls Sie während der Einrichtung Ihres Smartphones den Zugang zu diesem Netz schon definiert haben.

Um künftig den WLAN-Empfang schneller aktivieren bzw. deaktivieren zu können (Letzteres verlängert die Laufzeit Ihres Smartphones deutlich), sollten Sie das Energiesteuerungs-Widget auf einem Home-Bildschirm installieren, vgl. Kapitel 1, »Start mit dem Android-Smartphone«, auf Seite 44.

Mit dem Energiesteuerungs-Widget lassen sich Stromfresser wie das WLAN-Modul gezielt ein- und ausschalten.

WLAN aktivieren und einrichten

> **TIPP**
>
> **Wenn möglich WLAN verwenden!**
>
> Die meisten Mobilfunkverträge bieten Zugang zum Internet per UMTS oder 3G an, einige sogar schon mit dem noch schnelleren LTE-Standard. Bei Prepaid-Verträgen wird in der Regel nach Menge der übertragenen Daten abgerechnet – ein MB übertragene Daten kostet dabei um die 50 Cent. Auch bei den viel beworbenen Mobil-flatrates ab ca. 10 €/Monat wird nach einer gewissen übertragenen Datenmenge (meist zwischen 200 MB und 1 GB) die Geschwindigkeit der Verbindung drastisch reduziert. Es empfiehlt sich also fast immer, Ihren Datentransfer zu schonen, wo es nur geht. Nutzen Sie stattdessen ein WLAN, um ins Internet zu gehen.

Der Zugang in fremde Netze funktioniert folgendermaßen:

1. Begeben Sie sich in den Bereich **Einstellungen** ▸ **Drahtlos & Netzwerke** ▸ **WLAN** und lassen Sie Ihr Smartphone nach drahtlosen Netzwerken scannen. Sollte dies nicht schon automatisch geschehen, tippen Sie für einen manuellen Scan die Schaltfläche **Aktualisieren** ❺ an. Im Menü ❻ der App finden Sie auch einen Punkt namens **Wi-Fi Direct**. Damit können Sie sich zum Zweck des Datenaustauschs direkt mit einem zweiten WLAN-fähigen Gerät verbinden.

2. Wählen Sie durch Antippen aus der Liste ❼ das Netz aus, dessen Zugangsdaten Sie besitzen. Im vorliegenden Fall ist es das Netz mit dem Namen **Drosselweg**; dieser Name wird auch als *SSID* (Service Set Identifier) bezeichnet.

3. Geben Sie das Kennwort für das Netz ein ❽. Experten haben an dieser Stelle auch die Möglichkeit, sich erweiterte Optionen ❾ zur Konfiguration anzeigen zu lassen.

99

Kapitel 4 – Online mit dem Android-Smartphone

4. Kurze Zeit später sollten Sie die Meldung erhalten, dass Ihr Smartphone mit dem WLAN verbunden wurde. Außerdem wird dies durch ein entsprechendes Symbol ❶ in der Statusleiste rechts oben angezeigt. Eine parallele Onlineverbindung per Mobilfunknetz wird zugunsten der WLAN-Verbindung abgebrochen.

> **TIPP**
>
> **Schnelle Verbindung zum Router per WPS**
>
> Einige Router verfügen über die Schnellkonfigurationsoption WPS (*Wi-Fi Protected Setup*). Damit können Sie sich im Handumdrehen mit Ihrem Router verbinden. Schauen Sie im Handbuch Ihres Routers nach, um zu erfahren, ob Ihnen diese Konfigurationsoption zur Verfügung steht. Auf Ihrem Android-Smartphone finden Sie den entsprechenden Konfigurationspunkt im WLAN-Menü unter dem Namen **WPS-PIN-Eingabe**.

Ein erster Verbindungstest

Nachdem Sie nun mit dem Internet verbunden sind, rufen Sie eine beliebige Seite im Browser des Smartphones auf, um sich zu überzeugen, dass die Verbindung steht. Der Browser versteckt sich je nach Hersteller entweder hinter einem weltkugelförmigen Icon mit dem Namen **Internet** bzw. **Browser** oder es ist (z. B. bei Google-Nexus-Geräten) der Google-eigene Browser *Chrome*. Rufen Sie z. B. die Seite *www.google.de* auf.

Um einen Eindruck über die Verbindungsgeschwindigkeit zu erhalten, googeln Sie einmal nach der Seite »DSL Speed-Test« (*http://www.wieistmeineip.de/speedtest/*).

Test des Internetzugangs und der Verbindungsgeschwindigkeit

Was tun bei Problemen?

Im Normalfall wird sich Ihr Smartphone ohne Probleme mit dem heimischen Router verbinden. Sollte trotz aller Bemühungen keine Verbindung zustande kommen, so prüfen Sie, ob auf Ihrem Router ein sogenannter *DHCP-Server* läuft. Dieser weist den angeschlossenen Endgeräten, im vorliegenden Fall also Ihrem Smartphone, automatisch eine eindeutige Netzwerkadresse zu (siehe die obere Abbildung auf Seite 102).

Umgekehrt erfordert es das Login in einige Firmen-WLANs, dass Ihr Smartphone mit einer festen IP versehen wird. Diese definieren Sie ebenfalls in den WLAN-Einstellungen, und zwar im erweiterten Menü. Tippen Sie dazu länger auf den zu bearbeitenden WLAN-Eintrag im Menü **Einstellungen ▶ Drahtlos & Netzwerke ▶ WLAN** und wählen Sie den Punkt **Netzwerk ändern**. Hier ändern Sie nun die bestehenden Einstellungen. Achtung: Viele Optionen, so auch die Konfiguration einer statischen IP-Adresse, werden erst sichtbar, wenn Sie den Haken bei **Erweiterte Optionen einblenden** setzen (siehe die untere Abbildungen auf Seite 102).

Kapitel 4 – Online mit dem Android-Smartphone

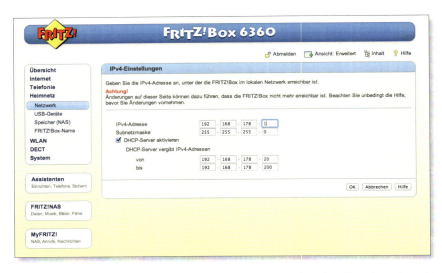

Die meisten Router werden über ein Browserinterface konfiguriert. Damit können Sie überprüfen, ob ein DHCP-Server aktiviert wurde. Näheres entnehmen Sie bitte dem Handbuch Ihres Routers.

Im erweiterten Menübereich können Sie das Feintuning der Netzwerkeinstellungen vornehmen, so z. B. auch eine statische IP für Ihr Gerät definieren.

WLANs analysieren

Das erweiterte Menü der WLAN-Konfigurations-App (Sie erreichen es über die **Menü**-Schaltfläche) enthält Informationen zur *MAC-Adresse* Ihres Smartphones. Dabei handelt es sich um eine eindeutige Hardwareadresse, anhand deren das Gerät in besonders abgesicherten WLANs identifiziert werden kann.

WLANs analysieren

Möchten Sie mehr Informationen über die in Ihrer Nähe befindlichen WLANs erhalten, so bietet sich die App *Wifi Analyzer* an. Damit können Sie insbesondere die Signalstärke Ihres WLAN ausloten und über eine Dreieckspeilung sogar unbekannte Router ausfindig machen. Ideal ist die App dann, wenn es darum geht, einen Kanal für Ihr WLAN ausfindig zu machen, der keine oder wenige andere Funknetze enthält.

Wifi Analyzer

Der Wifi Analyzer bietet eine perfekte Analyse der Sie umgebenden drahtlosen Netzwerke. Im Beispiel senden drei schwache Netze in der Umgebung des starken Netzes »Drosselweg«, glücklicherweise nicht auf demselben Kanal.

103

Kapitel 4 – Online mit dem Android-Smartphone

Traffic Monitor

Mithilfe der App *Traffic Monitor* können Sie feststellen, wie schnell Sie im Internet unterwegs sind und welche Datenmenge dabei bewegt wurde.

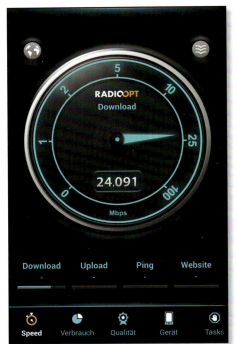

Mit dem Traffic Monitor können Sie jederzeit die Geschwindigkeit Ihres Internetanschlusses prüfen. Nebenbei kann auch der Datenverbrauch kontrolliert werden.

Überall online mit UMTS und Co.

Nachdem Sie nun per WLAN den ersten Kontakt zum Internet hergestellt haben, wünschen Sie sich vielleicht, per Mobilfunknetz überall online gehen zu können.

In der Tabelle auf der nächsten Seite sehen Sie zunächst, welche Übertragungsraten beim mobilen Datenverkehr aktuell zur Verfügung stehen.

Überall online mit UMTS und Co.

Mobilfunktechnik	Maximale Downloadrate	Zeit für 5-MByte-Download
GPRS	54 Kbps	760 Sekunden
EDGE	217 Kbps	190 Sekunden
UMTS (auch: WCDMA)	384 Kbps	105 Sekunden
HSDPA (1. Ausbaustufe)	1.800 Kbps	20 Sekunden
HSDPA (2. Ausbaustufe)	3.600 Kbps	10 Sekunden
HSDPA (3. Ausbaustufe)	7.200 Kbps	5 Sekunden
LTE (4. Ausbaustufe)	50.000 Kbps	< 1 Sekunde

Übersicht über die Übertragungstechniken und theoretisch möglichen Datenraten beim mobilen Datenverkehr

Was bedeuten die Raten in der Praxis des mobilen Surfens?

- **GPRS** genügt in der Regel, wenn es lediglich darum geht, Textnachrichten wie E-Mails zu senden und zu empfangen bzw. über den Eingang neuer Mails informiert zu werden.

- Mit dem **EDGE**-Standard sind Sie in der Lage, auf speziell aufbereiteten mobilen Webseiten zu surfen. »Reines« UMTS ist nicht wesentlich schneller als EDGE, sodass Sie im Zweifelsfall EDGE bevorzugen sollten: Dieses Verfahren belastet den Akku Ihres Smartphones weniger.

- Wenn es flott gehen soll und Sie größere Datenmengen aus dem Internet herunterladen möchten, ist **HSDPA** das Mittel der Wahl.

- Mittlerweile steht auch in Deutschland der Datenturbo **LTE** großräumig zur Verfügung. Problematisch ist hier die Tatsache, dass Sie bei unbedachter Nutzung Ihr in der Regel limitiertes Datenvolumen binnen kürzester Zeit verbrauchen.

Den richtigen Anbieter finden

Das mobile Internet ist aufgrund der vielen günstigen Angebote mittlerweile für alle bezahlbar geworden. Dennoch empfiehlt sich vor Abschluss eines Mobilfunkvertrags mit integrierter Datenflatrate eine vorherige Recherche. Achten Sie dabei auf diese Kriterien:

- **Netzabdeckung**: Welches Netz deckt den geografischen Bereich, in dem Sie sich üblicherweise außer Haus bewegen, am besten ab? Ich z. B. wohne auf dem Land, und hier stellt mitunter das D1-Netz der Telekom die einzige Alternative dar, um schnell ins Internet zu gelangen. Das LTE-Netz der Telekom ist mittlerweile auch überall auf dem Vormarsch. Man findet es auch sporadisch in abgelegenen Dörfern, deren Einwohner nicht mit DSL-Festnetzanschlüssen versorgt werden können.

- **Enthaltenes Datenvolumen**: Mehr als 500 MB mobiles Volumen pro Monat braucht kaum jemand, selbst wenn Sie ständig Ihre Mails per Push abrufen oder die Statusmeldungen der Freunde auf Facebook verfolgen. Auch ein paar tägliche lange Internetsitzungen sind damit drin. Anders sieht es natürlich aus, wenn Sie auch auf der Zugfahrt mit YouTube und Co. versorgt werden möchten: Das zehrt beträchtlich an Ihrem Kontingent.

- **Mindestvertragslaufzeit**: Sollte bei der Vielfalt heutiger Angebote eigentlich kein Thema sein bzw. vermieden werden. Die Preise ändern sich rasant, und nichts ist ärgerlicher, als auf einem Vertrag festzusitzen, der doppelt so teuer wie das neue Angebot der Konkurrenz ist.

TIPP

Vergleichen Sie Mobilfunktarife

Wer eine unabhängige Seite sucht, die Mobilfunktarife tagesaktuell einander gegenüberstellt, wird auf *www.laptopkarten.de* fündig. Insbesondere finden Sie hier auch Links zur Netzabdeckung der gängigen Mobilfunknetze.

Auf »www.t-mobile.de/funkversorgung/inland« sehen Sie die Netzabdeckung von T-Mobile an einer von Ihnen gewählten Adresse. Dunkle Bereiche bieten Datenübertragung per LTE.

Den mobilen Datenzugang einrichten

In den Pionierzeiten des mobilen Internets hätte an dieser Stelle eine mehrseitige Anleitung gestanden. Heute heißt es: SIM-Karte ins Smartphone stecken, einschalten, fertig! Die Provider bieten mittlerweile vorkonfigurierte Zugänge zum mobilen Internet an. Sobald eine Internetverbindung erforderlich ist, stellt das Smartphone sie automatisch über die auf der SIM-Karte abgelegten Providerdaten her. Der Test der Verbindung erfolgt dann wieder, wie im Abschnitt »Über WLAN günstig ins Internet« ab Seite 97 beschrieben, über den Aufruf einer Seite im Android-Webbrowser.

Viel schwieriger ist es, dem Smartphone abzugewöhnen, automatisch eine Internetverbindung herzustellen. Ausgangspunkt zur Konfiguration der mobilen Datenverbindung ist der Bereich **Drahtlos & Netzwerke** in den Einstellungen. Wählen Sie hier die Option **Mehr ▶ Mobilfunknetze**. Im folgenden Menü können Sie den Datenzugriff zum Mobilfunknetz aktivieren bzw. deaktivieren ❶ (siehe Seite 108).

107

Kapitel 4 – Online mit dem Android-Smartphone

Außerdem lässt sich an dieser Stelle die Kostenfalle **Daten-Roaming** ❷ ausschalten – eine wichtige Option, wenn Sie im Ausland sind.

Zudem können Sie unter **Bevorzugter Netzwerktyp** ❸ auswählen, über welchen Netzwerkstandard (siehe Tabelle auf Seite 105) die Verbindung erfolgen soll. Der UMTS-Modus wird auch 3G-Modus genannt und zehrt ebenso wie der Datenturbo LTE stärker am Akku als der EDGE-Modus. Wenn Sie sowieso auf dem Land unterwegs sind, sollten Sie Letzteren bevorzugen.

> **TIPP**
>
> **Online im Ausland**
>
> Im Rahmen der Angleichung der Tarife in der EU-Zone müssen Sie mittlerweile in den EU-Staaten nur 60 Cent pro versurftem Megabyte zahlen. Dennoch können sich durch exzessives Surfen oder Navigation per Google Maps die Beträge rasch aufsummieren, sodass hier Vorsicht geboten ist. Einige Mobilfunkprovider bieten spezielle Auslandstarife an, und wer's ganz günstig haben möchte, der erwirbt einfach eine lokale SIM-Karte im jeweiligen Reiseland.

Den Zugang manuell einrichten

Einige Provider erfordern manuelle Nacharbeit, wenn es darum geht, den mobilen Zugang zum Internet herzustellen. Das ist insbesondere bei

Den Zugang manuell einrichten

Prepaid-Anbietern der Fall, wenn Sie nicht von vornherein eine Flatrate für den Datenzugang mitgebucht haben. So richten Sie den Zugang manuell ein:

1. Begeben Sie sich in der App **Einstellungen** zum Menü **Drahtlos & Netzwerke ▸ Mehr** und dort zum Unterpunkt **Mobilfunknetze**.

2. Stellen Sie zunächst sicher, dass der Datennetzmodus aktiviert ist. Das erkennen Sie am Häkchen neben **Daten aktiviert** ❹.

3. Zur Einrichtung eines Zugangs zum mobilen Internet wählen Sie nun den Punkt **Zugangspunkte (APNs)** ❺ und erstellen durch Drücken der **+**-Schaltfläche ❻ einen neuen APN. Das Kürzel *APN* steht hierbei für *Access Point Name*, also Zugangspunktname.

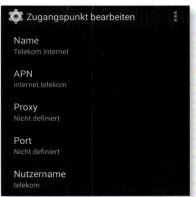

4. Tragen Sie hier die von Ihrem Provider vorgegebenen Daten ein. Diese Daten finden Sie auf der Website Ihres Providers oder per Google über die Suchabfrage »APN [Name des Providers]«. Für das T-Mobile-Netz sehen Sie die benötigten Daten in der Tabelle auf der folgenden Seite. Benutzername und Passwort sind zwar beliebig, dürfen aber dennoch nicht leer gelassen werden.

Kapitel 4 – Online mit dem Android-Smartphone

Menüpunkt	Einstellung
Name	z. B. T-Mobile Internet
APN	internet.telekom
Benutzername	t-mobile
Passwort	d1
Authentifizierungstyp	PAP

Zwischen Verbindungsarten wechseln

Ihr Android-Smartphone kann sich mit unterschiedlichen Datenraten mit dem Internet verbinden. In der Praxis ist es ratsam, die schnellsten Übertragungsmodi LTE bzw. UMTS/HSDPA nur dann zu wählen, wenn Sie sie wirklich nutzen können und wollen, z. B. bei grafik- oder multimedialastigen Internetseiten oder im Bedarfsfall bei Downloads. Beachten Sie: Einige günstige Smartphones verfügen nicht über die Möglichkeit, eine Onlineverbindung per LTE aufzubauen.

In der Statusleiste finden Sie Informationen darüber, wie schnell Sie aktuell mit dem Internet verbunden sind. Die nebenstehenden Symbole bedeuten (von oben nach unten): EDGE-Modus, UMTS- bzw. 3G-Modus, HSDPA-Modus, 4G/LTE-Modus. (Siehe zu den Modi auch den Abschnitt »Überall online mit UMTS und Co.« ab Seite 104.)

Sie schalten wie oben beschrieben zwischen dem normalen GSM-Modus und den schnellen Übertragungsmodi im Einstellungsmenü **Drahtlos & Netzwerke ▶ Mehr ▶ Mobilfunknetze ▶ Bevorzugter Netzwerktyp** um.

Während der Datenübertragung erkennen Sie an dem entsprechenden Symbol in der Statuszeile, ob Sie sich im schnellen Übertragungsmodus befinden. Der Datentransfer wird bei einigen Geräten ebenfalls angezeigt: Ein Pfeil nach unten bedeutet das Herunterladen (Download), ein Pfeil nach oben das Hochladen (Upload) von Daten.

Behalten Sie die Kosten im Blick

Eigentlich ist es ziemlich riskant, ein Smartphone ohne mobile Datenflatrate zu betreiben: Zu groß ist die Gefahr, durch unbeabsichtigten Verbindungsaufbau in die Kostenfalle zu geraten. Aber auch Flatrate-Inhaber sollten sich darüber im Klaren sein, dass ihr Freivolumen nicht unbegrenzt ist und sie nach dessen Verbrauch im Schneckentempo im Internet unterwegs sind. Grund genug, den Datentransfer zu überwachen.

Bei Ihrem Android-Smartphone können Sie Ihren Datenverbrauch direkt in den Systemeinstellungen überprüfen.

1. Begeben Sie sich in den Bereich **Einstellungen ▸ Drahtlos & Netzwerke ▸ Datenverbrauch**. Hier können Sie den Datenverbrauch einsehen, aber auch Limits festlegen.

2. Stellen Sie Ihr Datenlimit durch Verändern der Markierungen ein ❶.

3. Passen Sie den Zeitraum der Überprüfung an ❷.

Die Grenze für mein Datenvolumen habe ich auf 500 MB gesetzt, die erste Warnung erhalte ich bereits bei 350 MB Datenverkehr.

Kapitel 4 – Online mit dem Android-Smartphone

Nach dem Überschreiten eines solchen Limits werden Sie benachrichtigt, und die Onlineverbindung wird gekappt, sodass keine weiteren Kosten anfallen können. Sie können auch überprüfen, welche Apps den meisten Datenverkehr verursacht haben. Scrollen Sie dazu in der App nach unten.

Mit anderen Geräten die Internetverbindung Ihres Smartphones nutzen (Tethering)

Stellen Sie sich vor, Sie sind unterwegs und wollen mit Ihrem Laptop oder Tablet-PC ins Internet, haben aber keinen WLAN-Zugang. Kein Problem! Denn Sie können die Internetverbindung Ihres Smartphones nutzen und so Ihren Laptop oder auch andere Geräte über das Smartphone mit dem Internet verbinden. Das nennt man *Tethering*. Sie können über Tethering eine Verbindung sowohl über USB als auch kabellos über einen WLAN-Hotspot herstellen. Über USB funktioniert es so:

1. Stellen Sie mit Ihrem Smartphone wie beschrieben eine Datenverbindung zum Mobilfunknetz her.

2. Verbinden Sie Ihr mobiles Endgerät, z. B. Ihren Laptop, per USB-Kabel mit dem Smartphone.

3. Wählen Sie im Bereich **Einstellungen ▸ Drahtlos & Netzwerke ▸ Mehr** den Punkt **Tethering & mobiler Hotspot** und aktivieren Sie im folgenden Menü **USB Tethering** ❶. Eventuell wird nun auf Ihrem PC oder Mac noch ein Modemtreiber installiert. Fertig!

Die neue Verbindung finden Sie in Ihrem Betriebssystem als Netzwerk- bzw. Modemadapter, der dann entsprechend zu konfigurieren ist.

Mit anderen Geräten die Internetverbindung nutzen

Die Konfiguration des so eingerichteten Modems ist für Laien allerdings alles andere als einfach. Günstiger ist es, die Internetverbindung per WLAN als Hotspot zur Verfügung zu stellen:

1. Begeben Sie sich im Bereich **Einstellungen ▶ Drahtlos & Netzwerke ▶ Mehr** zu dem Punkt **Tethering & mobiler Hotspot** und aktivieren Sie hier den Punkt **Mobiler WLAN-Hotspot** ❷.

2. Damit können Sie bereits das Smartphone als Hotspot nutzen. Suchen Sie mit dem zu verbindenden Gerät einfach nach einem drahtlosen Netzwerk namens »AndroidAP«.

3. Wenn Sie einen Zugang individuell konfigurieren möchten, dann tippen Sie auf den Menüpunkt **WLAN-Hotspot einrichten** ❸. Es öffnet sich eine Eingabemaske. Hier lässt sich insbesondere der Accesspoint-Name verändern ❹.

4. Achten Sie darauf, nach der erneuten Konfiguration den WLAN-Hotspot über den Schalter **Mobiler WLAN-Hotspot** ❷ zu aktivieren.

Nun können Sie sich auf dem Laptop mit Ihrem Smartphone wie mit jedem anderen WLAN-Hotspot verbinden.

Auf dem Laptop, hier ein Windows-7-Rechner, finden Sie den neuen WLAN-Hotspot unter den Drahtlosnetzwerken. Wenn Sie den Namen nicht geändert haben, heißt er **AndroidAP**.

Im Internet surfen

Google Chrome

Ihr Android-Smartphone verfügt über einen leistungsfähigen Browser. Dabei handelt es sich entweder um Googles Browser Chrome oder eine seitens des Smartphone-Herstellers angepasste Form von Chrome. Ich beziehe mich bei den folgenden Ausführungen auf den Chrome-Browser, den Sie bei allen Android-Smartphones bei Bedarf auch aus dem Play Store nachinstallieren können.

> **HINWEIS**
>
> **Such-Widget nutzen**
>
> Einen weiteren Zugang zum integrierten Browser des Android-Systems erhalten Sie, wenn Sie eine Suchabfrage in das Such-Widget eingeben. Dieses befindet sich in der Standardkonfiguration auf dem Homescreen.

Durch Antippen des Chrome-Icons starten Sie den Browser. Rufen Sie nun einfach einmal eine beliebige Internetseite auf. Tippen Sie dazu z. B. »www.vierfarben.de« in die Adresszeile des Browsers ein.

Die Seite wird aufgerufen. Schauen wir uns die einzelnen Elemente des Browsers einmal an:

❶ Adresszeile

❷ Fenster-Manager (Die Zahl im Symbol gibt Auskunft über die Anzahl der aktuell geöffneten Fenster.)

❸ **Menü**-Schaltfläche

❹ Aktuelle Seite, dargestellt im Mobilbrowser-Modus

Wenn Sie auf die **Menü**-Schaltfläche Ihres Smartphones tippen, sehen Sie weitere Optionen. Diese Optionen finden Sie in der folgenden Tabelle aufgelistet:

Im Internet surfen

Option	Bedeutung
← → ☆	Vorwärts- /Rückwärts-Navigation, Lesezeichen erstellen
Neuer Tab	Öffnet ein neues Fenster in Form eines Tabs.
Neuer Inkognito-Tab	Ermöglicht das anonyme Surfen in einem neuen Tab.
Lesezeichen	Öffnet den Lesezeichen-Manager.
Andere Geräte	Zeigt alle Geräte, die mit Ihrem Google-Konto verknüpft sind.
Verlauf	bisher besuchte Seiten
Teilen...	Übermittelt den aktuellen Link per Mail an einen Empfänger oder auch direkt an soziale Netzwerke.
Drucken...	Sendet die aktuelle Seite ans Drucksystem.
Auf Seite suchen...	Lokale Suche auf der aktuell dargestellten Seite
Desktop-Version ☐	Zeigt die aktuelle Seite so, wie man sie mit einem PC-Browser sähe.
Einstellungen	Konfigurationsmenü des Browsers
Hilfe	Kurzanleitung für die wichtigsten Funktionen des Browsers (erfordert eine Onlineverbindung)

Ein Beispiel für die Anwendung einer der obigen Optionen: In der Regel erkennt der Server, dessen Internetseite Sie aufrufen, dass es sich bei Ihrem Gerät um ein mobiles Endgerät handelt. Die Seite wird dementsprechend als informationsreduzierte Mobilseite dargestellt, um die Datenmenge für die Übertragung kleinzuhalten.

Aktivieren Sie die Option **Desktop-Version** aus dem Einstellungsmenü und begeben Sie sich auf eine grafisch überladene Seite wie z.B. *www.heise.de*, um den Unterschied zwischen Mobilbrowser und klassischer Browseransicht deutlich zu machen (siehe auch die Abbildungen auf Seite 116).

115

Kapitel 4 – Online mit dem Android-Smartphone

Links sehen Sie die Mobil-Ansicht, rechts die Desktop-Ansicht von »heise.de«. Die Werbung nimmt im Desktop-Modus fast den ganzen Bildschirm ein.

Einige Websites wie z. B. *spiegel.de* erkennen bei den Hightech-Smartphones mittlerweile nicht mehr, dass die mobile Ansicht deutlich entspannender zu lesen ist. Hier bietet sich die »Pinch-to-Zoom«-Technik an: Legen Sie Daumen und Zeigefinger auf das Display und spreizen Sie sie – daraufhin wird der Inhalt dynamisch vergrößert.

Ziehen Sie zum Vergrößern der Webseite das Bild mit gespreizten Fingern auseinander (»Pinch-to-Zoom«).

116

Auf der nun vergrößerten Seite bewegen Sie sich, indem Sie mit dem Finger auf das Display drücken und ihn hin und her schieben.

Folgende goldene Regeln gelten beim Surfen mit dem mobilen Browser:

- Sie folgen einem Link durch Antippen.

- Sie gelangen wieder zurück zur vorher betrachteten Seite durch Antippen der **Zurück**-Schaltfläche Ihres Smartphones oder der grafischen **Zurück**-Schaltfläche im Browsermenü.

- Sie gelangen eine Seite nach vorn durch Antippen der **Vorwärts**-Schaltfläche im Browsermenü.

- Sie erhalten eine optimal vergrößerte Ansicht eines Seitenteils durch doppeltes Antippen des gewünschten Textbereichs. Nochmaliges doppeltes Antippen stellt erneut den Inhalt der gesamten Seite auf dem Display dar.

Das wären erst einmal die Basics zum mobilen Surfen, schauen wir uns nun die erweiterten Möglichkeiten an.

Browsen mit mehreren Fenstern

Tabs im eigentlichen Sinn, wie Sie es von Ihrem Desktop-Browser gewohnt sind, gibt es wegen des kleinen Displays nicht. Aber: Sie können mehrere Browserinstanzen als Fenster öffnen, zwischen denen Sie dann hin und her wechseln können. Das geht folgendermaßen:

1. Starten Sie den Browser und öffnen Sie eine beliebige Webseite durch Eingabe einer URL in die Adresszeile ❶ (siehe Seite 118).

2. Öffnen Sie den Fenster-Manager durch Antippen des Symbols direkt neben der Eingabezeile des Browsers ❷. Die Zahl im Symbol gibt die Anzahl der aktuell geöffneten Fenster bzw. Tabs an.

3. Tippen Sie die Schaltfläche **Neuer Tab** ❸ in der linken oberen Display-ecke an.

Kapitel 4 – Online mit dem Android-Smartphone

4. Es öffnet sich ein neues Fenster bzw. ein neuer Tab. Geben Sie in dessen Adresszeile eine neue URL ein, um zu dieser Seite zu surfen. Sie können auf diese Weise mehrere Fenster öffnen.

5. Wechseln Sie zwischen den Fenstern, indem Sie die Fenster-Manager-Schaltfläche antippen und das gewünschte Fenster auswählen.

6. Fenster, die nicht mehr gewünscht sind, ziehen Sie per Fingerstreich aus der Übersicht heraus oder durch Antippen des X-Symbols ❹.

Lesezeichen anlegen und verwalten

Zugriff auf Ihre Lesezeichen erhalten Sie durch das Sternsymbol im unteren Bereich des Browsers oder über **Menü ▶ Lesezeichen**. Insgesamt erhalten Sie über die Symbolleiste am unteren Bildrand folgende Ansichten:

118

Lesezeichen anlegen und verwalten

❺ Beliebte Seiten inklusive kürzlich geschlossener Seiten

❻ Lesezeichen

❼ Auf anderen Geräten mit Chrome-Browser aufgerufene Seiten

Äußerst praktisch ist die Tatsache, dass Ihre Lesezeichen (engl.: *Bookmarks*) über sämtliche Systemgrenzen hinweg synchronisiert werden – vorausgesetzt, Sie benutzen überall Googles Chrome-Browser und haben sich damit auf Ihrem Google-Konto eingeloggt.

Ihre Lesezeichen können Sie ganz einfach verwalten:

1. Rufen Sie eine Seite auf, für die Sie ein Lesezeichen setzen möchten.

2. Öffnen Sie anschließend das Browsermenü durch Antippen der **Menü**-Schaltfläche ❽ und tippen Sie das nun erscheinende Lesezeichensymbol (den Stern) ❾ an.

3. Geben Sie dem Lesezeichen einen neuen Namen oder belassen Sie es bei dem vorgegebenen.

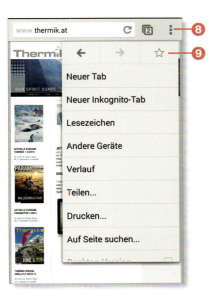

4. Speichern Sie Ihre Eingaben über die Schaltfläche **Speichern** ❿ ab.

119

Kapitel 4 – Online mit dem Android-Smartphone

5. Möchten Sie die Seite später schnell wieder aufrufen, so tippen Sie auf das Favoritensymbol am unteren Bildrand bzw. gehen Sie über **Menü ▶ Lesezeichen** und wählen den entsprechenden Favoriten aus.

Je nach Laune des Seitenerstellers erscheint ein Lesezeichen mit oder ohne Symbol.

Eine weitere Möglichkeit, auf beliebte Seiten schnell vom Home-Bildschirm aus zuzugreifen, bietet der Schnellzugriff. Er funktioniert folgendermaßen:

1. Begeben Sie sich auf einen Home-Bildschirm, der noch genügend freien Platz bietet.

2. Starten Sie den Internetbrowser und öffnen Sie das **Lesezeichen**-Menü.

3. Tippen Sie das Lesezeichen länger an, für das Sie einen Schnellzugriff auf dem Home-Bildschirm erstellen möchten.

4. Wählen Sie im Kontextmenü den Punkt **Zum Startbildschirm hinzufügen** ❶ aus. Der entsprechende Link landet auf einem freien Bereich des Desktops ❷. Bei einigen Smartphones (so etwa bei der Samsung-Galaxy-Reihe) erreichen Sie den beschriebenen Menüpunkt über die **Menü**-Schaltfläche.

Webseiten teilen

Durch Antippen des Schnellzugriffs können Sie nun die entsprechende Seite direkt vom Homescreen aus öffnen.

Lokale Suche auf Webseiten

Möchten Sie auf der soeben geöffneten Webseite einen bestimmten Begriff suchen, so gehen Sie folgendermaßen vor:

1. Öffnen Sie die gewünschte Webseite.

2. Tippen Sie die **Menü**-Schaltfläche ❸ an und wählen Sie den Punkt **Auf Seite suchen** ❹.

3. Geben Sie das Suchwort in das Suchfeld ❺ ein. Darauf wird das Dokument nach dem Schlüsselwort durchsucht, und Treffer werden farbig markiert ❻. Bei mehreren Treffern können Sie mit den Pfeiltasten ❼ von Fundstelle zu Fundstelle springen.

Webseiten teilen

Sie haben folgende Möglichkeiten, den Inhalt einer Webseite anderen zukommen zu lassen:

Kapitel 4 – Online mit dem Android-Smartphone

- Verschicken Sie den Link der Seite per Mail: Wählen Sie dazu einfach aus dem Chrome-Menü den Punkt **Teilen** und tippen Sie anschließend die gewünschte Mail-App für den Versand an.

- Auf die gleiche Weise können Sie den Link auch in sozialen Netzwerken wie Google+ oder Facebook veröffentlichen. Zur Publikation auf Facebook muss die Facebook-App installiert sein.

- Drucken Sie die Seite auf einem Drucker aus, der sich in Ihrem Netzwerk befindet oder an einem stationären Computer angeschlossen ist. Dazu wählen Sie im Menü den Punkt **Drucken**. Mehr zur Nutzung und Einrichtung von Druckern unter Android erfahren Sie in Kapitel 15, »Tipps, Tricks und Fehlerbehebung«, ab Seite 352.

Privat surfen und die Chronik aufrufen

Spätestens seit der NSA-Affäre ist das Bedürfnis nach Anonymisierung auch bei Privatpersonen gestiegen. Der Chrome-Browser bietet eine Möglichkeit, dass zumindest auf dem lokalen Gerät sowie in der Surf-History des Google-Kontos keine Spuren hinterlassen werden. Begeben Sie sich folgendermaßen in den Inkognito-Modus:

1. Starten Sie den Chrome-Browser und wählen Sie aus dem Browsermenü die Option **Neuer Inkognito-Tab**.

2. Geben Sie eine beliebige URL ein: Sie surfen nun, ohne dass Informationen über die von Ihnen aufgerufenen Seiten gespeichert werden.

Surfen im Inkognito-Modus

Beachten Sie aber, dass auf diese Weise natürlich keine völlige Anonymisierung erreicht wird: Ihr Provider speichert die Daten der Seiten, welche Sie aufrufen, in jedem Fall und kann diese jederzeit über die IP-Adressen-Zuordnung mit Ihrer Person bzw. Ihrem Konto verknüpfen.

Ihr Internetbrowser merkt sich zudem die Seiten, die Sie aufgerufen haben, wenn Sie nicht gerade im Inkognito-Modus unterwegs waren. Diese lokale Geschichte (engl.: *History*) Ihrer Seitenaufrufe bringen Sie über den Punkt **Verlauf** (Browsermenü) in Erfahrung:

Mit einem Klick auf **Browserdaten löschen** können Sie die gespeicherten Seitenaufrufe löschen.

Google Now und Knowledge Graph

Eine echte Bereicherung im Umgang mit den Informationen, die Sie per Google-Suchmaschine auf Ihrem Smartphone erhalten, ist Google Now. Sie haben Google Now bereits in Kapitel 1 kennengelernt. Im Folgenden sehen wir uns die Konfigurationsmöglichkeiten noch einmal etwas genauer an. Die Idee von Google Now ist folgende: Beim Aufruf der globalen Suche auf Ihrem Android-Gerät begrüßt Sie ein personalisierter Startbildschirm, der situationsabhängige Informationen bietet.

1. Rufen Sie Google Now auf. Ab Android 4.4 KitKat gelangen Sie bei Geräten der Google-Nexus-Serie durch einfaches Wischen zum äußersten linken Bildschirm zur Google-Now-Startseite. Benutzer älterer Android-Versionen tippen einfach das Google-Widget auf dem Startbildschirm an.

2. Aktivieren Sie in jedem Fall das Webprotokoll auf der Startseite ❶ (Seite 124), damit Google Now sein ganzes Potenzial ausschöpfen kann. Google Now ist mittlerweile fest ins Android-System eingebunden und stellt kontextabhängige Informationen in Form von individualisierbaren Karten dar.

Kapitel 4 – Online mit dem Android-Smartphone

Google Now bietet personalisierte Informationen in Abhängigkeit von der aktuellen Situation, im vorliegenden Fall das Wetter vor Ort.

3. Mithilfe des Zauberstabsymbols ❷ können Sie nun interessante Karten bzw. Informationen auf Ihren Google-Now-Startbildschirm ergänzen. Dazu zählen das Wetter, lokale Verkehrsinformationen, Aktienkurse oder Reiseinformationen zu kürzlich gesuchten Orten. Aktivieren Sie nach Belieben Informationskarten. Diese können Sie über ein eigenes Menü konfigurieren. Karten, die Ihnen später nicht mehr zusagen, wischen Sie per Fingerstreich einfach aus dem Display heraus.

Sehen Sie sich nun den neu konfigurierten Google-Now-Startbildschirm an. Sie finden unmittelbar die Sie interessierenden Informationen.

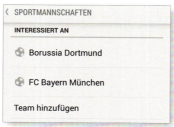

Google Now und Knowledge Graph

Äußerst interessant innerhalb der Google-Now-Umgebung ist die Vernetzung von Informationen mithilfe einer Technik namens *Google Knowledge Graph*. So versteht die Suchmaschine ähnlich zu Apples Siri gesprochene Suchabfragen oder Kommandos, die in Umgangssprache formuliert werden, und versucht nach Möglichkeit, diese mit weiteren Informationen über Google-Now-Karten zu vernetzen.

Testen Sie dazu einmal folgende Beispiele:

- »Wie alt ist David Bowie?«
- »Wer schrieb den Schimmelreiter?«
- »Zeige mir den Wetterbericht von Dortmund.«
- »Zeige mir Bilder von Picasso!«
- »Wie hat der FC Bayern gespielt?«
- »Wie lautet der Börsenkurs von Apple?«

Google-Suchabfragen werden per Knowledge Graph ausgewertet und, soweit möglich, auch mit den Informationskarten von Google Now verknüpft.

Kapitel 4 – Online mit dem Android-Smartphone

Facebook, Twitter und Google+

In diesem Abschnitt steht weniger der Umgang in und mit den sozialen Netzwerken im Vordergrund als vielmehr eine kurze Übersicht, welche Apps für Facebook und Co. für Ihr Android-Smartphone existieren. Es empfiehlt sich stets, die Original-App des Anbieters des jeweiligen sozialen Netzwerks zu verwenden.

Kaum einer kommt an diesem sozialen Netz vorbei: *Facebook* ist in aller Munde und ersetzt den Kaffeeklatsch unserer Großeltern. Man tauscht sich untereinander mit Statusmeldungen, Bildern, Videos und Links zu interessanten Materialien aus dem Internet aus.

1. Installieren Sie die Facebook-App mit dem nebenstehenden QR-Code.

2. Nach der Installation des Programms fragt die App beim ersten Start Ihre Zugangsdaten ab. Geben Sie diese ein.

Facebook

Fertig! Schon können Sie am bewegten Treiben des größten sozialen Netzwerks teilnehmen. Durch Antippen der **Menü**-Schaltfläche erreichen Sie das Auswahlmenü, mit dessen Hilfe Sie in verschiedene Bereiche (eigene Timeline, Neuigkeiten, Nachrichten etc.) gelangen.

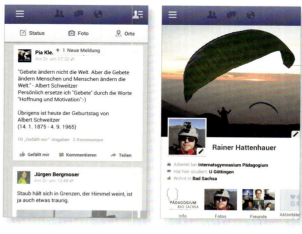

126

Facebook, Twitter und Google+

Google+, Googles Antwort auf Facebook, erfreut sich in der breiten Masse bei weitem nicht derselben Beliebtheit wie das große Vorbild. Seriöse Anwender schätzen Google+ genau deswegen: Statusmeldungen können selektiv bestimmten Kreisen (*Circles*) zugänglich gemacht werden. Da Sie Ihr Android-Smartphone bereits mit Ihrem Google-Konto verknüpft haben, steht Ihnen Google+ automatisch zur Verfügung.

1. Starten Sie die Google+-App aus dem Anwendungsmenü. Kurze Zeit später werden Sie automatisch mit Ihren Daten auf Ihrem Google-Konto eingeloggt.

2. Beim ersten Start wird ein Abgleich des Adressbuchs empfohlen ❶ sowie die Option, dass Google Ihnen Vorschläge für Kommunikationspartner unterbreitet ❷. Dem sollten Sie zustimmen.

3. Geschmackssache ist der nachfolgend angebotene Sofort-Upload von Bildern über **Fotos sichern**, die Sie mit Ihrer Smartphone-Kamera schießen. Sollten Sie diesem unbedacht zugestimmt haben, so können Sie ihn später bei Bedarf im Bereich **Einstellungen ▶ Konten ▶ Google** über die Synchronisationseinstellungen immer noch deaktivieren. Mehr zum Thema Synchronisierung erfahren Sie in Kapitel 13, »Sicherheit, Backup und Synchronisation«, ab Seite 307.

127

Kapitel 4 – Online mit dem Android-Smartphone

4. Danach kann's losgehen, und Sie können sich mit Ihren Kommunikationspartnern auf Google+ austauschen.

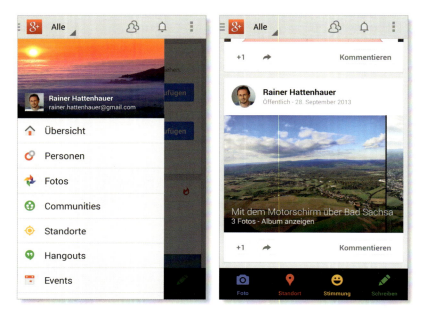

Aus der Google+-App heraus haben Sie unter anderem direkten Zugriff auf Hangouts.

> **HINWEIS**
>
> **Die Google+-Circles**
>
> Ein Vorteil gegenüber Facebook besteht darin, dass Sie in Google+ sogenannte Circles (Kreise) definieren und damit den Empfängerkreis einer Statusmeldung begrenzen können. Sie können Kreise für Ihre Familie, Ihre Freunde, für Kollegen oder für Gruppen Ihrer Wahl einrichten. Dadurch verhindern Sie beispielsweise, dass das unüberlegt geschossene exzessive Partyfoto via Google+ auf dem Smartphone Ihres Chefs landet.

Facebook, Twitter und Google+

Fehlt schließlich noch *Twitter* – die SMS des Internets; natürlich finden Sie im Google Play Store die passende App:

Twitter

Der direkte Draht zur digitalen Umwelt: Twitter. Verfolgen Sie interessante Twitter-Kanäle, um immer auf dem Laufenden zu sein!

ACHTUNG

Vorsicht: vertrauliche Daten!

Gehen Sie im Zusammenhang mit sozialen Netzwerken äußerst behutsam mit Ihren vertraulichen Daten um. Die Apps sind so konzipiert, dass sie schnellen Zugriff auf die Netze gestatten und der Log-in nur einmal vorgenommen werden muss. Das birgt eine große Gefahr: Sollten Sie Ihr Smartphone einmal verlieren oder sollte Ihnen das Gerät gestohlen werden, so ist der Finder bzw. Dieb im Besitz all Ihrer Zugangsdaten. Wie Sie in so einem Fall Ihr Gerät wiederfinden oder sperren können, lesen Sie im Abschnitt »Ihr Android-Smartphone wiederfinden und aus der Ferne sperren« ab Seite 329.

Kapitel 5
E-Mails senden und empfangen

Sie ist zwar mittlerweile infolge des hohen Spamaufkommens ein wenig in Verruf geraten, gehört aber immer noch zum Standardkommunikationsmittel des Webbürgers: die E-Mail. Auf Ihrem Android-Smartphone haben Sie dabei grundsätzlich zwei Alternativen, per E-Mail zu kommunizieren:

- Durch die Registrierung bei Google steht Ihnen automatisch ein Gmail-Konto zur Verfügung. Hierzu verwenden Sie die *Gmail*-App.

- Mailkonten anderer Provider werden mit der »normalen« E-Mail-App behandelt. Deren Konfiguration erfordert in der Regel Handarbeit.

Aufgrund der hervorragenden Integration in das Android-Betriebssystem soll nachfolgend die Google-eigene Lösung im Vordergrund stehen.

Das Google-Programm Gmail

Das Gmail-Konto steht Ihnen sofort nach der Aktivierung Ihres Smartphones bei Google zur Verfügung. Zur Anmeldung verwenden Sie eine E-Mail-Adresse entweder in der Form *<IhrName>@googlemail.com* oder *<IhrName>@<IhrProvider>.de*.

Testen wir zunächst, ob Ihr Gmail-Account funktioniert. Stellen Sie dazu sicher, dass Ihr Smartphone online ist.

1. Schicken Sie sich vom PC aus von Ihrem bisherigen Mailaccount eine E-Mail an Ihre Gmail-Adresse. Die Mailadresse hat typischerweise die

Kapitel 5 – E-Mails senden und empfangen

Form *<IhrName>@gmail.com*, siehe dazu auch Kapitel 1, »Start mit dem Android-Smartphone«, ab Seite 13.

2. Achten Sie auf die Benachrichtigungszeile Ihres Smartphones: Nach kurzer Zeit sollte der Eingang einer neuen E-Mail angezeigt werden ❶.

Die E-Mail wurde an Ihr Smartphone weitergeleitet. Voraussetzung dafür ist natürlich, dass sich Ihr Handy im Onlinemodus befindet.

3. Lesen Sie die E-Mail, indem Sie entweder die Statuszeile herunterziehen und die Benachrichtigung ❷ antippen oder die Gmail-App aus dem Anwendungsmenü starten.

4. Nach dem erstmaligen Start der Gmail-App gelangen Sie zunächst auf die Übersichtsseite, die Ihnen gegebenenfalls neue Optionen der App erläutert. Sie bringen die Meldungen zum Verschwinden, indem Sie auf das nebenstehende **x** ❸ tippen. Am unteren Ende des Bildschirms sollte Ihre Mail erscheinen. Durch Antippen ❹ öffnen Sie die E-Mail, um sie zu lesen.

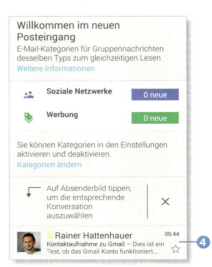

Das Google-Programm Gmail

5. Beantworten Sie die E-Mail durch Antippen des Pfeils ❺ und versenden Sie Ihre Antwort später durch Betätigen des Knopfes **Senden** ❻, der die Form eines stilisierten Papierfliegers besitzt. Standardmäßig wird die Originalmail als Zitat eingefügt. Das können Sie verhindern, indem Sie den blauen Haken ❼ vor **Zitierter Text** entfernen.

Die E-Mail wird nun gesendet, was Ihnen Gmail noch einmal bestätigt.

HINWEIS

Tooltips erleichtern die Orientierung

Sollten Sie einmal die Bedeutung eines Symbols vergessen haben, so gehen Sie folgendermaßen vor: Halten Sie einen Finger über dem entsprechenden Symbol gedrückt. Nach kurzer Zeit erscheint ein kleiner Tooltip, der die Bedeutung des Symbols erläutert.

Kapitel 5 – E-Mails senden und empfangen

Gmail im Überblick

Schauen wir uns die Gmail-App nun noch einmal etwas genauer an. Hier ein Überblick über die Schaltflächen, die Ihnen zur Verfügung stehen:

① Übersicht

② Labels bzw. Ordner

③ neue E-Mail schreiben

④ E-Mail suchen

⑤ Menü der Gmail-App

⑥ E-Mail archivieren

⑦ E-Mail löschen

⑧ E-Mail als ungelesen markieren

⑨ E-Mail als Favorit markieren

⑩ E-Mail beantworten

⑪ Menü zu einzelner E-Mail: allen antworten, E-Mail weiterleiten

Eine E-Mail schreiben

Es ist wirklich ganz einfach, eine E-Mail zu versenden, es sind zwei kleine Schritte nötig:

1. Um eine neue E-Mail zu schreiben, tippen Sie einfach auf die Schaltfläche mit dem Briefumschlag und dem Plus.

2. Der Knopf zum Versenden der Mail ist der stilisierte Papierflieger ⑫.

E-Mails verwalten, ordnen und sortieren

Auf den ersten Blick ist die Art und Weise, in der Gmail die E-Mails abspeichert, gewöhnungsbedürftig: Diese werden in sogenannten *Konversationen* angeordnet. Das sind Gruppierungen von Mails, die z. B. denselben Betreff haben oder zwischen denselben Leuten hin und her gesendet wurden. Jeder Mailaustausch wird dabei in einem *Thread*, also der Konversation, gesammelt. Die einzelnen Mails lassen sich dann durch Antippen der Statuszeile separat lesen.

Thread-Darstellung der Mails

Kapitel 5 – E-Mails senden und empfangen

Wenn Sie schon eine ganze Zahl von Mails bekommen haben, fragen Sie sich sicherlich, wie Sie Ordnung in die scheinbar willkürliche Folge von Konversationen bekommen. Die Lösung lautet: Mit Labels! Das Ganze können Sie sich in etwa so vorstellen, als würden Sie Etiketten an jede Mail heften. Die E-Mail von Ihrem Bruder bekommt z. B. das Etikett **Privat**, die Bestellbestätigung von Amazon das Etikett **Einkäufe**. Das kennen Sie bestimmt schon, denn das funktioniert so wie das alte Ordnerprinzip: Jede Mail wird in einen Ordner verschoben. Labels können aber noch mehr. Sie können einer E-Mail auch mehrere Labels zuweisen; beispielsweise bekommt die E-Mail von Ihrem Bruder zusätzlich das Label **Familie** oder die Bestellbestätigung zusätzlich das Label **Amazon**. So können Sie geschickter sortieren und behalten viel besser den Überblick über Ihre Mails.

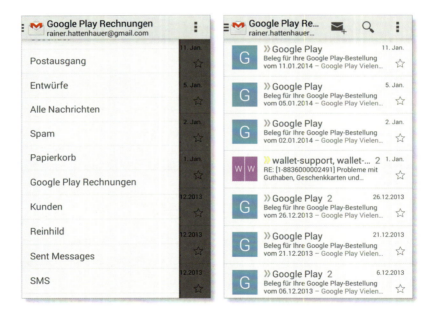

Mithilfe von Labels ordnen Sie Ihre Konversationen. Im vorliegenden Fall habe ich die Google-Play-Rechnungen mit dem Label »Google-Play-Rechnungen« versehen und geordnet abgelegt.

Um eine E-Mail oder einen Thread mit einem Label zu versehen, tippen Sie länger auf die Mail und wählen anschließend den Punkt **Labels ändern** ❶ aus dem Gmail-Menü.

E-Mails verwalten, ordnen und sortieren

Es öffnet sich ein weiteres Fenster, in dem Sie ein oder mehrere vordefinierte Labels auswählen können. Die Verwendung mehrerer Labels für die gleiche E-Mail hat den Vorteil, dass Sie Ihre Mails so in verschiedene Kategorien gleichzeitig einordnen können. Die Labels definieren Sie am einfachsten über Gmail per PC-Browser unter dem Punkt **Labels verwalten**, mehr dazu im folgenden Abschnitt.

Sie greifen auf die verschiedenen Labels in der Mail-App durch Antippen der Schaltfläche **Posteingang** zu, woraufhin sich ein neues seitliches Menü aufklappt. Auch der **Posteingang** und der **Postausgang** erscheinen dort als Label.

> **TIPP**
>
> **Eingegangene E-Mails schnell archivieren und löschen**
>
> Möchten Sie eine eingegangene E-Mail schnell aus dem Posteingang ins Archiv befördern, so wischen Sie sie einfach aus dem Displaybereich zur Seite heraus.

137

E-Mails über die Website am PC abrufen

Das Schöne an Gmail ist die Möglichkeit, am heimischen PC bequem per Browser auf die Konversationen zuzugreifen.

1. Starten Sie Ihren Browser auf dem PC und loggen Sie sich mit Ihrem Google-Account bei *www.google.de* ein.

2. Klicken Sie den Link **Gmail** im Google-Menü an. Sie können nun Ihre E-Mails im Browser betrachten, bearbeiten, einordnen und mit neuen Labels versehen.

Die Mails lassen sich bequem mit Gmail per PC-Browser verwalten. Hier können Sie über den Menüpunkt »Labels verwalten« auch neue Labels anlegen.

Einstellungen vornehmen

Durch Betätigen der **Menü**-Schaltfläche innerhalb des Hauptmenüs von Gmail gelangen Sie über den Menüpunkt **Einstellungen ▶ Allgemeine Einstellungen** in das Optionsmenü der App. Dort stehen Ihnen die üblichen Möglichkeiten zur Konfiguration einer Mailanwendung zur Verfügung. Insbesondere können Sie dort auch eine individuelle Signatur definieren, die an jede E-Mail angehängt wird ❶.

Bilder und andere Dokumente an E-Mails anhängen

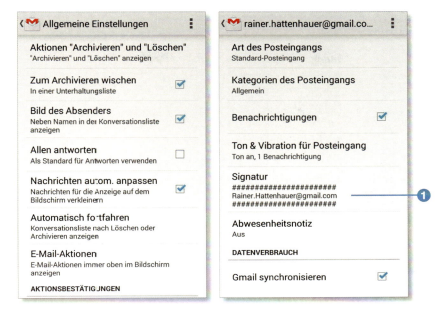

Die Einstellungen der Gmail-App; links die allgemeinen Einstellungen, rechts die Optionen für ein einzelnes E-Mail-Konto

Bilder und andere Dokumente an E-Mails anhängen

Bilder fügen Sie in einfacher Weise, wie bereits in Kapitel 3, »Nachrichten senden und empfangen«, für MMS beschrieben, an Ihre E-Mail an – mit dem kleinen, aber feinen Unterschied, dass diese Art des Dateitransfers wesentlich günstiger als der Versand einer MMS ist.

1. Schreiben Sie eine Mail, so wie weiter oben auf Seite 135 beschrieben.

2. Wählen Sie das Kontextmenü der Gmail-App über die **Menü**-Schaltfläche aus.

3. Tippen Sie im Kontextmenü auf den Punkt **Datei anhängen** und wählen Sie anschließend ein oder mehrere Bilder aus der Galerie.

4. Verschicken Sie die E-Mail durch Klick auf die **Senden**-Schaltfläche.

Kapitel 5 – E-Mails senden und empfangen

Wenn es sich um ein Originalbild der eingebauten Kamera handelt, sollten Sie das Bild nach Möglichkeit vor dem Versenden komprimieren. Dazu können Sie beispielsweise eine App wie Image Shrink Lite (zu finden im Play Store) verwenden.

Sie können auch andere Anhänge als Bilder versenden. Möchten Sie Ihrem Kollegen ein PDF- oder gar Word-Dokument schicken? Auch das ist kein Problem! Zuvor ist es sinnvoll, einen Dateimanager wie z. B. den Astro-Dateimanager zu installieren.

Sie können mehrere Bilder aus der Galerie der Mail hinzufügen.

ASTRO Datei-manager

1. Installieren Sie den ASTRO-Dateimanager (siehe QR-Code links).

2. Schreiben Sie erneut eine Mail. Wählen Sie ebenfalls den Punkt **Datei anhängen**, nun aber die Option **ASTRO-Dateimanager** ❶.

3. Navigieren Sie mit dem Dateimanager zur gewünschten Datei ❷ und wählen Sie diese durch Antippen aus.

4. Verschicken Sie die Mail wie gewohnt über die Schaltfläche **Senden**.

Andere E-Mail-Anbieter einrichten: GMX, WEB.DE, Yahoo und Co.

Andere E-Mail-Anbieter einrichten: GMX, WEB.DE, Yahoo und Co.

Möchten Sie Ihren gewohnten E-Mail-Provider auf Ihrem Android-Smartphone nutzen, so bietet sich die klassische E-Mail-App an.

Vor der ersten Verwendung müssen Sie diese App allerdings konfigurieren.

1. Starten Sie die E-Mail-App aus dem Hauptmenü der Anwendungen.

2. Beim ersten Start werden Ihre E-Mail-Adresse sowie das Passwort Ihres Mailkontos abgefragt. Geben Sie diese in das jeweilige Eingabefeld ein ❸. Experten finden im ersten Dialog nach Eingabe der Mailadresse die Möglichkeit vor, das Konto manuell einzurichten ❹.

3. Das Programm prüft im nächsten Schritt die Servereinstellungen. Waren die Zugangsdaten korrekt, so müssen Sie nun lediglich einige Informationen ergänzen, z. B. die Häufigkeit des E-Mail-Abrufs ❺. Die für die Kommunikation notwendigen Serverdaten ermittelt die Mail-App automatisch.

4. Das neu erstellte Konto muss abschließend noch benannt werden ❻, und es ist schließlich der Name anzugeben, der im E-Mail-Kopf beim Nachrichtenversand erscheinen soll ❼. Bestätigen Sie die Eingaben mit OK.

Das war's: Ihr Konto ist eingerichtet. Einfacher geht's nun wirklich nicht.

Ein IMAP-Konto einrichten

Die im vorherigen Abschnitt beschriebene Kontoeinrichtung per Assistent birgt einen Nachteil: Standardmäßig erfolgt der E-Mail-Abruf mit dem POP-Verfahren. Dabei werden (sofern nicht anders konfiguriert) sämtliche Mails beim Mailabruf komplett vom Server heruntergeladen und gelöscht. Schlecht, wenn Ihr Chef auf die Idee gekommen ist, ein 20 MByte großes PDF-Dokument per E-Mail an Sie zu verschicken.

Günstiger ist in jedem Fall der Abruf der E-Mail im IMAP-Verfahren. Dabei greift das Smartphone auf eine zuvor auf dem Mailserver erstellte Ordnerstruktur zu, und die abgerufenen Mails verbleiben so lange auf dem Server, bis sie explizit gelöscht werden.

Um Ihr Mailkonto auf IMAP umzustellen, müssen Sie lediglich den Namen des IMAP-Servers herausfinden, den Ihr Mailprovider anbietet. Das geschieht am schnellsten durch eine Google-Recherche nach »imap« und dem Namen Ihres Providers. Im Falle von GMX lautet der Name des IMAP-Servers beispielsweise *imap.gmx.net*, T-Online verwendet *secureimap.t-online.de*. Der Mailtransfer per IMAP muss manuell eingerichtet werden. Sollten Sie das Konto für den Provider bereits per Assistent eingerichtet haben, müssen Sie die Mailserver-Einstellungen erneut konfigurieren. Das geht am einfachsten, indem Sie noch einmal von vorn beginnen.

1. Begeben Sie sich in den Bereich **Einstellungen ▶ Konten** und wählen Sie das eingerichtete POP3-Konto aus ❶.

2. Tippen Sie das Konto an, begeben Sie sich danach in den Bereich **Synchronisierung** und löschen Sie das alte POP3-Konto über den Menüpunkt **Konto entfernen** ❷.

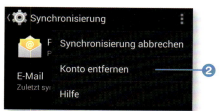

Ein IMAP-Konto einrichten

3. Starten Sie nun erneut die E-Mail-App und richten Sie per Assistent Ihr Mailkonto ein. Wählen Sie nun aber nach Eingabe der eigenen Mailadresse den Punkt **Manuelles Einrichten**. Das Programm bietet im folgenden Dialog eine Auswahl verschiedener Kontotypen an, u. a. IMAP. Wählen Sie die Option **IMAP** ❸ aus.

   Sie haben an dieser Stelle auch die Gelegenheit, Ihr Smartphone mit einem Exchange-Konto ❹ zu verbinden, mehr dazu später.

4. Tragen Sie in der folgenden Maske die Serverdaten Ihres Providers ❺ ein. Diese bringen Sie durch eine Google-Recherche mit der Sucheingabe »IMAP ›Providername‹« in Erfahrung.

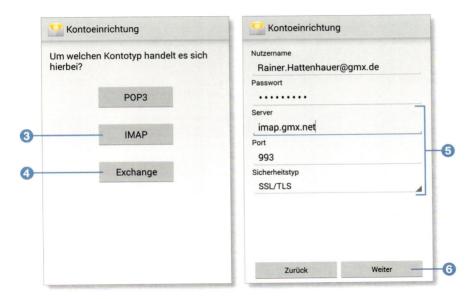

5. Nach dem Eintragen der Daten bestätigen Sie nun die Eingaben mit **Weiter** ❻. Daraufhin wird der Zugang zum Server geprüft. Im vorliegenden Fall wird eine verschlüsselte Übertragung der E-Mail per SSL verwendet.

6. Schließlich müssen Sie noch den Postausgangsserver konfigurieren. Auch diese Daten erhalten Sie von der Website Ihres Mailproviders.

Kapitel 5 – E-Mails senden und empfangen

7. Im nächsten Dialog konfigurieren Sie schließlich noch die Abruffrequenz für Ihre E-Mails. Das kennen Sie schon von der Einrichtung mit dem Assistenten.

8. Abschließend müssen Sie das Konto noch benennen – fertig ist die manuelle Einrichtung des IMAP-Kontos.

Über Ihr IMAP-Konto haben Sie nun Zugriff auf die zuvor auf dem Server per Webmail bequem im Browser eingerichtete Ordnerstruktur. Wenn ich im Urlaub bin, verschiebe ich z. B. wichtige Mails nach ihrer Kenntnisnahme in meinen selbst erstellten Ordner *Sicherung*, um sie dann zu Hause in aller Ruhe zu lesen.

Die Ordnerstruktur eines IMAP-E-Mail-Kontos. Zum Sichtbarmachen der Ordnerstruktur wischen Sie einfach in der App nach rechts.

Aqua Mail

Alternative Mailprogramme

Es bleibt Ihnen freigestellt, eines der zahlreichen alternativen Mailprogramme anstelle der im letzten Abschnitt vorgestellten integrierten Lösung zu verwenden. Ich persönlich habe sehr gute Erfahrungen mit dem Mailprogramm *Aqua Mail* gemacht. Sie finden es im Play Store und installieren es über den QR-Code auf Seite 144. Ein Vorteil von Aqua Mail ist die Vielfalt der Konfigurationsmöglichkeiten.

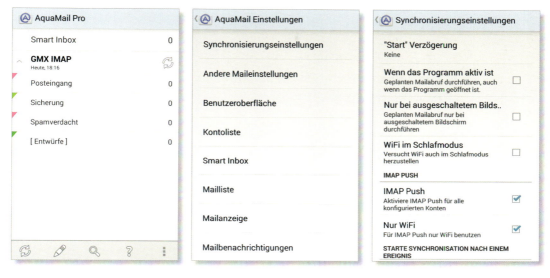

Lässt sich unglaublich vielseitig konfigurieren: Aqua Mail

Zugang zu einem Microsoft-Exchange-Konto einrichten

Die meisten Anwender, die auf einen Firmen-Mailaccount zugreifen möchten, tun dies über einen Microsoft-Exchange-Server. Dessen Anbindung zeige ich deshalb in diesem Abschnitt.

1. Begeben Sie sich in den Bereich **Einstellungen ▶ Konten**. Wählen Sie hier den Punkt **Konto hinzufügen**.

2. Wählen Sie in dem nun erscheinenden Dialog den Kontotyp **Microsoft Exchange**.

145

Kapitel 5 – E-Mails senden und empfangen

3. Geben Sie in der nun erscheinenden Maske Ihre Mailadresse sowie Ihr Mailpasswort an. Nähere Informationen erhalten Sie vom Systemadministrator Ihrer Firma.

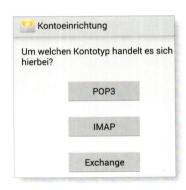

4. Tippen Sie anschließend, wie oben beim IMAP-Konto beschrieben, auf den Punkt **Manuell einrichten**.

5. Wählen Sie im folgenden Dialog den Punkt **Exchange** aus.

6. Geben Sie nun die Zugangsdaten ein, die Ihnen Ihr Firmenadministrator mitgeteilt hat. Gegebenenfalls müssen Sie noch ein Zertifikat auf Ihrem Smartphone installieren, das Sie idealerweise vom Firmenserver herunterladen. Tippen Sie dazu dann auf den Punkt **Client-Zertifikat verwenden**.

7. Der Mailclient prüft, ob die Autorisierung beim Server funktioniert, und schließt die Konfiguration wie oben beschrieben ab.

Sollten Sie bei der Einrichtung Ihres Firmen-Exchange-Accounts auf Probleme stoßen, fragen Sie den Systemadministrator Ihres Vertrauens; er wird Ihnen sicher bei der Einrichtung helfen.

Mehrere E-Mail-Konten nutzen

Mit der E-Mail-App ist es überhaupt kein Problem, mehrere Konten bei unterschiedlichen Providern zu nutzen. Die eingehenden Mails landen dann in einem kombinierten Posteingang. Erstellen Sie dazu einfach, wie im letzten Abschnitt ab Seite 145 beschrieben, über **Einstellungen ▸ Konto hinzufügen** ein weiteres Konto. Die unterschiedlichen Konten erscheinen dann im Mailprogramm in der kombinierten Ansicht, die Sie erreichen, indem Sie auf das Menüsymbol in der linken oberen Ecke der App tippen.

E-Mails an Kontakte aus dem Adressbuch schicken

Wählen Sie in der Übersicht den gewünschten Account aus. Beide Accounts werden gleichzeitig in der kombinierten Ansicht dargestellt.

E-Mails an Kontakte aus dem Adressbuch schicken

Eine E-Mail lässt sich auch direkt an einen Empfänger aus Ihrem Kontakte-Verzeichnis erstellen:

1. Starten Sie die **Kontakte**-App und wählen Sie einen Kontakt aus, an den Sie eine E-Mail verschicken möchten.

2. Tippen Sie auf das E-Mail-Symbol ❶. Gegebenenfalls erhalten Sie hier eine Auswahl mehrerer Mailadressen.

3. Wählen Sie die Mail-App aus, die Sie verwenden möchten ❷. Durch Auswahl der Schaltfläche **Immer** ❸ wird diese Mail-App in Zukunft standardmäßig verwendet. Wenn Sie das nicht wünschen, so wählen Sie an dieser Stelle **Nur diesmal** ❹ aus.

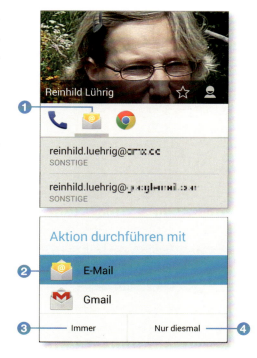

4. Legen Sie los, schreiben Sie die E-Mail und verschicken Sie sie wie oben beschrieben.

> **HINWEIS**
>
> **Adressbuch direkt in der Mail-App nutzen**
>
> Alternativ zur oben beschriebenen Vorgehensweise können Sie natürlich auch in der klassischen E-Mail-App direkt auf Ihr Adressbuch zugreifen. Geben Sie dazu in das **An**-Feld einfach die ersten Buchstaben Ihres Kontakts ein. Dadurch wird eine Suche im Adressbuch gestartet.

Signatur und Benachrichtigungston anpassen

Sowohl in der Gmail- als auch in der E-Mail-App haben Sie die Möglichkeit, Ihre Mails mit einer Signatur zu versehen. Mehr noch: Für unterschiedliche Mailkonten können Sie sowohl unterschiedliche Signaturen als auch unterschiedliche Benachrichtigungstöne festlegen. Ich zeige Ihnen das im Folgenden am Beispiel der E-Mail-App.

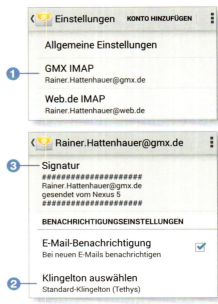

1. Starten Sie die E-Mail-App und begeben Sie sich per **Menü**-Schaltfläche in den Bereich **Einstellungen**.

2. Wählen Sie in der Kontenübersicht das zu konfigurierende Mailkonto aus ❶.

3. Nun haben Sie Gelegenheit, für das Eintreffen einer E-Mail einen speziellen Klingelton auszuwählen ❷ sowie die Signatur durch Antippen anzupassen ❸.

Kapitel 6
Kalender, Termine, Erinnerungen und Co.

Android ist längst in der Business-Liga angekommen. Das System bietet eine exzellente Terminverwaltung und Aufgabenplanung und lässt sich obendrein mit Office-Software bestücken, sodass Sie unterwegs noch schnell an einem wichtigen Vortrag feilen oder Ihre Spesenabrechnung vornehmen können.

Die Kalender-App

Ihr Android-Smartphone ist von Haus aus mit einer perfekten Terminverwaltung ausgestattet. Ich muss an dieser Stelle zugeben, dass es mir zunächst äußerst suspekt war, meine sämtlichen beruflichen und privaten Termine der Datenkrake Google zu übergeben. Andererseits: Sie liegen dort wahrscheinlich sicherer als im Safe einer Schweizer Bank, wenn man einige grundlegende Prinzipien des Datenschutzes beachtet. Und es ist schon äußerst bequem, eine reibungslose Terminsynchronisation zu haben, ohne dass man das Smartphone umständlich per Dockingstation mit dem PC verbinden muss.

Das folgende Kapitel gibt Ihnen einen Überblick darüber, was Sie beachten sollten, wenn Sie sich Ihren Alltag von Google planen lassen möchten. Dabei wird besonderer Wert auf die Verzahnung und Synchronisation von Smartphone und Google-Kalender gelegt. Die Synchronisation mit Outlook und Co. beschreibe ich ebenfalls.

Kapitel 6 – Kalender, Termine, Erinnerungen und Co.

Der Google-Kalender

Bevor wir uns den Möglichkeiten des Kalenders auf dem Smartphone widmen, sehen wir uns zunächst einmal den »großen Bruder« im Netz näher an. Im Folgenden gehe ich davon aus, dass Sie ein Google-Konto besitzen und dieses wie in Kapitel 1, »Start mit dem Android-Smartphone«, ab Seite 17, beschrieben eingerichtet haben.

1. Loggen Sie sich auf Ihrem PC per Browser auf Ihrem Google-Konto ein.

2. Begeben Sie sich ins Google-Menü im rechten oberen Bereich des Browserfensters und wählen Sie dort die Option **Kalender**.

Es öffnet sich der Google-Kalender. Er ist in folgende Bereiche aufgeteilt:

❶ **Monatsübersicht**: Hier können Sie schnell zwischen den Monaten wechseln.

❷ **Meine Kalender**: Zeigt Ihre aktuell verwendeten Kalender an. Das ist zunächst der zu Ihrem Konto gehörende Standardkalender, aber auch der Aufgabenbereich (engl.: *tasks*) taucht hier auf. Sie können jederzeit neue Kalender definieren, z. B. einen gemeinsamen Kalender für Projektmitarbeiter, um Projektmeilensteine einzutragen und einzuhalten.

❸ **Zentraler Kalender**: Hier tragen Sie Ereignisse und Termine in den Browser ein. In der Abbildung sehen Sie drei eingetragene Termine.

❹ **Ansichten**: Hier wechseln Sie zwischen verschiedenen Kalenderansichten. Im Normalfall ist die Wochenansicht am günstigsten, um sich einen Überblick über die aktuelle Arbeitswoche zu verschaffen.

❺ **Aufgaben**: Die Aufgabenliste am rechten Rand erscheint, wenn Sie den entsprechenden Punkt im Bereich **Meine Kalender** aktiviert haben. Ist

Einen Termin eintragen

das nicht der Fall, so klicken Sie einfach einmal auf den Kalender **Aufgaben** im Bereich **Meine Kalender**.

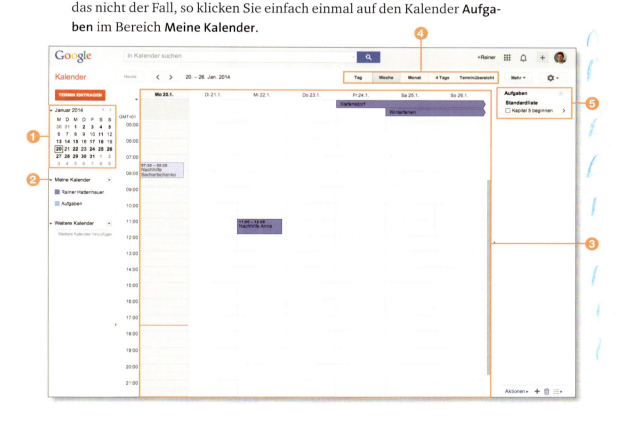

Einen Termin eintragen

Zum Eintragen eines neuen Termins in den Onlinekalender gehen Sie folgendermaßen vor:

1. Navigieren Sie zum gewünschten Datum und klicken Sie einfach auf das gewünschte Zeitfeld. Es öffnet sich ein kleines Fenster, in dem Sie den Termin beschreiben können ❻ (Seite 152). Durch Betätigen der Schaltfläche **Termin eintragen** ❼ wird der Termin im Kalender fixiert. Mittels **Bearbeiten** ❽ können Sie den Termin feinjustieren.

151

Kapitel 6 – Kalender, Termine, Erinnerungen und Co.

2. Die Termineinteilung erscheint Ihnen im Nachhinein zu grob, Sie möchten außerdem weitere Einzelheiten ergänzen? – Klicken Sie den Termin im Kalender an. Sie sehen daraufhin die Einzelheiten des Termins.

3. Schließen Sie die Änderungen durch Betätigen der Schaltfläche **Speichern** 9 ab.

Termine auf dem Smartphone verwalten

Sie gelangen zum Kalender Ihres Smartphones, indem Sie die Kalender-App starten. Hier können Sie nach belieben Ihre Termine verwalten.

Termine auf dem Smartphone verwalten

Ich empfehle Ihnen, das *Kalender-Widget* für einen schnellen Zugriff auf den Terminplaner auf einem Homescreen zu deponieren. Wechseln Sie dazu im App-Menü in den Bereich **Widgets** und halten Sie Ausschau nach dem Widget **Kalender**. Platzieren Sie es auf einen freien Homescreen. Sie können die Größe des Widgets ändern, indem Sie länger darauf tippen und die Fläche durch Anfassen der Punkte ❶ (nebenstehende Abbildung) in die gewünschte Größe ziehen.

Schauen Sie sich die angezeigten Termine an. Taucht der Termin, den Sie im vorangegangenen Abschnitt per Browser in Ihren Google-Kalender eingetragen haben, nicht im Kalender bzw. im Kalender-Widget auf, prüfen Sie, ob die Synchronisierung des Kalenders aktiviert wurde. Gehen Sie dazu folgendermaßen vor:

Der Android-Kalender in Widget-Form

1. Öffnen Sie die **Einstellungen**. Kontrollieren Sie in den Einstellungen im Bereich **Konten ▶ Google** durch Antippen Ihres Google-Kontos, ob die globale Synchronisierung für das Google-Konto aktiviert ist ❷.

2. Tippen Sie anschließend das Google-Konto an ❸ und kontrollieren Sie nun speziell die Kalendersynchronisation. Über das Menü lässt sich die Synchronisation über den Punkt **Jetzt synchronisieren** ❹ auch noch einmal manuell anwerfen.

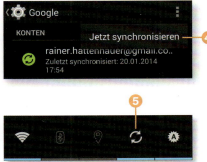

153

Kapitel 6 – Kalender, Termine, Erinnerungen und Co.

3. Schließlich können Sie die Synchronisation des Google-Kontos jederzeit manuell über die entsprechende Schaltfläche im Energiesteuerungs-Widget aktivieren ❺ (Seite 153). Dieses Widget sollten Sie auf eine freie Stelle eines Homescreens legen. Beachten Sie: Selbstverständlich müssen Sie online sein, wenn Sie Ihren Google-Kalender synchronisieren möchten.

Jetzt sollten Ihre Termine alle im Kalender zu sehen sein. Schauen wir uns die Kalender-App doch einmal etwas genauer an:

1. Starten Sie sie durch Antippen des Kalender-Widgets oder des Kalender-Icons.

2. Suchen Sie sich eine geeignete Ansicht durch Antippen in der Seitenleiste, z. B. die Wochen- ❻ oder Termin-Ansicht ❼.

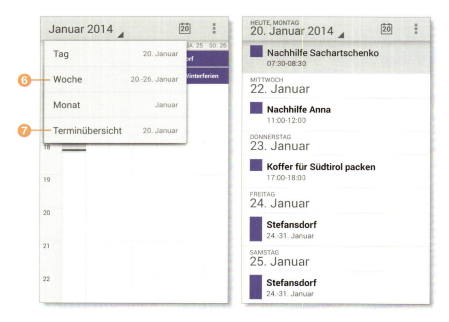

Zum Eintragen eines neuen Ereignisses in die Kalender-App Ihres Smartphones gehen Sie folgendermaßen vor:

1. Wählen Sie für den Zeitpunkt des Termins eine geeignete Ansicht aus.

Termine auf dem Smartphone verwalten

2. Tippen Sie den Kalender an die Stelle an, an die Sie einen neuen Termin einfügen möchten. Tippen Sie anschließend auf die erscheinende Schaltfläche **Neuer Termin**.

3. Beschreiben Sie den Termin ❶ und speichern Sie ihn schließlich über Antippen der Schaltfläche **Fertig** ab ❷.

   Sollten Sie den Termin genauer beschreiben wollen, so gehen Sie nach dem Eintragen folgendermaßen vor:

4. Tippen Sie zunächst den Termin im Kalender an. Klicken Sie auf die **Menü**-Taste und anschließend auf den Punkt **Bearbeiten** ❸ (das Stiftsymbol). Mithilfe des Palettensymbols ❹ weisen Sie dem Termin eine andere Farbe zu, das Mülleimersymbol ❺ dient zum Löschen eines Termins.

5. Es öffnet sich die Detailansicht für den Termin. Hier können Sie z. B. über den Punkt **Erinnerungen** die automatische Benachrichtigung für den Termin aktivieren bzw. anpassen. Mit **Fertig** bestätigen Sie erneut die Änderungen.

Auf die gleiche Weise können Sie auch den Termin auf ein anderes Datum legen. Nach dem Bearbeiten von Terminen werden diese automatisch mit dem Google-Kalender synchronisiert, sofern Sie die Synchronisierung wie oben beschrieben korrekt konfiguriert haben. Ob das funktioniert hat, testen Sie ganz einfach, indem Sie den Google-Kalender auf Ihrem PC im Browser öffnen.

Kapitel 6 – Kalender, Termine, Erinnerungen und Co.

Termindetails bearbeiten und einen Termin löschen

Im Bearbeitungsmodus (klicken Sie auf das Stiftsymbol) können Sie eine ganze Menge Einstellungen vornehmen und Ihren Termin weiter individualisieren. Hier eine Übersicht über die möglichen Details:

1. zugeordnetes Konto
2. Titel des Termins
3. Ort, an dem der Termin stattfindet (später sichtbar per Google Maps)
4. Zeitraum des Termins
5. Option »ganztägig«
6. Gäste bzw. Teilnehmer
7. Notizen zum Termin
8. Wiederholung des Termins setzen
9. Erinnerung durch Alarmton oder Nachricht
10. Aktueller Status (**Beschäftigt/Verfügbar**)
11. Datenschutzoption (**Standard**, **privat** oder **öffentlich**)

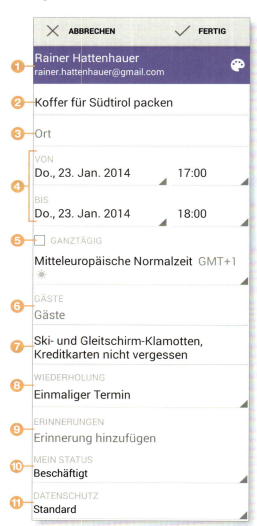

156

Gehen Sie folgendermaßen vor, um einen Kalendereintrag zu löschen:

1. Tippen Sie den betreffenden Termin im Widget oder in der Kalender-App an. Sie gelangen in die Detailansicht.

2. Wählen Sie den Punkt **Löschen** ⓬. Fertig!

Einen Termin mit einer Erinnerung versehen

Wenn Sie sich an wichtige Termine vorher gerne erinnern lassen wollen, stellen Sie das so auf Ihrem Smartphone ein:

1. Öffnen Sie den Termin durch Antippen und wählen Sie die Option **Bearbeiten**.

2. Tippen Sie das Feld **Erinnerung hinzufügen** an.

3. Definieren Sie den Benachrichtigungsvorlauf ⓭ sowie die Art der Benachrichtigung ⓮.

Sie können sich auf diese Weise auch mehrfach an den Termin erinnern lassen, indem Sie einfach über die Schaltfläche **Erinnerung hinzufügen** mehrere Benachrichtigungen erstellen. Diese lassen sich über das **X**-Zeichen auch wieder entfernen.

Regelmäßige Termine eintragen

Sicher haben Sie auch einige Termine, die sich regelmäßig wiederholen. In meinem Fall wäre das z. B. der wöchentliche Termin zum Volleyballspielen mit den Sportfreunden. So einen wiederkehrenden Termin legen Sie folgendermaßen an:

1. Starten Sie die Kalender-App und geben Sie den gewünschten Termin wie gewohnt ein.

2. Wählen Sie bei den Termineigenschaften den Punkt **Wiederholung** und stellen Sie im folgenden Menü die gewünschte Wiederholungsfrequenz ❶ ein.

3. Geben Sie im nächsten Schritt schließlich noch das Enddatum ❷ an.

4. Speichern Sie den fertigen Termin schließlich über **Fertig** ❸ ab.

Uhrzeit und Wiederholungsfrequenz wiederkehrender Termine anpassen

Obwohl Geburtstage und Jubiläen als wiederkehrende Ereignisse auf die gleiche Art eingegeben werden können, empfiehlt es sich, dafür einen eigenen Kalender einzurichten. Wie das funktioniert, erfahren Sie im nächsten Abschnitt.

Einen neuen Kalender erstellen

Möchten Sie Ihren höchstpersönlichen Kalender mit selektiven Einträgen, z. B. einen Geburtstags- oder Jubiläumskalender, erstellen, so gehen Sie folgendermaßen vor:

1. Loggen Sie sich per Browser auf Ihrem Google-Konto ein und begeben Sie sich in den Bereich **Kalender**.

2. Wählen Sie aus dem Kontextmenü zu **Meine Kalender** den Punkt **Neuen Kalender erstellen** ❹.

3. Benennen Sie den neuen Kalender im Feld **Kalendername** ❺ und beenden Sie den Dialog mit der Schaltfläche **Kalender einrichten** ❻.

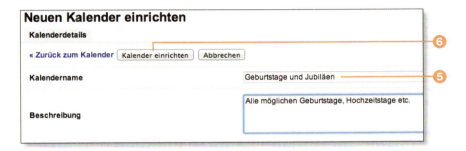

159

Kapitel 6 – Kalender, Termine, Erinnerungen und Co.

4. Der Kalender sollte jetzt in der Kalenderübersicht im Browser erscheinen. Über das Kontextmenü haben Sie Gelegenheit, diesem Kalender eine neue Farbe zuzuordnen ❶.

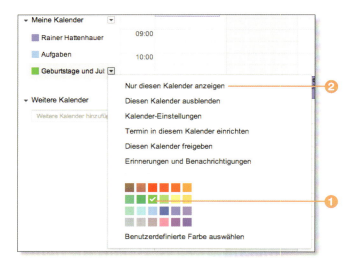

5. Wählen Sie nun den Menüpunkt **Nur diesen Kalender anzeigen** ❷ aus und tragen Sie Ihre Geburtstage und Jubiläen in diesen Kalender ein. Achten Sie gegebenenfalls darauf, dass sich alle Termine jährlich wiederholen.

6. Nach Fertigstellung blenden Sie die anderen Kalender wieder ein, indem Sie auf die nun nicht mehr farbigen Felder neben ihren Namen klicken ❸.

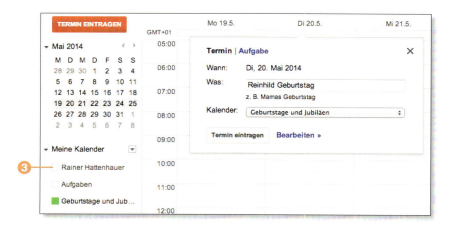

Einen neuen Kalender erstellen

7. Schließlich müssen Sie noch kontrollieren, ob Ihr Geburtstagskalender korrekt auf Ihrem Smartphone übernommen wurde. Synchronisieren Sie dazu die Kalender-App wie ab Seite 153 beschrieben.

8. Kontrollieren Sie im Bereich **Kalender**, ob der erstellte Geburtstagskalender in der Liste der Google-Kalender auftaucht. Dazu begeben Sie sich in das Menü der Kalender-App zum Punkt **Anzuzeigende Kalender** ❹.

9. Tippen Sie auf die Schaltfläche **Zu synchronisierende Kalender** ❺ und achten Sie darauf, dass ein Haken vor den neuen Kalender gesetzt wurde ❻.

Auf die gleiche Art und Weise können Sie nun beliebige verschiedene Kalender erstellen. So hat es sich beispielsweise bei großen Projekten bewährt, einen Kalender für die Projektmeilensteine zu erstellen, der allen Projektmitarbeitern zugänglich ist. Sie können einen solchen Kalender entweder als öffentlichen Kalender oder als Kalender für einen geschlossenen Teilnehmerkreis realisieren. Dazu passen Sie einfach die Eigenschaften des Google-Kalenders per Browserinterface an.

> **INFO**
>
> **Alternative Kalender-Apps**
>
> Der Play Store ist randvoll mit alternativen Kalender-Apps, die teilweise wesentlich komfortabler als die eingebaute Lösung sind. Mein persönlicher Favorit ist *aCalendar*. Bei diesem voll individualisierbaren Kalender können Sie perfekt per Wischgesten durch verschiedene Ansichten navigieren.

Synchronisierung mit Outlook

Die einfachste Methode zur Übertragung des Outlook-Kalenders ist eine Einbahnstraße und funktioniert bei Outlook 2010 folgendermaßen:

1. Starten Sie Outlook und wählen Sie den Menüpunkt **Datei ▸ Kalender speichern**.

2. Begeben Sie sich in den Bereich **Weitere Optionen**. Markieren Sie hier die Optionen **Vollständiger Kalender** ❶ sowie **Alle Details** ❷.

3. Speichern Sie den Kalender an einem beliebigen Ort auf dem PC ab. Standardmäßig wird der Kalender im iCalendar-Format (kurz: *iCal*) abgespeichert.

4. Loggen Sie sich am PC bei Google ein und öffnen Sie Ihren Google-Kalender im Browser. Es empfiehlt sich, einen neuen Kalender für die zu importierenden Outlook-Termine anzulegen (siehe Seite 159).

5. Wählen Sie im Kalenderbereich **Neuen Kalender erstellen** im Menü **Meine Kalender**. Definieren Sie einen neuen Kalender (z. B. »Outlook«).

6. Begeben Sie sich nun im Kalenderbereich zum Punkt **Einstellungen** und wählen Sie den Link **Kalender importieren** aus. Wählen Sie die soeben

exportierte Datei aus und stellen Sie sicher, dass der Export in den neu erstellten Kalender erfolgt ist.

> **TIPP**
>
> **Outlook-Kalender synchron halten**
>
> Die oben beschriebene Verfahrensweise ist für den einmaligen Abgleich mit einem Outlook-Kalender gedacht. Wer Outlook permanent synchron halten möchte, der verwendet am besten eine Drittanbieterlösung wie z. B. die Open-Source-Lösung *GO Contact Sync Mod* (*http://googlesyncmod.sourceforge.net*). Samsung-Smartphone-Besitzer können ihr Gerät mit der PC-Software *Kies* mit Outlook synchron halten.

Aufgaben, Listen und Memos

Ihr Google-Konto verfügt zwar über eine Aufgabenplanung, diese lässt sich aber bislang nur mithilfe von Drittanbieter-Apps mit Ihrem Smartphone synchronisieren. Ich empfehle an dieser Stelle die App *GTasks*, um Ihre Aufgabenlisten auch auf Ihrem Smartphone synchron zu halten. Installieren Sie die App mit dem nebenstehenden QR-Code.

GTasks

So erstellen Sie eine Aufgabe mit GTasks:

1. Starten Sie die App und erstellen Sie eine neue Aufgabe, indem Sie das +-Zeichen ❸ anklicken.

2. Optional können Sie für die erstellte Aufgabe auch ein **Fälligkeitsdatum** ❹ oder eine **Erinnerung** setzen. Dazu folgen Sie dem Link **Fälligkeitsdatum**

Kapitel 6 – Kalender, Termine, Erinnerungen und Co.

und geben das Fälligkeitsdatum mithilfe des erscheinenden Kalenders ein. Dort können Sie auch eine Erinnerung setzen ❺.

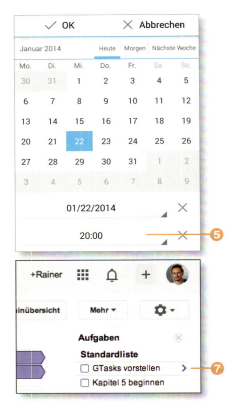

3. Betätigen Sie dann die Synchronisierungsschaltfläche ❻ (Seite 163), um die Aufgabe mit Ihrem Google-Konto zu synchronisieren.

4. Kontrollieren Sie per Browser, ob die Aufgabe in Ihrem Google-Kalender im Bereich **Aufgaben** zu finden ist. Dazu müssen Sie sicherstellen, dass der entsprechende Kalender aktiviert ist.

   Die Aufgabe erscheint nun in Ihrer Aufgabenliste ❼ im Google-Konto, und Sie werden zur gegebenen Zeit an die Erledigung erinnert.

 Ein *Memo* ist eine kleine Notiz (vergleichbar mit den kleinen gelben Post-it-Zetteln). Dazu verwenden Sie die Google-App Keep, die Sie bereits in Kapitel 1 kennengelernt haben. Dort wurde auch gezeigt, wie man mithilfe von Keep eine Notiz erstellt. Interessant ist nun, wo man die mit Keep erstellten Notizen online findet.

1. Starten Sie Google Keep und erstellen Sie eine beliebige Notiz. Sie könnten auch eine Einkaufsliste erstellen. Die Symbole in der folgenden Abbildung bedeuten: **Einfache Notiz** ❶, **Liste** ❷, **Sprachnotiz** ❸, **Fotonotiz** ❹.

164

2. Ihre Notizen werden online auf Google Drive gespeichert. Begeben Sie sich auf *https://drive.google.com/keep/*. Dort finden Sie alle Notizen. Voraussetzung ist, dass Sie sich mit Ihren Zugangsdaten auf Ihrem Google-Konto eingeloggt haben und die Synchronisation für Keep aktiviert ist. Das prüfen Sie **unter Einstellungen ▶ Konten ▶ Google** durch Antippen Ihres Google-Kontoeintrags.

Alternative Memo-Apps

Die App *Wunderlist* eignet sich hervorragend, um Aufgaben und To-Do-Listen zu verwalten. Wollen Sie Einkaufslisten anlegen, so können Sie auf die App *Mighty Grocery* zurückgreifen.

Office-Software

Wer hätte vor wenigen Jahren gedacht, dass man die typischen Office-Aufgaben Textverarbeitung, Tabellenkalkulation und Präsentation nicht nur auf dem sperrigen PC, sondern auch im Jackentaschen-Smartphone-Büro erledigen kann. Der folgende Abschnitt zeigt, welche Software Sie benötigen, um Office-Dokumente ohne Informationsverlust zu bearbeiten.

Zum gegenwärtigen Zeitpunkt gibt es die folgenden Office-Programmsammlungen für Ihr Android-Smartphone:

Kapitel 6 – Kalender, Termine, Erinnerungen und Co.

- Generell kostenfrei und perfekt auf das Google-Android-System angepasst, kommt *Google Text und Tabellen* (auch kurz *Google Docs* genannt) daher. Die App ist mittlerweile integraler Bestandteil der Google-Cloud-Lösung *Google Drive*.

- Ebenfalls kostenlos und mit brauchbarer Unterstützung für gängige Microsoft-Office-Dokumente ist die *Kingsoft Office*-App, die Sie im Play Store als kostenlosen Download finden.

Das Erstellen eines einfachen Office-Dokuments in Verbindung mit Google Drive ist sehr einfach:

1. Starten Sie Google Drive aus dem App-Menü. Sollte sich die App nicht bereits auf Ihrem Smartphone befinden, so installieren Sie diese einfach aus dem Play Store nach.

2. Tippen Sie auf die Schaltfläche **Erstellen** ❶, um ein neues Office-Dokument zu erzeugen. Sie haben vom Smartphone aus die Möglichkeit, entweder ein Textdokument oder ein Tabellendokument zu erstellen. Wählen Sie zunächst die Option **Dokument** ❷ zur Erstellung eines Textdokuments.

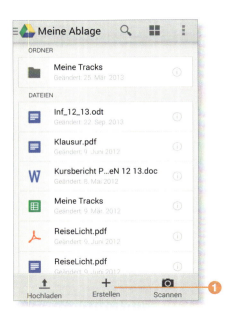

3. Sie werden zunächst aufgefordert, einen Titel für das Dokument anzugeben. Anschließend können Sie das Dokument wie in jeder beliebigen Textverarbeitung bearbeiten. Durch Verschieben der Symbolleiste ❸ mit dem Finger erhalten Sie Zugriff auf weitere Funktionen.

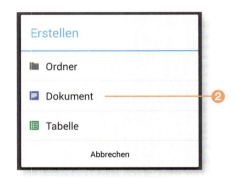

4. Speichern Sie schließlich das Dokument durch Antippen des Symbols mit dem Haken ❹ ab.

Sie können Ihre Dokumente schließlich wieder online, wie auf Seite 165 beschrieben, unter *https://drive.google.com/* per PC-Browser einsehen. Dort können Sie dann auch eigene Dokumente zur mobilen Bearbeitung auf das Smartphone hochladen.

Möchten Sie sehr nah am Microsoft-Original arbeiten, so empfiehlt sich der Erwerb einer kostenpflichtigen Office-Suite. Eine solche unterstützt das Word-, Excel- und PowerPoint-Dateiformat in seiner jeweils aktuellen Form. Sie finden etliche Lösungen im Play Store, die bekanntesten sind:

- *Documents To Go von DataViz*

- *Polaris Office* (für Samsung-Smartphone-Besitzer über den Samsung App Store kostenlos zu beziehen)

Die genannten Pakete können die gängigen Microsoft-Office-Formate in den aktuellen Versionen (ab Office 2007) darstellen. Die Dokumente lassen sich allerdings nur in den aufpreispflichtigen Vollversionen auch bearbeiten. Apropos Preis – der bewegt sich bei Android-Apps in bezahlbaren Regionen: Die Office-Suiten kosten unter 10 €. Sie finden sie schnell über die Google-Play-Suchfunktion.

Ein klein wenig teurer, dafür aber auch aus einer anderen Liga, ist das *Softmaker Office*: Hier erhalten Sie für knapp 15 € ein Programmpaket, das

Kapitel 6 – Kalender, Termine, Erinnerungen und Co.

nahezu sämtliche Microsoft-Office-Funktionen beherrscht und das Layout Ihrer Microsoft-Dokumente unbehelligt lässt, was bei den anderen Kandidaten nicht unbedingt immer der Fall ist. Sie können die Module *TextMaker*, *PlanMaker* und *Presentations* auch einzeln zum Preis von je 4,99 € im Play Store erwerben bzw. die kostenlosen Trial-Versionen ausprobieren.

PDF-Reader

ezPDF Reader

Sie möchten unterwegs ein komplexes Dokument mit Bildern, Tabellen etc. lediglich auf seinen Inhalt prüfen, zusätzliche Elemente werden aber nur unzureichend dargestellt? Kein Problem: Exportieren Sie zum Sichten Ihre Dokumente einfach als PDF-Dateien. In Microsofts aktueller Office-Suite wählen Sie zum Speichern den Dateityp **PDF** aus. Der momentan beste PDF-Reader für Android ist der *ezPDF Reader*, der sogar die Lösung von Adobe in den Schatten stellt. Er ist insbesondere in der Lage, im PDF eingebettetes Audio- und Videomaterial wiederzugeben. Zudem kann er PDF-Dokumente auch vorlesen.

Die derzeit beste Lösung, wenn es um die Darstellung des PDF-Formats geht: Der ezPDF Reader beherrscht auch die Darstellung komplexer PDF-Dokumente.

PDF-Reader

Sie können in Verbindung mit dem ezPDF Reader aus beliebigen Dokumenten eigene Hörbücher erstellen, indem Sie diese als PDFs exportieren und sich diese mit dem Reader vorlesen lassen. Stellen Sie zuvor sicher, dass das Sprachausgabemodul korrekt konfiguriert wurde.

1. Begeben Sie sich in **Einstellungen** ▸ **Sprache & Eingabe** ▸ **Sprache** und wählen Sie den Menüpunkt **Text-in-Sprache-Ausgabe** ❶.

2. Tippen Sie dann auf die Konfigurationsoptionen hinter **Google Text-in-Sprache** ❷.

3. Prüfen Sie, ob als Ausgabesprache **Deutsch** ausgewählt wurde. Sie haben an dieser Stelle auch die Möglichkeit, weitere Sprachen zur Offline-Sprachausgabe aus dem Netz herunterzuladen sowie die Sprechgeschwindigkeit anzupassen ❸.

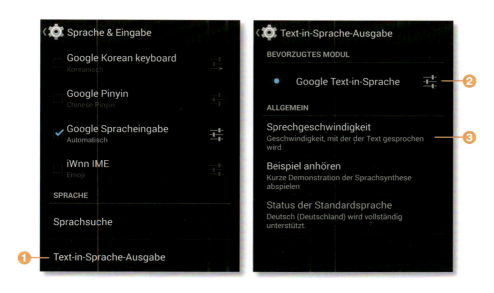

Nach Fertigstellung der Prozedur werden Texte auf Ihrem Smartphone mit glasklarer Stimme vorgelesen. Betätigen Sie dazu im ezPDF Reader die entsprechende Schaltfläche ❹ (Seite 170). Die Wiedergabe beeinflussen Sie mit den entsprechenden Audio-Steuerschaltflächen ❺. Über das Zahnrad ❻ gelangen Sie erneut zum Konfigurationsdialog der Sprachausgabe.

Kapitel 6 – Kalender, Termine, Erinnerungen und Co.

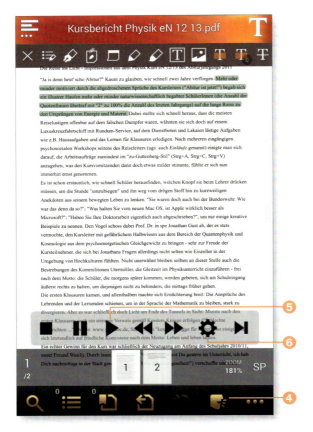

Der ezPDF Reader liest beliebige Texte vor. Die Steuerung erfolgt dabei mit den üblichen Audio-Steuerschaltflächen.

Kapitel 7
Apps installieren und verwalten

Im folgenden Kapitel sehen wir uns die Standardquelle aller Apps einmal etwas genauer an, den *Google Play Store* (kurz: *Google Play* oder *Play Store*). Er ist der Dreh- und Angelpunkt, wenn es darum geht, Apps auf Ihr Android-Smartphone zu befördern. Aber es gibt auch andere Softwarequellen.

Ein Rundgang durch den Google Play Store

Im Einstiegskapitel haben Sie bereits Bekanntschaft mit dem Google Play Store gemacht und danach sicher auch die eine oder andere App installiert. Sie können sowohl unterwegs als auch vom heimischen WLAN aus jederzeit auf Google Play zugreifen. Grund genug, an dieser Stelle noch einmal etwas genauer auf den zentralen Markt der Apps einzugehen. Zunächst sehen wir uns lediglich den Teil des Markts an, der für die Apps zuständig ist.

1. Starten Sie den Play Store durch Antippen des Icons im Programmmenü. Nach dem Start des Programms präsentiert sich die Play-Store-Übersicht. Sie finden dort Links in Form von Schaltflächen zu den Unterbereichen **Apps**, **Spiele**, **Filme**, **Musik** und **Bücher** ❶ (Seite 172). In der Übersicht auf der Startseite werden Ihnen Vorschläge für Medien bzw. Apps unterbreitet.

Kapitel 7 – Apps installieren und verwalten

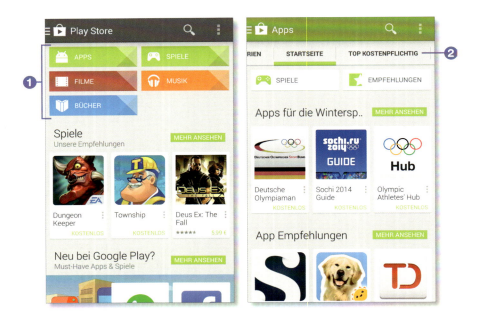

2. Tippen Sie die Schaltfläche **Apps** an. Sie gelangen in den Bereich der im Play Store erhältlichen Apps.

3. Durch Hin- und Herwischen wechseln Sie zwischen den folgenden Apps-Bereichen. Innerhalb der einzelnen Bereiche können Sie dann teilweise beliebig weit herunterscrollen.

Sie finden im Google Play Store folgende Bereiche, in denen die Apps nach unterschiedlichen Kategorien ❷ sortiert sind:

Kategorien	Durchsuchen Sie verschiedene App-Kategorien nach interessanten Apps.
Startseite	Hier erhalten Sie Vorschläge für interessante Apps. Die Vorschläge basieren auf Ihrem bisherigen Kaufverhalten.
Top kostenpflichtig	die beliebtesten käuflichen Apps
Top kostenlos	die beliebtesten kostenlosen Apps

172

Erfolgreichste	Apps mit den meisten Downloads
Top kostenpflichtig – neu	neue käufliche Apps
Top kostenlos – neu	neue kostenlose Apps
Trends	Apps mit den größten Downloadzuwächsen

Die Apps-Bereiche im Google Play Store

Zur Suche und Installation von Apps empfiehlt es sich, stets zunächst in den **Apps**-Bereich zu wechseln. Dadurch wird die Suche nach bestimmten Schlüsselwörtern auf den **Apps**-Bereich eingeschränkt und nicht auch auf die anderen im Play Store befindlichen Medien ausgedehnt.

Installierte Apps anzeigen

Um sich einen Überblick zu verschaffen, welche Apps auf dem aktuellen Gerät installiert sind bzw. welche Apps Sie bislang erworben haben, tippen Sie einfach auf die **Hauptmenü**-Schaltfläche am linken oberen Rand ❶ und wählen dort den Menüpunkt **Meine Apps**.

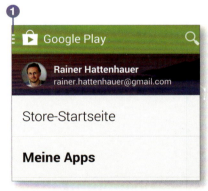

Im Bereich **Installiert** erscheint eine Übersicht über alle Apps, die Sie auf Ihrem aktuellen Gerät installiert haben und für die gegebenenfalls Updates angeboten werden. Im Bereich **Alle** finden Sie sämtliche Apps, die Sie bislang mit Ihrem Google-Konto getestet, aber auch gegebenenfalls wieder deinstalliert haben. Das sind insbesondere auch Apps, die sich auf anderen Geräten befinden, die ebenfalls mit Ihrem Google-Konto verknüpft sind. Scrollen Sie vertikal durch die Liste, um sich einen Überblick darüber zu verschaffen, welche Apps Sie schon einmal installiert haben.

173

Kapitel 7 – Apps installieren und verwalten

Apps aktualisieren

Die Apps, die Sie im Play Store erwerben, werden ständig weiterentwickelt. Sogenannte *Updates* werden regelmäßig herausgebracht, und das System benachrichtigt Sie, wenn eine App aktualisiert werden kann. Eine derartige Benachrichtigung finden Sie in Form eines Play-Store-Icons in der Statusleiste ❶.

1. Wenn Sie so eine Benachrichtigung erhalten, ziehen Sie die Statusleiste herunter, indem Sie einen Finger vom Rand des Gerätes oben auf den Bildschirm Ihres Smartphones ziehen. Tippen Sie nun auf den entsprechenden Eintrag in der Liste der Meldungen ❷.

2. Sie werden nun in die Play-Store-App weitergeleitet, um die angezeigten Apps zu aktualisieren.

Alternativ können Sie auch direkt in der Play-Store-App in den Bereich **Meine Apps** wechseln, um sich die aktualisierbaren Apps anzeigen zu lassen.

3. Tippen Sie nun entweder die Schaltfläche **Alle aktualisieren** ❸ an, um alle updatefähigen Apps in einem Rutsch zu aktualisieren, oder wählen Sie gezielt einzelne Apps durch Antippen zur Aktualisierung aus.

Apps aktualisieren

4. Sollten Sie auf eine App stoßen, die Sie selten bis gar nicht verwenden, so können Sie sie an dieser Stelle durch Auswahl der Schaltfläche **Deinstallieren** ❹ vom Smartphone löschen.

Sollte eine App neue Berechtigungen benötigen, so wird Ihnen das ebenfalls vor dem Update mitgeteilt. Nach der Aktualisierung erscheint eine Meldung in der Statuszeile, falls der Updatevorgang erfolgreich verlaufen ist ❺. Mit der Schaltfläche **Löschen** ❻ lassen Sie die Meldungen verschwinden.

Achten Sie darauf, Ihre installierten Apps stets aktuell zu halten. Dadurch stellen Sie sicher, dass Sie immer die neuesten Funktionen erhalten und Sicherheitslücken umgehend geschlossen werden.

> **TIPP**
>
> **Automatische Updates – möglichst nicht!**
>
> Sie haben die Möglichkeit, installierte Anwendungen automatisch aktualisieren zu lassen. Davon möchte ich abraten: Einerseits kann eine im Hintergrund stattfindende Installation das System ungewollt ausbremsen, andererseits sollten Sie stets darauf achten, was der Hersteller der App in der neuen Version geändert hat. Zwar wirft das Android-System ein Auge darauf, falls kritische Rechte von einer Aktualisierung betroffen sind, aber auch hier gilt: Vertrauen ist gut, Kontrolle ist besser.

Kapitel 7 – Apps installieren und verwalten

Ich persönlich aktualisiere meine Apps immer dann manuell, wenn ich per WLAN ans Internet angebunden bin. Das habe ich im Menü der Play-Store-App im Bereich **Einstellungen** (erreichbar über das Menü der App) so festgelegt.

So habe ich es eingestellt: Updates sollen tunlichst nicht automatisch erfolgen, um mein Onlinebudget zu schonen.

Was Apps dürfen

Besondere Aufmerksamkeit sollten Sie auf die Berechtigungen richten, die Apps für sich auf Ihrem Smartphone beanspruchen. Diese werden Ihnen unmittelbar vor der Installation einer App angezeigt. Im Bild sehen Sie z. B., dass die App Google Goggles unter anderem auf die Kamera Ihres Gerätes zugreift. Schauen Sie sich die Liste der Berechtigungen genau an und installieren Sie eine App nicht, wenn Sie sich nicht sicher sind, ob Sie dieser App diese Berechtigungen auch erteilen möchten. Skepsis ist z. B. angebracht, wenn ein vermeintlich harmloses Spiel Zugriff auf den SMS-Versand beansprucht, denn so können kostenpflichtige Dienste durch die Hintertür auf Ihr Smartphone gelangen.

Haben Sie bei der Installation nicht auf die Berechtigungen geachtet und möchten Sie sich nachträglich noch einmal die Berechtigungen einer App ansehen, können Sie das über das Menü **Einstellungen ▸ Gerät ▸ Apps** und Auswählen der betreffenden App tun. Scrollen Sie im folgenden Dialog bis an das Seitenende, um sich noch einmal die benötigten Berechtigungen anzeigen zu lassen. Noch einfacher geht es, wenn Sie im App-Menü den Finger über der betreffenden App gedrückt halten und diese auf das nun erscheinende Feld **App-Info** ❶ ziehen. Nähere Informationen über eine spezielle Berechtigung erhalten Sie übrigens, wenn Sie den entsprechenden Punkt in der Übersichtsliste der Berechtigungen antippen.

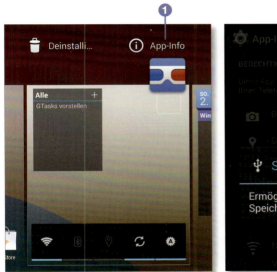

Apps suchen

Eine interessante Option im Play Store ist die selektive Auswahl von Apps per Suchfunktion. Hierbei führen auch unscharfe Fragen oft zum Erfolg. Dazu gehen Sie folgendermaßen vor:

1. Wechseln Sie durch Antippen der Schaltfläche **Apps** auf der Startseite des Play Store in den **Apps**-Bereich.

Kapitel 7 – Apps installieren und verwalten

2. Tippen Sie die Lupe an und geben Sie Ihre Suchabfrage ein. Bereits ein Stichwort listet ähnliche Suchabfragen auf. Durch Antippen eines Eintrags aus der erscheinenden Liste ❶ lässt sich die Eingabe beschleunigen.

3. Untersuchen Sie die gefundenen Apps daraufhin, ob sie sich für Ihre speziellen Zwecke eignen. Ein guter Anhaltspunkt sind die Bewertungen zu den Apps, die Sie anhand der Sterne ❷ erkennen, sowie die Anzahl der Downloads ❸.

4. Eine weitere Möglichkeit, um interessante Apps zu finden, ist die Kategoriensuche. Begeben Sie sich zu diesem Zweck in den Bereich **Kategorien** ❹ in die Play-Store-App und wählen Sie dort die Sie interessierende Kategorie aus.

5. Im Bereich der Kategorie finden Sie die gleichen Unterrubriken vor, die auch die vollständige Apps-Übersicht bietet ❺.

6. Suchen Sie sich dort beispielsweise eine nette kostenlose App aus dem Bereich **Fotografie** aus und installieren Sie sie.

178

Eine App kaufen

In der »Kategorien«-Ansicht finden Sie thematisch geordnete Apps.

Eine App kaufen

Der Google Play Store hält sehr viele gute, kostenlose Apps bereit. Wer allerdings wirklich professionelle Software mit vollem Funktionsumfang installieren möchte, kommt nicht umhin, von Zeit zu Zeit auch Apps zu kaufen. Dabei stellt sich die Frage, wie Sie an das Bezahlsystem von Google angebunden werden. Prinzipiell stehen Ihnen momentan drei Wege zur Auswahl:

- Sie besitzen eine gültige **Kreditkarte**: Melden Sie sich zum Zweck der Bezahlung Ihrer Apps zunächst beim Google-Bezahlsystem *Google Wallet* an und geben Sie dort Ihre Kreditkartendaten ein.

- Etliche Mobilfunkprovider gestatten die Bezahlung für Einkäufe aus dem Play Store per **Mobilfunkrechnung**. Informieren Sie sich am besten im Internet darüber, ob das bei Ihrem speziellen Provider der Fall ist.

- Mittlerweile gibt es auch **Guthabenkarten** für den Play Store bei einer Vielzahl von Lebensmitteldiscountern zu kaufen. Das ist sicherlich der einfache, risikolose Weg, Apps aus dem Play Store zu erwerben. Auf der Rückseite der Karten befindet sich ein Rubbelcode, den Sie direkt im Play Store einlösen können.

Eine Guthabenkarte, wie Sie sie in vielen Lebensmittelläden kaufen können

Kapitel 7 – Apps installieren und verwalten

Beginnen wir mit der Einrichtung eines Google-Wallet-Kontos:

1. Begeben Sie sich auf *https://wallet.google.com/*, und loggen Sie sich mit Ihrem regulären Google-Account dort ein.

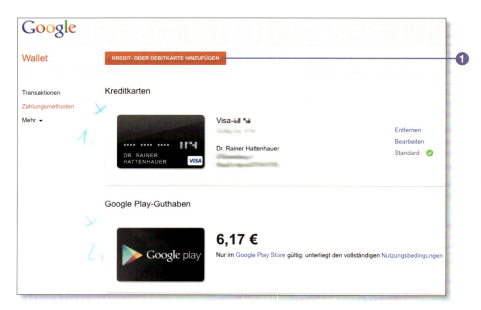

2. Wechseln Sie anschließend in den Bereich **Zahlungsmethoden**. Sollten hier noch keine Zahlungsmittel aufgelistet sein, so können Sie über die Schaltfläche **Kredit- oder Debitkarte hinzufügen** ❶ ein neues Zahlungsmittel definieren.

> **TIPP**
>
> **Prepaid- oder Postpaid-Kreditkarten nutzen**
>
> Mittlerweile finden Sie auch in Deutschland viele Angebote für sogenannte Prepaid- oder Postpaid-Kreditkarten. Diese Zahlungsmittel werden per normaler Banküberweisung oder Bargeldzahlung mit einem Guthaben aufgeladen, oder es wird nach Zahlungseingang der Betrag von einem zuvor definierten Bankkonto abgebucht. Das wäre eine Lösung für diejenigen Anwender, die sich die klassische Kreditkarte und die damit verbundenen Gebühren sparen möchten.

Eine App kaufen

Sollte Ihr Provider die Abbuchung per Telefonrechnung gestatten, so gehen Sie folgendermaßen vor (ich gehe nachfolgend davon aus, dass Sie noch kein Zahlungsmittel, etwa Kreditkartendaten, in Google Wallet hinterlegt haben):

1. Stellen Sie zunächst sicher, dass Sie sich per 3G-Netz mit dem Play Store verbinden, vergleiche Kapitel 4, »Online mit dem Smartphone«. Das ist erforderlich, da die Autorisierung des Zahlungsverfahrens über das Mobilfunknetz erfolgt.

2. Begeben Sie sich in den Play Store und wählen Sie eine kostenpflichtige App zur Installation aus. Tippen Sie auf die Schaltfläche, die den Preis enthält ❷.

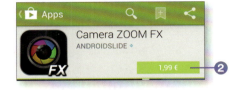

3. Betätigen Sie die Schaltfläche **Weiter** ❸. Sie gelangen zu den **Zahlungsoptionen** ❹.

4. Wählen Sie den Menüpunkt **Abrechnung über Telekom aktivieren** ❺.

Je nachdem, ob Ihr Provider die Zahlungsweise per Mobilfunkrechnung gestattet oder nicht, wird sie nun aktiviert. Alternativ können Sie an dieser Stelle aber auch die Daten einer Kreditkarte für die Abrechnung hinterlegen.

Schließlich gibt es noch die oben erwähnte Möglichkeit, bei einem Discounter Play-Store-Guthabenkarten zu erwerben. Mit diesen können Sie Ihr Play-Store-Guthaben direkt per Smartphone aufladen:

Kapitel 7 – Apps installieren und verwalten

1. Rubbeln Sie nach dem Erwerb der Karte das rückseitige Feld über der Seriennummer frei. Verwenden Sie dazu keine scharfkantigen Gegenstände. Diese könnten das Codefeld zerstören.

2. Starten Sie die Play-Store-App auf Ihrem Smartphone und begeben Sie sich per Schaltfläche am linken oberen Displayrand in das Hauptmenü. Wählen Sie den Punkt **Einlösen** ❶ und geben Sie den auf der Karte befindlichen Code ❷ ein.

3. Sie erhalten schließlich eine Bestätigungsmeldung, dass Ihr Guthaben aufgeladen wurde.

Nun können Sie im Play Store auf Shoppingtour gehen:

1. Suchen Sie sich eine kostenpflichtige App im Store aus. Tippen Sie zum Kauf auf den Preis der App ❸.

2. Bestätigen Sie gegebenenfalls die von der App eingeforderten Berechtigungen.

3. Erwerben Sie die App anschließend durch Antippen der Schaltfläche **Kaufen** ❹.

Eine App erneut installieren

4. Sofern Sie die Passwortbeschränkung für den Play Store eingerichtet haben (vgl. Seite 186), müssen Sie im nächsten Schritt Ihr Google-Passwort eingeben.

Damit wäre der Kauf abgeschlossen, und die kostenpflichtige App wird auf Ihrem Smartphone installiert. Sie haben jetzt die Möglichkeit, die App direkt über die Schaltfläche **Öffnen** ❺ zu starten. Sollte sie Ihnen nicht zusagen, so können Sie sich das Geld über den Knopf **Erstatten** ❻ wieder zurückholen. Dafür navigieren Sie einfach im Play Store erneut zurück zur soeben installierten App und tippen auf den Button.

Bei Nichtgefallen können Sie sich das Geld für eine App innerhalb von 15 Minuten nach der Installation wieder zurückholen.

Eine App erneut installieren

Das Schöne an Apps, die Sie im Play Store erworben haben, ist die Tatsache, dass Sie sie nicht verlieren können. Sie können sie immer wieder neu installieren, z. B. wenn Sie ein neues Smartphone kaufen. Dann können Sie aus der Sicherung Ihres Google-Kontos alle Ihre gekauften Apps wieder aufspielen. Wie das funktioniert, erfahren Sie in der folgenden Anleitung. Voraussetzung dabei ist, dass Ihr Smartphone dabei mit dem Google-Konto verknüpft ist, mit dem Sie die entsprechende App erworben haben.

Kapitel 7 – Apps installieren und verwalten

> **HINWEIS**
>
> **Einmal kaufen – vielfach nutzen**
>
> Apps, die Sie einmal erworben haben, können Sie auf beliebig vielen Android-Geräten nutzen – vorausgesetzt, diese sind mit demselben Google-Konto verknüpft.

Sie müssen eine App noch nicht einmal per Smartphone installieren. Sie können sich auch Apps bequem per Browser auf Ihrem PC aussuchen und sie ferngesteuert auf Ihrem Gerät installieren. Das geht folgendermaßen:

1. Begeben Sie sich im Browser auf Ihrem PC zum Google Play Store (*https://play.google.com*).

2. Klicken Sie auf **Anmelden** und loggen Sie sich dort mit Ihrem Google-Account ein.

3. Schauen Sie sich zunächst einmal im Bereich **Apps** um. Über den Link **Meine Apps** ❶ können Sie sich alle Anwendungen anzeigen lassen, die Sie über Ihr Google-Konto auf Ihrem Android-Gerät bereits installiert haben ❷. Umgekehrt ist Ihr Smartphone eindeutig Ihrem Google-Account zugeordnet.

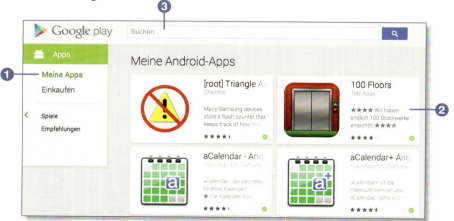

4. Halten Sie über die Suchfunktion ❸ nach einer App Ausschau, die Sie gern erneut installieren möchten. Der Play Store sieht im Browser ganz

ähnlich aus wie auf dem Smartphone. Bereiten Sie im PC-Browser die Installation auf dem Smartphone vor, indem Sie auf die entsprechende Schaltfläche klicken.

5. Sollten Sie mehrere Android-Geräte besitzen, so können Sie nun auswählen, auf welchem Ihrer Geräte die App installiert werden soll ❹.

6. Durch Betätigen der Schaltfläche **Installieren** ❺ wird die Installation schließlich angeworfen. Wie von Zauberhand landet die App ferngesteuert auf Ihrem Android-Smartphone.

> **HINWEIS**
>
> **Vorsicht vor In-App-Bezahlung!**
>
> Vermeintlich kostenlose Apps können schnell teuer werden. In einigen Apps können Funktionen nachträglich freigeschaltet werden, wenn Sie diese per In-App-Bezahlung über den Play Store abrechnen. Hier müssen Sie sorgfältig abwägen, ob Sie dadurch wirklich einen Mehrwert erhalten. Ebenso schnell können Sie so nämlich überteuerte Abos kaufen, aus denen Sie so schnell nicht wieder herauskommen. Google hat an dieser Stelle übrigens die Sicherheit der Play-Store-App nachgebessert: Mittlerweile erfordern auch In-App-Käufe ein Passwort, wenn dies in den Einstellungen definiert wurde.

Optionen der Play-Store-App

Über Einstellungen der Play-Store-App, welche Sie über die Schaltfläche am rechten oberen Bildrand finden, erhalten Sie Zugriff auf weitere Optionen:

- **Benachrichtigungen**: Sie werden per Statusmeldung informiert, ob für Ihre Apps Updates vorliegen.

- **Automatische App-Updates**: Hier können Sie einstellen, ob Ihre Apps automatisch aktualisiert werden sollen.

- **Widgets automatisch hinzufügen**: Nach Installation einer App wird ein Link zur App auf einer freien Stelle des Homescreens abgelegt.

- **Suchverlauf löschen**: Löscht Ihre App-Suchanfragen auf Ihrem Smartphone.

- **Filter für Inhalte**: Dies stellt eine Art Kindersicherung dar. Sie können dadurch u. a. jugendgefährdende Apps vor der Installation blocken. Freilich stellt das für findige jugendliche Hacker aus Ihrer Familie keine allzu große Hürde dar.

- **Passwort**: Vor der Installation einer App werden Sie aufgefordert, Ihr Google-Passwort einzugeben. Diese Maßnahme schützt vor unüberlegten Käufen.

Apps außerhalb von Google Play kaufen

Mittlerweile gibt es diverse Alternativen zur Installation von Android-Apps jenseits von Google Play. Diese zeichnen sich u. a. dadurch aus, dass Sie zur Bezahlung der Software nicht zwingend eine Kreditkarte benötigen. Folgende andere Anlaufstellen sind zu empfehlen:

Apps außerhalb von Google Play kaufen

- **AndroidPIT**: Das Urgestein der Android-Szene in Deutschland bietet über einen eigenen Installer, das *App Center,* Apps an, die Sie per PayPal und somit indirekt per Bankeinzug von einem deutschen Konto bezahlen können. Mehr Informationen dazu finden Sie auf *www.androidpit.de*.

- **pdassi**: Einst eine Fundgrube für Pocket-PC-Besitzer, bietet pdassi (*android.pdassi.de*) heute eine reichhaltige Auswahl an Android-Apps, die ebenfalls über »klassische« Methoden bezahlt werden können. Die dort erhältlichen Apps kommen in Form von direkt installierbaren *.apk*-Dateien daher. Mehr zur Installation von *.apk*-Dateien erfahren Sie im folgenden Teilabschnitt.

AndroidPIT und pdassi bieten auf ihren Websites jeweils Apps an, die das Durchstöbern der Shops und die Installation der angebotenen Apps erleichtern.

- **Amazons Android-App-Shop**: Auch Amazon schickt sich an, Google mit einem eigenen App-Store für Android Konkurrenz zu machen. Dort können Sie über Ihr normales Amazon-Konto Apps einkaufen – ein weiterer Tipp für Kunden, denen der Google Play Store versperrt ist, da sie über keine Kreditkarte verfügen.

Amazon hat sein Angebot insbesondere für das hauseigene Kindle-Fire-Android-Tablet positioniert, die im Store angebotenen Apps lassen sich aber auch auf Ihrem gewöhnlichen Android-Smartphone nutzen. Mit der App für den Amazon-App-Shop, die Sie von der Amazon-Internetseite direkt per Browser auf Ihr Smartphone herunterladen können, erhalten Sie Zugriff auf ein reichhaltiges App-Angebot.

Gehen Sie zur Installation folgendermaßen vor:

1. Zunächst müssen Sie die Installation von Apps, die nicht aus dem Play Store kommen, genehmigen. Begeben Sie sich dazu in den Bereich **Einstellungen ▶ Nutzer ▶ Sicherheit**. Wechseln Sie hier in den Bereich **Geräteverwaltung** und aktivieren Sie den Punkt **Unbekannte Herkunft** ❶. Bestätigen Sie die anschließend erscheinende Warnmeldung mit **OK**.

Kapitel 7 – Apps installieren und verwalten

2. Rufen Sie die Seite *www.amazon.de/app-shop-web* in Ihrem Smartphone-Browser auf. Es wird Ihnen eine Datei zum Download angeboten. Tippen Sie auf die entsprechende Schaltfläche ❶. Akzeptieren Sie anschließend die Warnmeldung ❷ mit **OK**.

3. Installieren Sie die heruntergeladene .*apk*-Datei, indem Sie die Statuszeile herunterziehen und den Downloadeintrag antippen ❸. Alternativ starten Sie die App **Downloads**.

4. Es wird Ihnen angezeigt, welche Berechtigungen die App einfordert. Bestätigen Sie dies durch Betätigen der Schaltfläche **Installieren**.

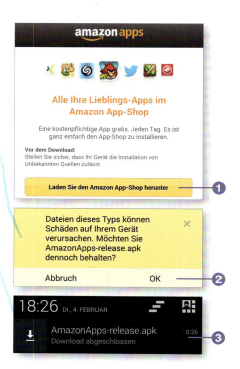

5. Starten Sie schließlich die App nach der Installation und melden Sie sich mit Ihren Amazon-Kontodaten an. Nun stehen Ihnen sämtliche Amazon-Apps zur Verfügung.

Die Bezahlung erfolgt über Ihr Amazon-Konto. Das Besondere am Amazon App-Shop ist die Tatsache, dass es jeden Tag eine andere sonst kostenpflichtige App zum Gratis-Download gibt.

Der Amazon App-Shop. Amazon rühmt sich damit, sämtliche Apps einer genauen Sicherheitsprüfung zu unterziehen.

Ganz nebenbei haben Sie nun auch gelernt, wie Sie eine fremde *.apk*-Datei installieren.

> **Vorsicht vor ».apk«-Dateien!**
>
> So ganz ungefährlich ist es nicht, Dateien eines Anbieters jenseits des Google Play Store zur Installation zuzulassen. Nur allzu leicht lassen sich so Viren auf Ihr Smartphone einschleusen. Mein Tipp: Aktivieren Sie die beschriebene Möglichkeit in den Einstellungen nur dann, wenn Sie unbedingt eine *.apk*-Datei installieren müssen und wissen, dass diese aus einer vertrauenswürdigen Quelle stammt. Der Android-App-Shop von Amazon ist also ein zweischneidiges Schwert, denn Sie müssen stets mit einem Risiko leben, da Sie ohne die gesetzte Option keine Amazon-App installieren können.

Apps verwalten und löschen

Ob Sie es wollen oder nicht: Der Speicher Ihres Smartphones füllt sich mit der Zeit durch die Unmengen von Apps, die Sie »nur mal so zum Spaß« installiert haben. Auch wenn die einzelnen Apps für sich genommen meist nicht viel Platz beanspruchen, füllt sich der Speicher zusehends. Hier gilt es, den Überblick zu bewahren und von Zeit zu Zeit einmal aufzuräumen. Diese Thematik werde ich im folgenden Abschnitt besprechen.

Wo erhalten Sie Einblick, wie viele und welche Apps auf Ihrem Smartphone installiert sind und wie viel Speicherplatz diese belegen?

1. Begeben Sie sich zu den Einstellungen und wählen Sie dort aus dem Teilbereich **Gerät** den Punkt **Apps**. Dadurch starten Sie den Anwendungsmanager.

Hier finden Sie alles, was mit der Verwaltung und Installation der auf Ihrem Smartphone verwendeten Apps zusammenhängt. Sie werden zunächst von einem Bereich begrüßt, der Ihnen sämtliche auf dem Gerät **heruntergeladenen** und somit installierten Apps anzeigt ➊ (Seite 190).

Kapitel 7 – Apps installieren und verwalten

Am unteren Displayrand ❷ sehen Sie zudem die Belegung des internen Speichers Ihres Geräts.

2. Im nächsten Teilbildschirm, den Sie durch Wischgeste nach links erreichen, sehen Sie, welche Apps momentan den flüchtigen Speicher Ihres Geräts **aktiv** bevölkern ❸. Am unteren Bildschirm ist außerdem die Belegung des flüchtigen RAM-Speichers ersichtlich. Über die Schaltfläche **Prozesse im Cache anzeigen** ❹ erhalten Sie einen Überblick, welche Prozesse derzeit im Hintergrund ihren Dienst verrichten. Sie wechseln zurück durch Betätigen der Schaltfläche **Aktive Dienste anzeigen**.

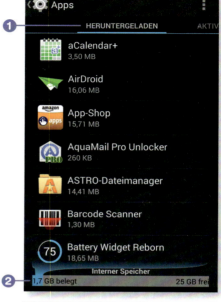

3. Der letzte Bildschirm gibt schließlich noch einmal einen Überblick über **alle** Dienste und Apps, die sich auf dem Gerät befinden ❺.

4. Wenn Sie eine der aufgelisteten Apps auf der Startseite antippen, gelangen Sie zu dem App-spezifischen Info-Menü. Hier können Sie u. a. die App deinstallieren ❻ oder temporäre Daten, die die App gesammelt hat,

Apps verwalten und löschen

löschen ❼. Auch die Versionsnummer der App ❽ sowie die Rechte, die diese einfordert ❾, sind hier ersichtlich.

Prinzipiell brauchen Sie sich bei aktuellen Android-Geräten keine Sorgen zu machen, ob der Speicher eventuell zu sehr überladen oder das Smartphone durch zu viele parallele Dienste ausgebremst wird: Das Android-System verfügt als Abkömmling des bekannten Betriebssystems Linux über ein exzellentes Speicher- und Dienstemanagement.

> **INFO**
>
> **Anwendungen und Dienste**
>
> Was unterscheidet Anwendungen von Diensten? Kurz gesagt: Ein Dienst ist ein Hintergrundprozess, der im Gegensatz zur Anwendung auch dann läuft, wenn er nicht explizit gestartet wurde. Ein Beispiel: Der Rotationssensor Ihres Smartphones bedingt, dass im Hintergrund ein Dienst läuft, der erkennt, ob Sie das Gerät drehen. Er reagiert darauf und dreht im Bedarfsfall den Bildschirm.

Kapitel 7 – Apps installieren und verwalten

Apps komplett löschen oder zurücksetzen

Je mehr Anwendungen Sie auf Ihrem Smartphone installieren, desto größer ist die Gefahr, dass permanent laufende Hintergrunddienste Ihr Gerät ausbremsen. Von Zeit zu Zeit kann es daher notwendig sein, Ihr Smartphone von überflüssigen, weil nicht genutzten Apps zu befreien. Am schnellsten geht das folgendermaßen:

1. Begeben Sie sich ins App-Menü (den sog. *Launcher*) und tippen Sie dort länger auf die zu entfernende App.

2. Am linken oberen Rand erscheint eine Fläche **Deinstallieren** ❶. Schieben Sie die App mit dem Finger auf die Fläche.

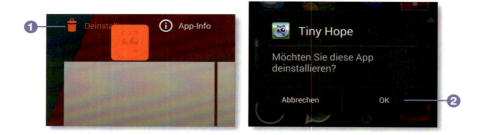

3. Bestätigen Sie die folgende Meldung mit **OK** ❷, und die App wird gelöscht.

Leider lässt die oben beschriebene Methode oft Dateileichen zurück. Zum rückstandsfreien Löschen einer App gehen Sie folgendermaßen vor:

1. Begeben Sie sich in die Einstellungen und dort in den Bereich **Apps**.

2. Suchen Sie die App, die Sie deinstallieren möchten, durch Scrollen in der Liste der installierten Apps heraus und tippen Sie sie an.

3. Tippen Sie nun zunächst die Schaltfläche **Cache leeren** ❸ und anschließend **Daten löschen** ❹ an. Daraufhin werden sämtliche von der App gespeicherten Daten aus dem (Permanent-)Speicher des Smartphones gelöscht.

Diese Verfahrensweise bietet sich übrigens auch dann an, wenn eine App nicht mehr so läuft, wie sie sollte, und Sie sie von Grund auf neu konfigurieren möchten.

4. Zum Löschen der App tippen Sie nun zunächst den Punkt **Beenden erzwingen** 5 an, gefolgt von **Deinstallieren** 6.

Ich empfehle Ihnen, regelmäßig Ihre Apps durchzusehen und überflüssige zu deinstallieren. Sie sparen so Speicherplatz und Ressourcen Ihres Smartphones.

Den Speicher im Blick

Wie viel Speicher belegen Ihre Apps? Müssen Anwendungen von Zeit zu Zeit beendet werden, um den Akku nicht unnötig zu belasten? Was versteht man unter Multitasking? Was hat es mit diesen merkwürdigen Task-Managern auf sich? Der folgende Abschnitt liefert Antworten.

Sehen wir uns zunächst die Speicherbelegung an. Begeben Sie sich dazu in den Bereich **Einstellungen ▶ Gerät ▶ Speicher**. Es erscheint die aktuelle Speicherbelegung, übersichtlich geordnet nach Kategorien.

Möchten Sie wissen, welche App aktuell den meisten Speicher für sich beansprucht, so tippen Sie den Eintrag **Apps** 7 an. Per Wischgeste gelangen Sie dort in den Bereich des Anwendungsmanagers, der die Verwendung des RAM-Speichers zeigt.

Die Speicherbelegung des Smartphones in der Übersicht

Kapitel 7 – Apps installieren und verwalten

Im »Anwendungsmanager« können Sie die Speicherfresser identifizieren. Versuchen Sie aber besser nicht, derartige Apps zu stoppen: Das Linux-basierte Android-System erledigt das Prozessmanagement ganz allein.

Beachten Sie, dass getreu der Linux-Philosophie diverse Prozesse im sogenannten Cache zwischengespeichert werden, um Programme schneller starten zu lassen.

> **INFO**
>
> **RAM- und Flash-Speicher**
>
> Beim Speicher Ihres Smartphones wird zwischen dem schnellen, flüchtigen RAM-Speicher und dem Flash-Speicher unterschieden. In den Ersteren werden die App-Daten zur Laufzeit abgelegt, Letzterer ist der Speicherort der installierten Programme. Der RAM-Speicher eines aktuellen Android-Smartphones beträgt zwischen 1 und 3 Gigabyte, der Inhalt wird beim Ausschalten gelöscht. Der (interne) Flash-Speicher kann je nach Modell von 16 Gigabyte bis zu 64 Gigabyte betragen. Dort werden neben den Apps auch die Medien (Musik, Filme, Bilder) abgelegt. Der Flash-Speicher lässt sich bei vielen Geräten durch eine externe (Micro-)SD-Karte erweitern.

Apps auf eine SD-Karte verschieben

Sollte der interne Flash-Speicher Ihres Smartphones zur Neige gehen und mögen Sie dennoch nicht auf die eine oder andere platzraubende App verzichten, so bietet es sich an, diese auf eine externe SD-Karte auszulagern, falls Ihr Android-Gerät eine solche unterstützt. Gehen Sie dazu folgendermaßen vor:

Apps auf eine SD-Karte verschieben

1. Prüfen Sie zunächst, ob die SD-Karte korrekt eingebunden wurde. Begeben Sie sich dazu in den Bereich **Einstellungen ▶ Speicher**, scrollen Sie etwas weiter nach unten und prüfen Sie, ob dort der Teilbereich SD-Karte erscheint und der angegebene **Gesamtspeicherplatz** mit der Größe Ihrer externen SD-Karte übereinstimmt.

2. Starten Sie den Anwendungsmanager über **Einstellungen ▶ Gerät ▶ Apps** und begeben Sie sich in den Teilbereich **SD-Karte** ❶. Dieser erscheint, wenn Ihr Gerät über eine externe SD-Karte verfügt. Hier werden sämtliche Apps gelistet, die auf die externe Speicherkarte verschoben werden können.

3. Tippen Sie auf die Zeile, die die betreffende App enthält, die verschoben werden soll.

4. Wählen Sie im folgenden Menü den Punkt **Auf SD-Karte verschieben** ❷.

5. Die App wird nun auf die externe SD-Karte Ihres Smartphones verschoben, was Sie im Anschluss an einem grünen Haken hinter der App in der Übersicht erkennen ❸.

Es versteht sich von selbst, dass sich die Speicherkarte von nun an zur Ausführung der betreffenden App im Smartphone befinden muss. Sie können die betreffende App später bei Bedarf über das gleiche Menü auch wieder zurück in den Gerätespeicher verschieben ❹.

195

Kapitel 7 – Apps installieren und verwalten

Dateien kopieren und löschen

Ihr Android-Smartphone kann im Gegensatz zu Apples iPhone mit einem Dateimanager ausgestattet werden. Ein solcher eignet sich hervorragend zum manuellen Kopieren und Löschen von Dateien.

Datei Manager

1. Installieren Sie den *Datei Manager* mit dem nebenstehenden QR Code.

2. Starten Sie die App und sehen Sie sich im Android-Dateisystem ein wenig um. Sie können in einen Ordner wechseln, indem Sie diesen antippen. Zurück geht es wieder mit der **Aufwärts**-Schaltfläche ❶.

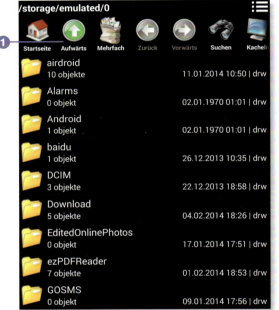

3. Dateien werden kopiert oder verschoben, indem Sie diese etwas länger antippen. Wählen Sie nun den entsprechenden Punkt aus dem erscheinenden Kontextmenü aus. Begeben Sie sich anschließend in den Ordner, in welchen die Datei kopiert bzw. verschoben werden soll, und wählen Sie dort den Menüpunkt **Einfügen** ❷.

Mehr zum Thema Dateimanager sowie zum Thema Datensicherung im Allgemeinen erfahren Sie in Kapitel 13, »Sicherheit, Backup und Synchronisation«, ab Seite 307.

Mehrere Anwendungen gleichzeitig ausführen

Das kennen Sie bereits von Ihrem PC: Dort ist es problemlos möglich, mehrere Anwendungen parallel zu betreiben, z. B. die Textverarbeitung, das Mailprogramm und den Internetbrowser. Das Ganze nennt sich *Multitasking*. Wie sieht es nun mit Multitasking auf dem Smartphone aus? Führen Sie doch einmal diesen Test durch:

1. Starten Sie den Internetbrowser und rufen Sie eine beliebige Webseite auf.

2. Beenden Sie nun den Internetbrowser nicht durch das Drücken der **Zurück**-Schaltfläche, sondern betätigen Sie stattdessen die **Home**-Schaltfläche. Dadurch verbleibt der Browser im Anwendungsspeicher und läuft im Hintergrund weiter.

3. Starten Sie weitere Anwendungen und verlassen Sie auch diese über die **Home**-Schaltfläche.

> **INFO**
>
> **Echtes Multitasking?**
>
> Streng genommen laufen die Programme nicht parallel ab: Der Prozessor arbeitet für den winzigen Bruchteil einer Sekunde ein Programm ab, wechselt blitzschnell zum nächsten Programm und so weiter. Der Anwender hat allerdings den Eindruck, dass alles parallel geschieht.

Kapitel 7 – Apps installieren und verwalten

Die gestarteten Apps laufen nun im Hintergrund. Wie können Sie sie einsehen, schnell zu ihnen wechseln und gegebenenfalls beenden?

1. Durch Antippen der Schaltfläche **Zuletzt geöffnete Anwendungen** ❶ können Sie sich die im Hintergrund laufenden oder kürzlich beendeten Anwendungen anzeigen lassen und zwischen ihnen durch Antippen wechseln.

Das Android-System ist so intelligent, den im Hintergrund laufenden Apps gerade nur die Prozessorleistung zuzugestehen, die unbedingt für den Standby-Betrieb erforderlich ist. Eine App, die lange inaktiv ist, wird automatisch beendet.

2. Möchten Sie eine App, die im Hintergrund noch vorgehalten wird, beenden, so wischen Sie diese einfach aus der Übersicht heraus. Dadurch wird der von ihr belegte Speicher freigegeben. Der Nachteil: Die App muss beim nächsten Start wieder in den Speicher geladen werden, was dann etwas länger dauert. Auch verlieren Sie dadurch ungesicherte Arbeit, beispielsweise beim abrupten Beenden einer Textverarbeitung.

3. Die übrigen Apps in der Taskliste sind inaktiv, werden aber vom Speicher des Systems gecacht.

Mehrere Anwendungen gleichzeitig ausführen

HINWEIS

Braucht man einen zusätzlichen Task-Manager?

Viele Benutzer »schwören« auf einen intelligenten Task-Manager, der ohne Rücksicht auf Verluste den Speicher von Apps und deren Daten freiräumt, falls diese einmal nichts zu tun haben. In den Zeiten vor Android 2 war ein derartiger Manager auch notwendig, da sich gestartete Apps ohne weiteres Zutun des Benutzers im RAM festsetzten und mit der Zeit das System ausbremsten. Besonders beliebt war in diesem Zusammenhang der *Advanced Task Killer*. Tun Sie sich und Ihrem Smartphone den Gefallen und lassen Sie die Finger von derartigem »Schlangenöl«: Das aktuelle Android-System bringt eine exzellente Taskverwaltung mit, sodass Zusatzprogramme eher kontraproduktiv sind.

Kapitel 8
Fotografieren mit dem Android-Smartphone

Der Markt der Kompaktkameras schrumpft stark. Kein Wunder: Ersetzen doch die modernen Smartphones die früher allgegenwärtigen Immer-dabei-Knipsen. Jedes aktuelle Android-Smartphone ist mit einer hochauflösenden Kamera ausgestattet, die bei guten Lichtverhältnissen sogar den Vergleich mit einer teuren und schweren Spiegelreflexausrüstung nicht zu scheuen braucht. Im folgenden Kapitel erfahren Sie, wie Sie das Optimum aus der Hardware herausholen und mit Ihrem Smartphone gute Fotos erstellen. Ich beschreibe im Folgenden die Standard-Kamera-App des Android-Systems zum Zeitpunkt der Drucklegung des Buchs. Deren Optik kann sich einerseits aufgrund der dynamischen Entwicklung des Android-Systems laufend ändern, aber auch die Hardwarehersteller kochen mit der Kamera-App oft ihr eigenes Süppchen. Die beschriebenen Funktionen sollten dennoch bei allen Varianten zu finden sein.

Ein erstes Foto machen

Der Weg zur Kamerafunktion führt über die Kamera-App, die auf jedem Android-Smartphone von Haus aus installiert ist und die Sie in der Standardkonfiguration direkt auf dem Homescreen finden.

1. Tippen Sie das Kamera-App-Icon an, um die integrierte Kamera zu starten.

2. Es erscheint der *Vorschaubildschirm*, und Sie sehen nun im Bild einen weißen Kreis ❶. Dieses Feld sucht intelligent den Bereich, der nach Meinung der Automatik scharf gestellt werden soll. Der Kreis dient zudem der Spotfeld-Belichtungsmessung.

3. Tippen Sie zur manuellen Fokussierung mit dem Finger auf den Bereich im Bild, den Sie scharf stellen möchten. Daraufhin verwandeln sich die weißen Markierungen im Kreis in grüne Striche ❷ – ein Indiz dafür, dass das Bild auf den entsprechenden Bereich scharf gestellt wurde.

4. Tippen Sie nun auf den Auslöser ❸, und das Foto wird geschossen.

Damit wären Sie schon gut gerüstet, um die ersten Schnappschüsse aufzunehmen. Möchten Sie sich Ihre Fotos anschauen, so wechseln Sie durch Antippen des kleinen Vorschaubilds, welches nach Fertigstellung der Aufnahme in der linken oberen Displayecke erscheint, in die *Galerie*-App. In dieser App können Sie alle Ihre Aufnahmen ansehen.

Die Bilder und Videos in der Galerie können sich dabei sowohl lokal auf dem Smartphone als auch auf Ihrem Google+-Konto befinden.

Die Kamera-App kennenlernen

Auf dem Vorschaubildschirm, in den Sie direkt nach dem Starten der App gelangen, sehen Sie einige Schaltflächen und Anzeigen. In der Standard-Android-Kamera-App, deren wesentliches Kennzeichen die Einfachheit ist, finden Sie nach dem Start folgende Elemente:

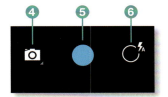

❹ Auswahl des Kameramodus

❺ Auslöser

❻ Anzeige der Sonderfunktionen und Modi

Die Standard-Android-Schaltflächen **Zurück**, **Home** sowie **Zuletzt geöffnete Anwendungen** erscheinen, wenn Sie leicht mit dem Finger unter den abgebildeten Kameraschaltflächen entlangstreichen. Beachten Sie bitte: Google aktualisiert die Kamera-App recht häufig. Die im folgenden beschriebenen Elemente können sich geändert haben, an der Funktionalität ändert dies jedoch nichts.

Beginnen wir zunächst mit der Erläuterung der verschiedenen Kameramodi. Tippen Sie dazu die **Modus**-Schaltfläche ganz links ❹ an. Die ersten beiden Modi werden noch Thema eines gesonderten Abschnitts sein, zum Thema »Videos erstellen« siehe Kapitel 9, ab Seite 227.

203

Kapitel 8 – Fotografieren mit dem Android-Smartphone

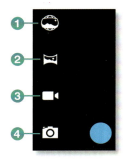

① Sphären-Modus (Photosphere)

② Panorama-Modus

③ Videomodus

④ Fotomodus

Um die Aufnahmeeinstellungen vor einer Aufnahme zu verändern, tippen Sie die Optionsschaltfläche ⑤ an.

Hier finden Sie zunächst folgende Hauptoptionen:

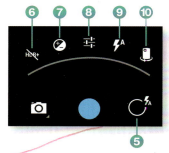

⑥ **HDR-Modus**: Erstellen Sie eine Aufnahme mit erweitertem Dynamikmodus.

⑦ **Manueller Helligkeitsabgleich**

⑧ **Weitere Optionen**

⑨ **Blitzmodus** (Aus, Automatisch, Ein)

⑩ **Kamerawechsel**: Wechsel von Front- zu Hauptkamera und umgekehrt

Im Ringsymbol ⑤ am rechten unteren Bildrand sind stets die aktuell gewählten Modi ersichtlich. Die erweiterten Optionen bieten zusätzliche Einstellmöglichkeiten:

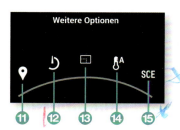

⑪ **Lokalisierung**: Fügen Sie zu Ihrem Foto Ihre momentane Position per GPS-Tag hinzu. Voraussetzung ist ein aktiviertes GPS, vgl. Kapitel 10, »Karten und Navigation«, ab Seite 247.

⑫ **Selbstauslöser**: Hier können Sie den Timer für Selbstauslöseraufnahmen einstellen.

⑬ **Bildgröße/Auflösung**: Über diese Option können Sie die Auflösung der Aufnahme einrichten.

⑭ **Weißabgleich**: Passen Sie die Aufnahme an die Beleuchtungsquelle der Umgebung an.

⑮ **Szenenmodus**: Passen Sie die Belichtung an Standardsituationen an (**Bewegung**, **Nacht**, **Sonnenuntergang**, **Party**).

Den Blitz einsetzen

Nachts sind alle Katzen grau – es sei denn, man verwendet den Blitz des Smartphones. Lediglich einige Modelle verfügen nicht über eine LED-Blitz-Leuchtdiode neben dem Objektiv. Für alle übrigen Modelle gilt: Aktivieren Sie den Blitz über das Optionsmenü, indem Sie das Blitzsymbol antippen und den Blitz entweder auf Automatik- ⑯ oder Permanentblitz ⑰ einstellen.

Der Blitz bringt in der Dunkelheit Details zum Vorschein.

> **INFO**
>
> **Blitz statt Auto-ISO**
>
> Es empfiehlt sich stets, bei kritischen Lichtbedingungen vom Blitz Gebrauch zu machen, da sonst die Kamerasoftware versucht, den Lichtmangel durch Anheben der sogenannten ISO-Zahl zu kompensieren, sprich den Lichtempfänger empfindlicher zu machen. Das endet nicht selten in verrauschten Bildern.

Die Szenenmodi nutzen

Die Standard-Kamera-App verfügt über einige spezielle Modi zum Einfangen typischer Situationen wie etwa eines Sonnenuntergangs oder einer Nachtstimmung. Wechseln Sie beispielsweise für eine Morgendämmerungs- oder Nachtaufnahme in den zugehörigen Modus und drücken Sie auf den Auslöser – Sie werden überrascht sein, wie gut die Stimmung dadurch eingefangen wird.

Mithilfe des Nachtmodus lassen sich auch gute Fotos in der Morgendämmerung aufnehmen.

Ein Selbstporträt machen

Sie benötigen auf die Schnelle ein Selbstporträt, etwa für Ihr Facebook- oder Google+-Profil? Dann wechseln Sie zu diesem Zweck von Rück- zu Frontkamera mithilfe der entsprechenden Option zum Kamerawechsel.

PhotoSphere- und Panoramafunktion

Sie kennen Google Street View? Seit Android 4.4 KitKat haben Sie selbst die Möglichkeit, räumliche Panoramaaufnahmen mithilfe des PhotoSphere-Aufnahmemodus anzufertigen. Das geht ganz leicht. Ich führe zu diesem Zweck eine 3D-Kamerafahrt durch mein Büro durch.

1. Starten Sie die Kamera-App und wählen Sie per **Modus**-Wahlschaltfläche den **PhotoSphere**-Modus (vgl. Seite 204).

2. Es erscheint ein erstes Vorschaubild sowie ein aus drei Punkten bestehender Countdown. Nach Ablauf des Countdown wird das erste Bild geschossen.

3. Fahren Sie nun per Smartphone gleichmäßig im Kreis, sodass der erscheinende blaue Punkt ❶ stets in dem nächsten Hohlkreis ❷ landet. Bewegen Sie sich nun langsam um 360 Grad und setzen Sie das Verfahren mit dem Punkt im Hohlkreis fort. Im vorliegenden Fall habe ich mich auf dem Bürostuhl einmal um die eigene Achse gedreht.

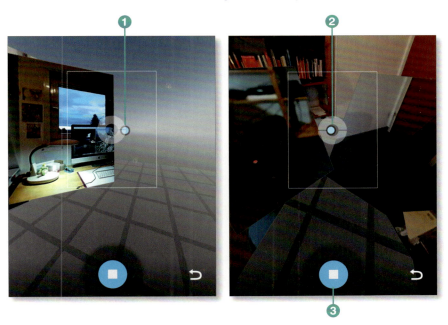

Kapitel 8 – Fotografieren mit dem Android-Smartphone

4. Sie können auf diese Weise auch Bilder nach oben und unten aufnehmen und so eine komplette Fotokugel (daher der Name PhotoSphere) erstellen. Die Betrachter haben dann später den Eindruck, Sie seien mitten drin im Geschehen – ganz wie bei Google Street View.

5. Stoppen Sie schließlich die Aufnahme über die **Stopp**-Schaltfläche ❸ (Seite 207). Die einzelnen Bilder werden nun von Ihrem Smartphone zu einem Gesamtpanorama zusammengesetzt.

6. Wenn Sie das Panorama in der Galerie aufrufen, dann wird dieses automatisch in Form einer Kamerafahrt bewegt. Sie halten die Kamerafahrt durch Antippen des Displays an. Außerdem können Sie das Panorama mit Ihren Freunden auf Google+ teilen und diese an spektakulären Ausblicken teilhaben lassen.

Nicht ganz so spektakulär: Rundfahrt durch mein Büro – hier per Google+/Fotogalerie im gewöhnlichen Browser

»Gewöhnliche« Panoramen können Sie übrigens jederzeit mit der klassischen Panoramafunktion (vgl. Seite 204) erstellen. Diese bietet sich an, wenn man z. B. geradlinige Landschaftsschwenks zeigen möchte.

Für gewöhnliche Schwenks verwendet man den klassischen »Panorama«-Modus.

HDR-Aufnahmen

Eventuell kennen Sie das Problem: Sie möchten ein Gebäude mit dunklem Vordergrund aufnehmen, bekommen aber bei keiner Einstellung eine gleichmäßige Beleuchtung hin. Hier schlägt die Stunde der HDR-Fotografie: HDR steht für *High Dynamic Range* und löst das genannte Problem durch die geschickte Überlagerung mehrerer Aufnahmen, die in Serie mit unterschiedlichen Belichtungseinstellungen aufgenommen werden.

1. Aktivieren Sie zur Erstellung einer HDR-Aufnahme den HDR+-Modus durch Antippen der entsprechenden Schaltfläche (vgl. Seite 204).

2. Fokussieren Sie ein Objekt in einer Szene, die einen starken Kontrastunterschied aufweist.

3. Halten Sie nun Ihr Smartphone sehr ruhig (besser noch: stützen Sie es auf einer Unterlage ab) und betätigen Sie den Auslöser. Es wird je nach Situation eine Reihe Bilder mit unterschiedlichen Belichtungen geschossen.

4. Die Bilder werden schließlich intern vom Programm automatisch überlagert, sodass sich ein gleichmäßig belichtetes Bild ergibt. Der Fotograf bekommt davon nichts mit und staunt über das Ergebnis.

Kapitel 8 – Fotografieren mit dem Android-Smartphone

Mit der HDR-Option werden auch die Wasserspiegelungen im unteren Bildteil korrekt belichtet wiedergegeben.

Alternative Kamera-Apps

Sie möchten das Optimum aus Ihrer Kamera herausholen? Dann sollten Sie sich einmal nach alternativen Kamera-Apps umsehen. Einige der beliebtesten Apps stelle ich Ihnen nachfolgend vor.

Camera ZOOM FX

Beginnen wir mit *Camera ZOOM FX*. Die universelle Kamera-App lässt sich nach Erwerb mit einer Vielzahl von weiteren Effekt-Paketen aufmotzen und bietet alles, was das Herz des Kreativfotografen begehrt. Die App ist zudem mit einem Preis um 2 € ein echtes Schnäppchen. Nach der Installation der eigentlichen App stehen Ihnen im Play Store einige kostenlose Erweiterungspakete zum Download zur Verfügung.

Alternative Kamera-Apps

Mithilfe des Buddy-Packs können Sie sich mit neuen Freunden ablichten lassen.

Camera ZOOM Fx verfügt über eine Vielzahl von interessanten Effekten, die Sie sofort Ihrer Aufnahme zuweisen können. Darüber hinaus können Sie jederzeit den Bildausschnitt des Fotos per Pinch-to-Zoom anpassen (siehe Seite 116). Die übrigen Bedienelemente ähneln der Standard-Kamera-App.

Nette Effekte bietet auch die überaus beliebte App *Papier Kamera*. Hier finden Sie insbesondere Filter, welche die Aufnahmen in einem comicartigen Look erscheinen lassen.

Papier Kamera

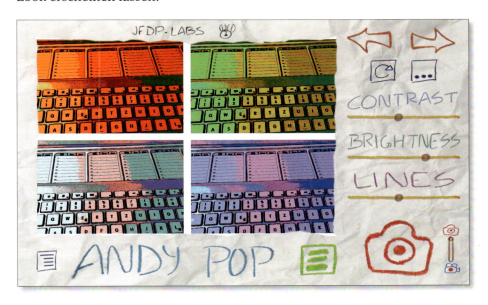

Kapitel 8 – Fotografieren mit dem Android-Smartphone

HDR Camera+

Sollten Sie auf Ihrem Smartphone noch eine alte Kamera-App haben, in der die oben beschriebene HDR-Funktion in der Standard-Kamera-App noch nicht integriert wurde, so können Sie diese mit der App *HDR Camera+* nachrüsten, die für etwas mehr als 2 € im Play Store zu erwerben ist. Diese funktioniert sogar noch ein wenig besser als die eingebaute Android-Lösung. Auch hier ist es wichtig, die Kamera während des Mess- und Belichtungsprozesses ruhig zu halten.

Das linke Bild wurde ohne, das rechte mit HDR Camera+ aufgenommen. Man sieht deutlich die gleichmäßige Belichtung über das komplette Bild, die allerdings in dunklen Bereichen auch mit einem deutlichen Rauschen einhergeht.

> **TIPP**
>
> **Effekte besser am PC nachbearbeiten**
>
> Obwohl die Echtzeitberechnung der Effekte mithilfe der vorgestellten Apps eine spektakuläre Geschichte ist, empfehle ich Ihnen, das Motiv »normal« abzulichten und gegebenenfalls später am PC mit einer gängigen Bildbearbeitung weiterzuverarbeiten. Hier haben Sie wesentlich mehr Einfluss darauf, wie Ihre Bilder am Ende aussehen werden, und obendrein behalten Sie die Originalaufnahme.

Fotos in der Galerie- und Fotos-App anzeigen

Sie haben nun schon eine Reihe ansprechender Aufnahmen gemacht und wollen sich diese anschauen. Hierzu verwenden Sie die Galerie-App. Sie können die App aus dem App-Menü oder direkt aus dem kleinen Vorschaubild der Kamera-App starten.

In der Galerie finden Sie sowohl Ihre auf dem Smartphone gespeicherten Aufnahmen als auch Onlinealben, welche im Normalfall bei Google+ im Bereich **Fotos** zu finden sind. Früher nannte Google dieses Angebot *Picasa*. Aber starten Sie doch erst einmal die Galerie-App.

1. Zunächst sehen Sie eine Übersicht über alle lokal bzw. online angebundenen Bilderalben.

2. Wechseln Sie durch Antippen eines Vorschaubildes in der Übersicht in ein spezielles Album (im vorliegenden Fall ist es das Album **Wörlitz 2013**). Sämtliche Bilder des Albums erscheinen nun im zentralen Bildbereich.

Kapitel 8 – Fotografieren mit dem Android-Smartphone

Die Galerie-App dient im Wesentlichen der Sichtung Ihres lokal auf dem Smartphone, aber auch bei Google+ gespeicherten Bildmaterials. Mittlerweile wurde die Galerie-App durch eine weitere App namens *Fotos* ergänzt, die Ihnen insbesondere auch bei der Organisation Ihrer Bilder helfen soll. Fotos ist eng mit Ihrem Google+-Auftritt verzahnt. Nach internen Plänen von Google soll die Fotos-App die Galerie-App komplett ersetzen. Sehen wir uns also einmal die »neue« App zur Organisation Ihrer Fotos genauer an:

1. Starten Sie die App Fotos aus dem App-Menü. Nach dem Start erscheint zunächst im Bereich **Kamera** ❶ die Übersicht über alle per Google-Cloud kürzlich abgeglichenen Fotos. Im Bereich **Highlights** ❷ finden Sie die wichtigsten hochgeladenen, aber auch lokal gespeicherten Fotos, sortiert nach Datum.

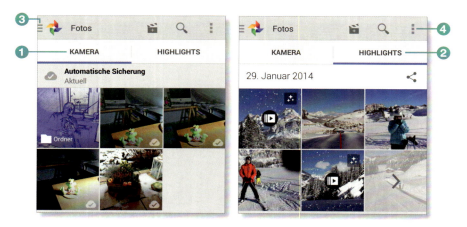

2. Über die **Menü**-Schaltfläche am linken oberen Displayrand, erkennbar an den drei Strichen ❸, gelangen Sie in das Hauptmenü der App.

Im Hauptmenü finden Sie folgende Bereiche:

Google+	Google+: Verknüpfung zu Google+
Fotos	Fotos: Übersicht über Ihre Fotos/Rücksprung in die Fotos-App

Fotos in der Galerie- und Fotos-App anzeigen

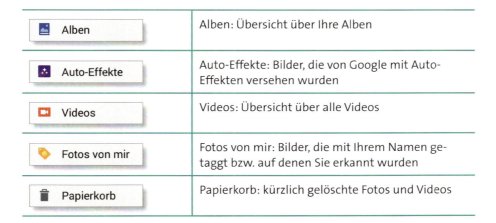

Alben	Alben: Übersicht über Ihre Alben
Auto-Effekte	Auto-Effekte: Bilder, die von Google mit Auto-Effekten versehen wurden
Videos	Videos: Übersicht über alle Videos
Fotos von mir	Fotos von mir: Bilder, die mit Ihrem Namen getaggt bzw. auf denen Sie erkannt wurden
Papierkorb	Papierkorb: kürzlich gelöschte Fotos und Videos

Google verfolgt mit der Fotos-App die Philosophie, dass Ihre gesamten Bilder in der Google-Cloud gesichert werden. Dazu werden diese im Hintergrund auf den Google-Onlinespeicher hochgeladen, vorausgesetzt, Sie haben diese Option aktiviert. Dies können Sie in den Einstellungen der Fotos-App kontrollieren:

1. Öffnen Sie die Einstellungen der Fotos-App über die **Menü**-Schaltfläche (drei Punkte ❹) am rechten oberen Bildschirmrand.

2. Tippen Sie den Menüpunkt **Automatische Sicherung** ❺ an und prüfen Sie, ob diese per Schalter ❻ aktiviert wurde.

3. Sie haben hier auch die Möglichkeit, die Sicherung »feinzutunen«, also beispielsweise Bilder nur dann in die Cloud hochzuladen, wenn Ihnen eine WLAN-Verbindung zur Verfügung steht. Das lässt sich auch separat für Fotos und Videos einrichten.

Alben erstellen

Nachdem Sie nun Ihre Fotos gesichtet haben, wäre es schön, diese thematisch geordnet in Alben unterzubringen. Diese Funktion ist etwas versteckt in der Fotos-App vorhanden. Wir beginnen zunächst damit, ein neues Album für ein Foto der Serie anzulegen.

1. Begeben Sie sich in den Bereich **Highlights** und wählen Sie das erste Foto, das Sie zu einem neuen Album hinzufügen möchten, durch Antippen aus.

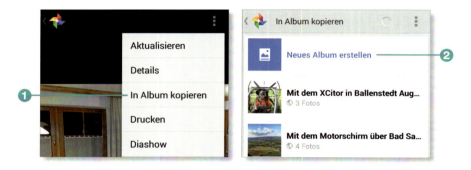

2. Wählen Sie aus dem App-Menü die Option **In Album kopieren** ❶ aus. Nun können Sie aus der Liste entweder ein bestehendes Album auswählen oder aber auch ein neues erstellen ❷. Im folgenden Fall wähle ich für das neue Album den Namen »Stefansdorf 2014«.

Damit hätten Sie ein neues Album erstellt. Um diesem Album mehrere Fotos zuzuweisen, gehen Sie wie folgt vor:

3. Begeben Sie sich nun wieder zurück in die Übersicht über alle Bilder (**Highlights**) und wählen Sie aus dem Menü die Option **Auswählen** ❸. Sie befinden sich nun im Auswahl-Modus. Tippen Sie alle Bilder an, die in dem neuen Album enthalten sein sollen.

4. Dabei können Sie sich auch ganz einfach über die Pfeilschaltfläche ❹ in das jeweilige Tagesalbum begeben und weitere Bilder auswählen.

Alben erstellen

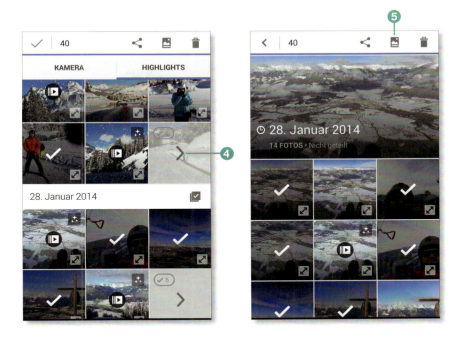

5. Wenn Sie Ihre Auswahl abgeschlossen haben, tippen Sie auf die **Album**-Schaltfläche am rechten oberen Bildrand ❺. Sie werden gefragt, zu welchem Album die ausgewählten Bilder zugeordnet werden sollen. Wählen Sie dafür das neu erstellte Album aus. Damit hätten Sie Ihr neues Album mit Bildmaterial gefüllt. Das Album erscheint schließlich in der **Alben**-Übersicht ❻.

Das so erstellte Album kann auch per PC-Browser in Ihrem Google+-Bereich bewundert werden. Loggen Sie sich dazu mit Ihrem Google-Account ein und begeben Sie sich durch Anklicken Ihres Namens ❼ (Seite 218) in den Google+-Bereich. Sie finden das Album im Bereich **Fotos** ❽.

Kapitel 8 – Fotografieren mit dem Android-Smartphone

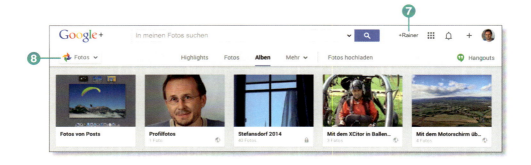

> **TIPP**
>
> **Fotos per Browser sortieren**
>
> Im Browser haben Sie auch die Möglichkeit, die Fotos eines Albums umzusortieren, z. B. nach Aufnahmedatum zu ordnen. Begeben Sie sich dazu in das Album und wählen Sie den Punkt **Ordnen**. Sie können die Bilder nun per Maus wie gewünscht im Browserfenster verschieben/anordnen oder aber auch nach bestimmten Kriterien wie z. B. dem Aufnahmedatum ordnen.

Eine Diashow vorführen

Sämtliche Fotoalben, die in der Galerie- bzw. Fotos-App zur Verfügung stehen, können Sie außerdem als Grundlage zum Anzeigen einer eigenen Diashow auf dem Smartphone oder dem PC-Browser nutzen.

1. Öffnen Sie hierzu ein Album in der Galerie- oder Fotos-App durch Antippen. Wählen Sie anschließend das erste Bild, das in der Diashow wiedergegeben werden soll, ebenfalls durch Antippen aus.

2. Betätigen Sie die **Menü**-Taste ❶ und wählen Sie daraufhin den Menüpunkt **Diashow** ❷.

218

3. Sie können die Diashow jederzeit durch Antippen des aktuellen Bildes unterbrechen oder auch wieder fortsetzen.

Anzumerken ist, dass die Effekte bzw. Übergänge der eingebauten Diashow spärlich sind. Wer größere Ansprüche hat, der besorgt sich zu diesem Zweck eine der zahlreichen spezialisierten Apps aus dem Play Store.

Optionen der Fotos-App

Begeben Sie sich doch einmal in die Einstellungen der Fotos-App und tippen Sie dort im Bereich **Kontoeinstellungen** auf Ihr Google-Konto. Es bieten sich die folgenden teilweise selbsterklärenden Optionen:

Einige der obigen Einstellungen sind nicht ganz unkritisch und können bzw. sollten bei Bedarf abgestellt werden:

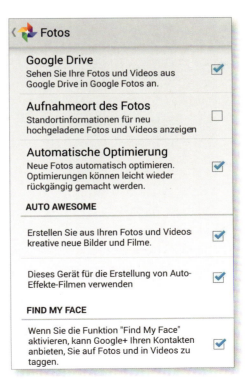

- Die **Google Drive**-Option sorgt dafür, dass Ihre Fotos bei Bestehen einer Internetverbindung automatisch auf den Cloud-Speicher Google Drive hochgeladen werden. Das mag nicht immer wünschenswert sein, da es gegebenenfalls am limitierten Onlinekontingent nagt.

- Die **automatische Optimierung** ist auch nicht jedermanns Sache. Entweder deaktivieren Sie diese generell oder Sie tippen während der Ansicht eines Bildes auf die **Zauberstab**-Schaltfläche ❶ (Seite 220), um das Bild im Original anzuzeigen.

Kapitel 8 – Fotografieren mit dem Android-Smartphone

- Die **Auto Awesome**-bzw. Auto-Effekte-Option kann ebenfalls stören, werden dadurch einige Bilder willkürlich mit Effekten versehen.

Schneefall bei strahlendem Sonnenschein: Googles wundersame automatische Effekte nerven bisweilen.

- Bezogen auf den Datenschutz äußerst kritisch: Per **Find my Face** werden Fotos Ihrer Google+-Kontakte untersucht, ob sie darauf abgebildet sind. Das kann bei Partyfotos auch schon mal peinlich werden.

Fotos bearbeiten

Die Fotos-App ist so vielseitig, dass Sie sogar Ihre Fotos gleich auf dem Smartphone bearbeiten können. Beschneiden Sie beispielsweise Ihre Bilder oder reduzieren Sie sie mithilfe von zusätzlichen Apps in ihrer Auflösung, bevor Sie die Fotos per Mail verschicken oder bei Facebook veröffentlichen. Gehen Sie zum Beschneiden eines Bildes folgendermaßen vor:

1. Öffnen Sie das gewünschte Foto durch Antippen in der Fotos-App.

2. Tippen Sie auf die **Menü**-Schaltfläche oben rechts und wählen Sie den Menüpunkt **Foto bearbeiten**. Es erscheint das Bildbearbeitungsmenü.

3. Wählen Sie aus dem Bildbearbeitungsmenü die Option **Zuschneiden** ❷.

4. Legen Sie einen individuellen Bildausschnitt durch Anpassen des Rahmens fest ❸.

5. Bestätigen Sie die Änderungen über die **Speichern**-Schaltfläche ❹.

Kapitel 8 – Fotografieren mit dem Android-Smartphone

So können Sie mit der integrierten Bildbearbeitung das Bild auch drehen oder einen Effekt bzw. Rahmen hinzufügen. Sämtliche Funktionen erschließen sich intuitiv über die Werkzeugleiste am unteren Bildrand. Dort finden Sie viele weitere Optionen zur Bearbeitung Ihrer Bilder.

Ergänzen Sie Effekte und Rahmen über das Bearbeitungsmenü.

Vorteilhaft an der Bildbearbeitung ist die Tatsache, dass Sie das Originalbild jederzeit wiederherstellen können. Tippen Sie zu diesem Zweck einfach die **Effekte**-Schaltfläche im Bild in der Einzelansicht oder in der Bildbearbeitung an ❶.

Bilder und Alben mit anderen teilen

Sie können Ihre Aufnahmen natürlich auch in einem sozialen Netzwerk wie Facebook oder Google+ veröffentlichen. Aufgrund der Verzahnung mit Google+ geht das dort leichter vonstatten, da Sie hier lediglich die Freigabeeinstellungen für das Bild ändern müssen.

1. Wählen Sie das zu publizierende Bild oder Album aus und tippen Sie die **Teilen**-Schaltfläche ❷ am oberen Displayrand an.

222

2. Möchten Sie Ihr Bild bzw. Album bei Google+ veröffentlichen, so wählen Sie einen Kanal in der oberen Zeile aus (**Personen**, **Kreise**, **Öffentlich**). Dadurch bestimmen Sie, wer Ihre Fotos auf Google+ zu Gesicht bekommen darf.

3. Geben Sie im nächsten Schritt noch eine kurze Beschreibung des Ereignisses ein und geben Sie das Bild/Album schließlich über die Schaltfläche **Teilen** ❸ frei.

4. Das Teilen von Bildern/Alben über andere Kanäle (Facebook, WhatsApp …) funktioniert analog: Sämtliche Apps, die in der Lage sind, Bildmaterial zu teilen, erscheinen im entsprechenden Bereich ❹, wenn man etwas weiter nach unten scrollt.

Fotos direkt drucken

Fotos und Dokumente können in einfacher Weise gedruckt werden, wenn Sie einen Drucker für Googles Cloud-Print-Dienst eingerichtet haben. Wie das funktioniert, erfahren Sie in Kapitel 15, »Tipps, Tricks und Fehlerbehebung«, ab Seite 352. Eine bessere Alternative für den Fotodruck sind spezielle Drucker-Apps der Druckerhersteller. Im vorliegenden Fall verwende ich einen Canon-Drucker, der an das lokale Netzwerk per WLAN angeschlossen ist, und möchte ein Foto vom Android-Smartphone direkt auf diesem drucken. Dazu verwende ich die *PIXMA Print*-App.

1. Suchen Sie im Play Store nach einer Drucker-App für Ihren Drucker. Dabei genügt es meist, den Namen des Herstellers, gefolgt von »drucker app«, einzugeben, um fündig zu werden.

2. Stellen Sie sicher, dass sowohl Ihr Android-Smartphone als auch der Drucker mit dem gleichen Netzwerk per LAN- oder WLAN-Schnittstelle verbunden sind.

Kapitel 8 – Fotografieren mit dem Android-Smartphone

3. Installieren Sie die App und starten Sie diese. Verfahren Sie nach den Anleitungen in der App, um den Drucker zu suchen und mit der App zu verbinden.

Sofern das Smartphone und der Drucker mit dem gleichen Netzwerk per LAN- oder WLAN-Schnittstelle verbunden sind, kann direkt aus der App heraus gedruckt werden.

Gedruckt wird nun direkt aus der Drucker-App heraus.

4. Begeben Sie sich dazu per integriertem Browser in das Verzeichnis, welches das gewünschte Bild enthält. Im vorliegenden Fall wechsle ich über den Menüpunkt **Fotodruck** ❶ in das Fotodruck-Menü und wähle ein oder mehrere Bilder aus, die gedruckt werden sollen.

5. Vor dem Druck können Sie in der Regel auch noch Einstellungen bezüglich des zu verwendenden Papiers und der Anzahl der Kopien vornehmen ❷.

6. Der eigentliche Druckvorgang wird schließlich über die Schaltfläche **Druck** ❸ gestartet.

Fotos direkt drucken

Beachten Sie, dass Sie auf diese Weise nur Fotos drucken können, die lokal auf Ihrem Smartphone abgespeichert sind. Es ist allerdings kein Problem, eine lokale Kopie eines Fotos zu erstellen:

1. Wählen Sie ein Foto, welches in der Google-Cloud abgelegt ist, in der Fotos-App durch Antippen aus.

2. Begeben Sie sich in das Menü der App und wählen Sie dort den Punkt **Herunterladen** ❹ aus: Dadurch wird das Bild auf Ihr Smartphone heruntergeladen, und Sie können es wie oben beschrieben ausdrucken.

Fotos, die in der Cloud gespeichert wurden, können jederzeit auf das Smartphone heruntergeladen werden.

Kapitel 9
Videos aufzeichnen und abspielen

Mit ihren hochauflösenden Displays sind moderne Android-Smartphones wie geschaffen dafür, Videomaterial in Kinoqualität wiederzugeben. Dank der eingebauten Videofunktion in der Kamera-App können Sie aber auch selbst anspruchsvolle HD-Videos direkt mit dem Smartphone drehen.

Ein Video aufnehmen und wiedergeben

Der Weg zum ersten eigenen Video führt über die Kamera-App und ist kinderleicht:

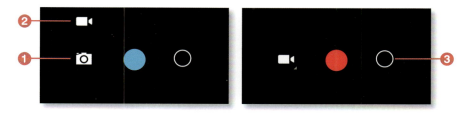

1. Starten Sie die Kamera-App und wechseln Sie über die Modus-Leiste ❶ an der linken Seite in den Video-Modus ❷.

2. Tippen Sie auf die Optionsschaltfläche ❸ am rechten Rand und stellen Sie über die Einstellungsschaltfläche ❹ (Seite 228) die Zielauf-

227

Kapitel 9 – Videos aufzeichnen und abspielen

lösung ein. Bei dunklen Verhältnissen können Sie auch die integrierte LED aktivieren ❺, sofern Ihr Gerät über eine solche verfügt.

3. Geben Sie der Smartphone-Kamera genügend Zeit zum automatischen Fokussieren des Motivs.

4. Tippen Sie zum Aufzeichnen des Videos auf den Auslöser ❻, und schon wird Ihr Film aufgenommen.

5. Sie sehen während der Aufnahme die momentan abgelaufene Zeit ❼ sowie die **Stopp**-Schaltfläche ❽.

6. Beenden Sie die Aufnahme über die **Stopp**-Schaltfläche ❽. Fertig! Schon haben Sie Ihr erstes Video gedreht!

Ein Video aufnehmen und wiedergeben

Sie können nun Ihr Material durch Antippen der **Vorschau**-Schaltfläche ❾ (das ist ein kleines Bild im Bild der aktuellen Ansicht) in der Kamera-App direkt begutachten. Tippen Sie anschließend die erscheinende **Play**-Schaltfläche über dem Videostandbild ❿ an.

Um innerhalb des Videos zu navigieren, tippen Sie einfach auf das Display. Daraufhin erscheinen die typischen Wiedergabeschaltflächen, mit deren Hilfe Sie die Wiedergabe stoppen und wieder fortsetzen oder im Video vor- und zurückspulen. Hierzu »ziehen« Sie entweder an der Wiedergabeleiste oder Sie halten die **Vor**- bzw. **Zurück**-Schaltfläche gedrückt.

Sie können das erstellte Videomaterial auch jederzeit später in der Fotos-App ansehen. Öffnen Sie dazu einfach die App, begeben Sie sich in den Bereich **Videos** und tippen Sie das gewünschte Video an. Es öffnet sich daraufhin der integrierte Videoplayer.

Gefällt Ihnen ein Film nicht, so wählen Sie ihn einfach in der Fotos-App aus und tippen auf das Mülleimersymbol ⓫. Über die **Teilen**-Schaltfläche ⓬ können Sie den Film in sozialen Netzwerken veröffentlichen.

Per Menü ⓭ der Fotos-App können Sie sich außerdem über den gleichnamigen Menüpunkt Details zu dem ausgewählten Video anzeigen lassen.

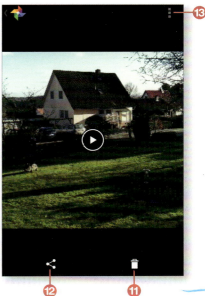

Details	
Aufnahmedatum	11.02.2014 18:57:13
Dauer	00:19
Dateiname	VID_20140211_185713
Dateigröße	38 MB
Pfad	/storage/emulated/0/DCIM/Camera/VID_20140211_185713.mp4

229

> **TIPP**
>
> **Alternative Videoplayer**
>
> Sollten Sie mit dem Funktionsumfang des eingebauten Videoplayers nicht zufrieden sein, dann können Sie folgende Alternativen aus dem Play Store testen:
>
> - MX Player
> - VLC for Android

Aufnahmen nachbearbeiten

Einzelne Clips lassen sich auch direkt auf dem Smartphone schneiden bzw. trimmen. Dazu benötigen Sie allerdings bei den meisten Android-Smartphones eine Extra-App. Ich verwende die App *AndroVid Pro*, die einige wichtige Videobearbeitungsfunktionen mitbringt und für knapp 2 € im Play Store zu erwerben ist. Obwohl es auch eine kostenfreie Version gibt, empfehle ich an dieser Stelle gleich die Pro-Version, da hier beispielsweise ein verbesserter Videoexport integriert ist.

AndroVid Pro

Gehen Sie dazu folgendermaßen vor:

1. Starten Sie den AndroVid Video Editor. Dieser scannt Ihr Smartphone nach vorhandenen Videos durch. Es erscheinen alle lokal auf dem Smartphone gespeicherten Videos in der Galerieansicht.

2. Wählen Sie das zu bearbeitende Video durch Antippen aus. Dadurch wird das Video im Bearbeitungsmodus geöffnet. Am oberen Displayrand stehen Ihnen diverse Funktionen zur Videobearbeitung zur Verfügung. Nachfolgend werde ich das Video trimmen, d. h. den Anfang und das Ende anpassen.

3. Wählen Sie den Menüpunkt **Trimmen** ❶ und legen Sie mit den erscheinenden Schiebereglern den Anfang ❷ und das Ende ❸ des Videos fest.

Aufnahmen nachbearbeiten

4. Leiten Sie den Schnitt schließlich über die **Cut**-Schaltfläche ④ (Scherensymbol) ein. Sie haben die Möglichkeit, den so ausgewählten Bereich stehen zu lassen oder herauszuschneiden. Tippen Sie die entsprechende Option an.

5. Anschließend werden Sie gefragt, ob Sie mit dem Schnitt den Originalfilm überschreiben oder den Clip als neue Datei speichern möchten. Letzteres empfiehlt sich, falls der Speicher Ihres Smartphones noch nicht allzu knapp bemessen ist.

6. Nun hübschen wir den Film noch mit einem netten Soundtrack auf. Wählen Sie den Punkt **Musik Hinzufügen** und tippen Sie danach auf das Icon mit dem Lautsprecher ⑤ (Seite 232).

7. Wählen Sie im folgenden Menü **Öffnen von** den Punkt **AndroVid Pro**. Ihr Gerät wird nun nach Audiodateien durchsucht. Suchen Sie aus der erscheinenden Liste ein passendes Stück aus. Lassen Sie das Video durch Antippen des Hakens ⑥ neu erstellen.

231

Kapitel 9 – Videos aufzeichnen und abspielen

Auf die gleiche Weise können Sie auch Effekte hinzufügen. AndroVid bietet zahlreiche Effekte z. B. zur Schärfung eines Clips an.

Eines muss an dieser Stelle allerdings deutlich gesagt werden: Für komplexere Videoarbeiten empfiehlt sich in jedem Fall der Einsatz professioneller Videoschnittsoftware auf dem PC. Dazu sollten Sie natürlich zunächst das Videomaterial vom Smartphone auf den PC übertragen.

Videos vom Smartphone auf den PC übertragen

Um Videos (und auch andere Dateien) vom Smartphone auf Ihren PC zu übertragen, gehen Sie wie folgt vor:

Videos vom Smartphone auf den PC übertragen

1. Schließen Sie Ihr Gerät per USB-Kabel an Ihren PC oder Mac an. Unter Windows erscheint das Gerät daraufhin als Massenspeicher bzw. Mediengerät im Explorer – vorausgesetzt, Sie haben entsprechende Treiber des Smartphone-Herstellers installiert. Bei aktuellen Systemen wie Windows 8.1 werden derartige Treiber aber meist automatisch vom System installiert.

2. Unter Windows begeben Sie sich in den Dateimanager und prüfen, ob Ihr Gerät (in unserem Beispiel ein Nexus 5) dort erscheint.

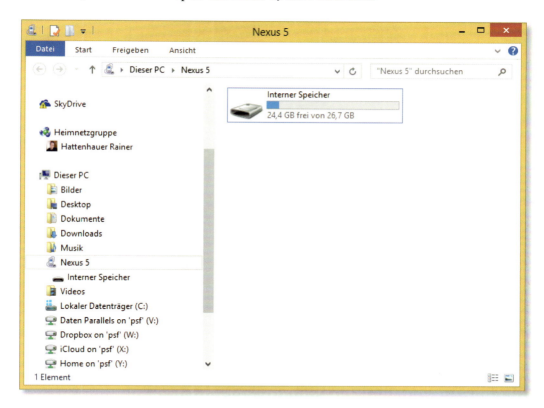

3. Führen Sie anschließend einen Doppelklick über dem Gerätesymbol durch und navigieren Sie in den Ordner, in welchem die gewünschten Dateien gespeichert sind. Bei den mit dem Smartphone aufgenommenen Videos ist das üblicherweise das Verzeichnis *DCIM/Camera* ❶ (siehe Seite 234).

Kapitel 9 – Videos aufzeichnen und abspielen

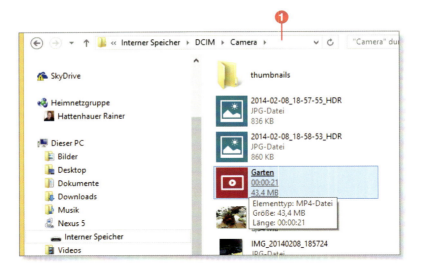

4. Verschieben Sie die gewünschte Datei, im jetzigen Fall das Video, per Drag & Drop in ein Arbeitsverzeichnis auf Ihrem Rechner.

Nun können Sie auch schon das Video mit einer Videoschnittsoftware Ihrer Wahl öffnen und bearbeiten.

> **HINWEIS**
>
> **Ein Android-Smartphone an den Mac anschließen**
>
> Für den Mac benötigen Sie ein spezielles Programm für die Dateiübertragung. Ich empfehle Ihnen, hierfür das Programm *Android File Transfer* zu installieren. Sie finden es zum Herunterladen auf http://www.android.com/filetransfer.

Videos teilen auf YouTube, Facebook und Co.

Wenn Sie es ganz eilig haben, können Sie Ihre Videos auch direkt vom Smartphone in soziale Netzwerke hochladen oder bei YouTube veröffentlichen. Gehen Sie dazu folgendermaßen vor:

1. Wählen Sie das (eventuell getrimmte und bearbeitete) Video in der Fotos-App aus und tippen Sie es an. Daraufhin sehen Sie die Schalt-

Videos teilen auf YouTube, Facebook und Co.

fläche für das Teilen des Videos. Ich möchte mein Video im Folgenden bei YouTube hochladen, also tippe ich das **YouTube**-Symbol an ❷.

2. Wählen Sie im nächsten Schritt das Konto aus, mit dem Ihr Video verknüpft werden soll. Das ist in der Regel Ihr Google-Account.

3. Es erscheint nun eine Warnung, dass das Hochladen eines Videos nach Möglichkeit nur über WLAN erfolgen sollte. Bestätigen Sie die Meldung und stellen Sie sicher, dass Sie per WLAN ans Internet angebunden sind. Diese Warnung wird Ihnen angezeigt, da das Hochladen aus dem Mobilfunknetz je nach Anbindung wesentlich länger dauern würde und womöglich zusätzliche Kosten entstünden.

4. Geben Sie dem Video einen **Titel** ❸ und eine **Beschreibung** ❹ und passen Sie die **Datenschutz**-Einstellung ❺ an. Ich empfehle Ihnen, das Video zunächst nur zum privaten Gebrauch hochzuladen; sollten Sie mit dem Ergebnis zufrieden sein, können Sie den Status nach dem Hochladen noch auf **Öffentlich** setzen, sodass jeder Nutzer es bei YouTube sehen kann.

5. Schicken Sie das Video durch Betätigen der **Hochladen**-Schaltfläche ❻ an den YouTube-Server. Nach dem Hochladen wird das Video noch umgewandelt und steht anschließend zur Verfügung. Sobald das Hochladen und die Verarbeitung beendet sind, erhalten Sie per Gmail eine Benachrichtigung.

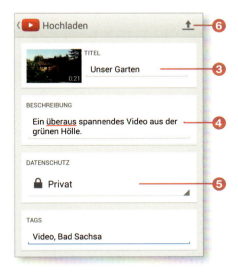

235

Kapitel 9 – Videos aufzeichnen und abspielen

> **YouTube-Upload ohne Passwort?**
>
> Sie wundern sich, dass Sie kein Passwort für das Hochladen Ihres Videos auf YouTube benötigen? Nun, YouTube gehört Google, und Ihr YouTube-Konto ist mit Ihrem Google-Konto verknüpft.

Videos auf YouTube anschauen

Mit Ihrem Android-Smartphone können Sie nicht nur ganz bequem Ihre Videos auf YouTube veröffentlichen, sondern YouTube-Videos auch kinderleicht anschauen. Dafür ist die YouTube-App bereits vorab auf Ihrem Smartphone installiert, und Sie finden sie im App-Menü.

Nachdem Sie die App geöffnet haben, können Sie sich über die Stichwortsuche ❶ ein interessantes Video aussuchen.

Sobald Sie das Vorschaubild ❷ antippen, beginnt die Wiedergabe des Videos im oberen Teil des Smartphone-Displays. Die Schaltfläche mit dem nach unten weisenden Pfeil ❸ schiebt das Video zur Wiedergabe in den unteren Displaybereich. Von dort befördern Sie es per Fingerstreich wieder nach oben. Für eine Vollbilddarstellung tippen Sie einfach den Doppelpfeil ❹ an.

236

Sie können je nach Ihrer Verbindungsart und Bandbreite die Qualität über den **HD**-Schalter ❺ anpassen (im App-Menü zu finden).

Indem Sie an der Statusleiste ❻ »ziehen«, können Sie, ähnlich wie beim integrierten Videoplayer, im Video vor- oder zurückspulen. Über die Doppelpfeilschaltfläche unten rechts verlassen Sie den Vollbildmodus wieder.

> **TIPP**
>
> **Per Drehen in den Vollbildmodus**
>
> Sie gelangen auf einfache Weise in den Vollbildmodus bzw. zurück, indem Sie Ihr Smartphone drehen. Achten Sie dabei darauf, dass der Rotationssensor Ihres Smartphones aktiviert ist (**Einstellungen ▶ Display ▶ Display automatisch drehen**).

Filme im Play Store ausleihen oder kaufen

Nun kann man mit selbst gedrehten Videos sicher nur schwer eine langweilige Zugfahrt überbrücken. Abhilfe verschafft Ihnen da der Videobereich des Play Store. Hier können Sie eine unüberschaubare Menge Filme, darunter viele aktuelle Blockbuster aus Hollywood, kaufen oder auch leihen.

1. Starten Sie die Play-Store-App und begeben Sie sich in den Bereich **Filme**. In der Regel werden Ihnen auf der Play-Store-Startseite schon einige Filme vorgestellt.

2. Schauen Sie sich nun durch horizontales Scrollen in den Bereichen **Kategorien**, **Startseite**, **Bestseller** und **Neuerscheinungen** um. Durch Antippen der Lupe ❶ (Seite 238) können Sie auch nach Filmen suchen.

3. Wenn Sie einen interessanten Film entdeckt haben, tippen Sie ihn an, um mehr Informationen zu erhalten.

Kapitel 9 – Videos aufzeichnen und abspielen

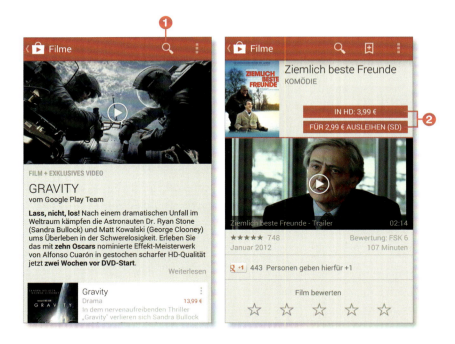

Brandaktuelle Filme lassen sich zunächst nur leihen, ältere können Sie sowohl kaufen als auch leihen ❷. Sie können zwischen HD- oder SD-Version wählen. Die HD-Version verfügt über eine höhere Auflösung, allerdings ist ihr Dateiumfang größer.

4. Haben Sie sich für eine Version entschieden, so tippen Sie die entsprechende Schaltfläche an. Bestätigen Sie den folgenden Dialog über die Schaltfläche **Ausleihen** ❸. Gegebenenfalls müssen Sie in einem weiteren Dialog Ihr **Google-Passwort** eingeben und bestätigen.

Nun können Sie sich den Film ansehen. Dabei haben Sie die Möglichkeit, den Film per Streaming zu schauen oder ihn komplett herunterzuladen und dann offline zu schauen. In diesem Fall wählen Sie die Schaltfläche **Download**, die an eine Pinnnadel erinnert ❹.

> **INFO**
>
> **Streaming oder Download?**
>
> Sollte der Speicher Ihres Smartphones bereits knapp sein, so empfehle ich Ihnen, Filme per Streaming anzuschauen (eine bestehende Internetverbindung ist dabei allerdings Voraussetzung). Dadurch haben Sie auch die Möglichkeit, den Film auf verschiedenen Geräten anzusehen, vorausgesetzt, diese sind mit dem gleichen Google-Konto verknüpft. Sie sollten dabei beachten, dass ein einmal begonnener Leihfilm Ihnen nur 48 Stunden zur Verfügung steht, allerdings können Sie ihn innerhalb dieser Zeit beliebig oft anschauen.

Nach dem Herunterladen werden Ihre geliehenen oder gekauften Filme in der App *Play Movies* gespeichert. Sobald Sie die App öffnen, werden Ihnen Ihre Inhalte in der Mediathek in der Rubrik **Meine Filme** angezeigt.

Möchten Sie sich einen Film anschauen, tippen Sie ihn zum Abspielen an. Das Pinnnadelsymbol ❹ am unteren Ende des Films ermöglicht den kompletten Download des Films auf Ihr Gerät, um ihn auch offline genießen zu können. Außerdem wird Ihnen bei Ihren Leihfilmen die verbleibende Ausleihzeit angezeigt.

Alternatives Videoangebot: Watchever

Sehr beliebt auf Android-Smartphones ist *Watchever*: Hier werden vor allem viele TV-Serien angeboten. Die (kostenpflichtige) Nutzung erfordert das Erstellen eines Accounts auf *www.watchever.de*.

Watchever

1. Legen Sie sich auf *www.watchever.de* einen Account an. Den ersten Monat können Sie den Dienst kostenlos nutzen, danach werden 8,99 € pro Monat fällig.

239

Kapitel 9 – Videos aufzeichnen und abspielen

2. Installieren Sie die Watchever-App auf Ihrem Smartphone. Loggen Sie sich mit Ihren Zugangsdaten ein und genießen Sie das Angebot.

Watchever bietet eine Vielzahl aktueller Serien und ausgewählte Spielfilme an.

Videos vom Smartphone auf TV streamen

Sie können auch problemlos Ihre Videos und entliehenen oder gekauften Filme von Ihrem Smartphone auf dem Fernseher anschauen. Informieren Sie sich zunächst darüber, ob Ihr Smartphone die Übertragung per MHL/HDMI unterstützt. Ist das der Fall, dann benötigen Sie nur einen Adapter, über den Sie Ihr Smartphone an die HDMI-Buchse Ihres TV-Gerätes anschließen können. Von einigen No-Name-Anbietern bekommen Sie derartige Adapter schon für unter 10 €.

Mit Hilfe eines kleinen Adapters können Sie Videos vom Smartphone auf Ihrem TV anschauen

Videos vom Smartphone auf TV streamen

Noch einfacher geht es allerdings mit Googles neuem Power-Gadget *Chromecast,* erhältlich für 35 € im Google Play Store oder bei vielen anderen Elektronikanbietern: Dieser unscheinbare, kleine Stick wird an einen freien HDMI-Anschluss Ihres TV-Geräts gestöpselt und verbindet sich anschließend über Ihr lokales WLAN mit Ihrem Android-Smartphone. Dieses funktioniert dann als Fernbedienung für Internetinhalte, die auf Ihr TV gestreamt werden. Die Inbetriebnahme des Chromecast-Sticks ist kinderleicht:

Der Chromecast-Stick von Google (Bild: Google)

1. Verbinden Sie den Chromecast-Stick mit einem freien HDMI-Port Ihres TV-Geräts. Benutzen Sie dazu den beiliegenden Extender, der den WLAN-Empfang verbessert. Außerdem muss der Stick mit dem beiliegenden Netzteil verbunden werden.

2. Schalten Sie Ihr TV-Gerät auf den verwendeten HDMI-Eingang. Sie werden von Chromecast begrüßt.

3. Installieren Sie die Chromecast-App aus dem Play Store auf Ihrem Smartphone. Diese hilft Ihnen bei der Verbindung des Sticks mit dem Smartphone und ist selbsterklärend.

   Chromecast

   Alternativ können Sie das Setup auch von einem beliebigen PC per Chrome-Browser aus vornehmen, wenn Sie den Link *www.google.com/chromecast/setup* aufrufen. Dort finden Sie die Cast-Erweiterung für den Chrome-Browser.

4. Nach der Einrichtung des Sticks wird ggf. eine Systemaktualisierung für selbigen angeboten. Führen Sie diese in jedem Fall durch.

5. Starten Sie nun zum Test der Verbindung YouTube auf Ihrem Smartphone. Dort sollte Ihnen die Verbindung zu Ihrem TV-Gerät via Chromecast angeboten werden. Tippen Sie auf die entsprechende Schaltfläche ❶ (siehe Seite 242).

Kapitel 9 – Videos aufzeichnen und abspielen

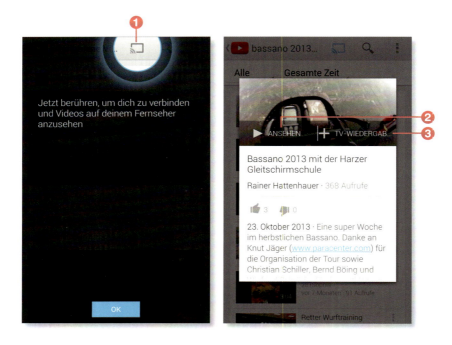

6. Suchen Sie sich schließlich ein Video auf YouTube aus und geben Sie dieses durch Betätigen der Schaltfläche **Ansehen** ❷ auf Ihrem TV wieder. Sie können interessante Videos auch in einer TV-Wiedergabeliste ❸ zur späteren Betrachtung abspeichern.

Fernsehen auf dem Smartphone

Mit Hilfe von nützlichen Chromecast-Apps können Sie sogar die Mediatheken der öffentlich-rechtlichen Sender auf Ihr TV streamen oder lokale Inhalte vom Smartphone auf dem TV darstellen – das Ganze drahtlos über Ihr bestehendes WLAN.

> **TIPP**
>
> **Nützliche Chromecast-Apps für Ihr Smartphone**
> - *Watchever* – streamen Sie Filme und Serien per Chromecast direkt auf Ihren Fernseher.
> - *Google Cast* – übertragen Sie Webseiten und Streams direkt auf Ihren Fernseher – unabhängig davon, ob der Anbieter Chromecast unterstützt.
> - *MediaThekCast* – gestattet das Streaming der Mediatheken der öffentlich-rechtlichen Sender arte, ARD, ZDF und 3sat direkt auf Ihr TV – nützlich, wenn Sie mal eine Sendung verpasst haben.
> - *AllCast*: Streamen Sie Bilder, Musik und Videos aus Ihrer privaten Mediathek direkt auf Ihr TV-Gerät.

Fernsehen auf dem Smartphone

Sie haben richtig gelesen – benutzen Sie Ihr Android-Smartphone doch einfach als mobiles Fernsehgerät. Möglich macht das u. a. eine Zusatz-App, die Videoinhalte vieler Sender per Internetstream auf Ihr Smartphone befördert. Hier hat sich *Zattoo Live TV* bewährt.

Zattoo Live TV

1. Installieren Sie die App aus dem Play Store.

2. Starten Sie die App. Beim ersten Start müssen Sie sich zunächst bei Zattoo registrieren. Alternativ können Sie sich auch mithilfe Ihres Facebook-Kontos einloggen.

3. Nach dem Login werden Sie von der Übersicht einiger Sender begrüßt. Durch Antippen eines der Bilder gelangen Sie in das laufende Programm.

Kapitel 9 – Videos aufzeichnen und abspielen

4. Über das Menü (**Menü**-Schaltfläche oben links) können Sie im Bereich **Einstellungen** die Bitrate des Videos an Ihre Bandbreite anpassen. Alternativ können Sie dies auch durch Antippen des Zahnradsymbols, das links unten erscheint, während einer laufenden Sendung vornehmen.

5. Programminformationen zu einer Sendung erhalten Sie, indem Sie diese in der TV-Programm-Übersicht antippen. Sie gelangen in diese Übersicht über das Hauptmenü und Auswahl des Menüpunkts **Programm**.

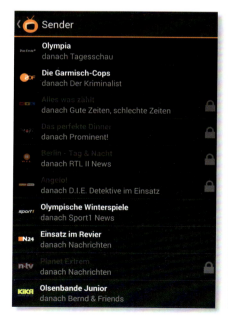

Fernsehen auf dem Smartphone

Alternativ zum Livefernsehen mit Zattoo Live TV haben Sie aber auch die Möglichkeit, verpasste Fernsehsendungen im Nachhinein auf Ihrem Smartphone anzuschauen. Mittlerweile stellen alle großen Fernsehsender bereits ausgestrahlte Beiträge für mindestens sieben Tage ins Netz. Diese Inhalte können Sie dann über die Mediathek-App des speziellen Senders noch Tage nach der Ausstrahlung auch auf Ihrem Smartphone abrufen. Die folgende Tabelle zeigt Ihnen die wichtigsten Mediathek-Apps im Überblick.

Sender	Name der App
ARD	ARD Mediathek
ZDF	ZDFmediathek
ARTE	ARTE
3sat	3sat Mediathek
SRF	SRF
Hessen regional	Mediathek Hessen
BR	BR Mediathek
ORF	ORF TVthek

Eine Auswahl der wichtigsten Mediathek-Apps. Natürlich gibt es auch bei den nicht öffentlichen Fernsehsendern entsprechende Angebote. Suchen Sie am besten auf den Webseiten der Sender oder im Play Store danach.

Kapitel 10
Karten und Navigation

Ihr Android-Smartphone besitzt einen eingebauten GPS-Chip, der Ihnen fantastische Möglichkeiten bietet: Mithilfe der App *Google Maps* zeigt Ihnen das Smartphone den Weg zur nächsten Pizzeria oder Tankstelle, und im Street-View-Modus erkunden Sie wildfremde Städte, als wären Sie dort vor Ort.

GPS einrichten

Der Einstieg in die Navigation mit dem Android-Smartphone ist kinderleicht. In den folgenden Schritten sehen Sie, wie Ihnen der Start gelingen wird.

1. Prüfen Sie zunächst, ob die Lokalisierungsfunktion auf Ihrem Android-Smartphone aktiviert wurde. Begeben Sie sich dazu in den Bereich **Einstellungen** ▶ **Standort** und aktivieren Sie dort gegebenenfalls den entsprechenden Schalter ❶.

2. Nach der Aktivierung stimmen Sie anschließend dem Dialog zur Standortfreigabe zu.

Kapitel 10 – Karten und Navigation

3. Stellen Sie sicher, dass Sie entweder über das Mobilfunknetz oder per WLAN ❶ mit dem Internet verbunden sind. Dadurch werden sogenannte Assisted-GPS-Daten aus dem Internet heruntergeladen, die die Lokalisierung Ihres Standorts beschleunigen und eine genauere Navigation ermöglichen.

4. Zum Test des GPS-Empfangs sollten Sie nun das Haus verlassen und eine App starten, die von der Standortbestimmung Gebrauch macht. Das ist z. B. Google Maps.

5. Nach kurzer Zeit sollte Ihre aktuelle Position anhand eines kleinen blauen Kreises in Google Maps erkennbar sein. Zusätzlich erscheint in der Statusleiste das Lokalisierungssymbol ❷.

6. Sollten Sie die App *GPS Status* (vgl. Seite 250) installiert haben, dann können Sie sich davon überzeugen, dass Ihr Smartphone eine Lokalisie-

GPS einrichten

rung per GPS vorgenommen hat, indem Sie die Statusleiste herunterziehen.

7. Um die Lokalisierung bzw. Standortbestimmung jederzeit schnell aktivieren bzw. deaktivieren zu können, empfiehlt es sich, das Energiesteuerungs-Widget zu nutzen. Dadurch kann der energiehungrige GPS-Chip bei Nichtverwendung deaktiviert werden.

Im vorliegenden Fall (halbes Symbol) ist der GPS-Empfang zwar deaktiviert, die Standortbestimmung wird allerdings immer noch per Mobilfunknetz vorgenommen.

Auf Wunsch können Sie sich auch eine Satellitenansicht Ihres aktuellen Orts anzeigen lassen. Öffnen Sie dazu das Menü der Google-Maps-App durch Antippen der **Menü**-Schaltfläche in der linken unteren Ecke des Displays ❸ und wählen Sie dort den Menüpunkt **Satellit**. Daraufhin erscheint das Satellitenbild mit Ihrem aktuellen Standort.

Sie können die Funktion des GPS folgendermaßen testen: Gehen Sie ein paar Schritte eine Straße entlang und beobachten Sie dabei die Veränderung Ihres Standorts in Google Maps. Sie werden überrascht sein, wie präzise Ihr Standort wiedergegeben wird.

Kapitel 10 – Karten und Navigation

> **INFO**
>
> **Mehr Information mit GPS Status**
>
> Wenn Sie sich näher mit GPS und seiner Funktionsweise auseinandersetzen möchten, empfehle ich Ihnen die App *GPS Status* aus dem Play Store.
>
> Nach dem Start der App wird Ihnen angezeigt, wie viele und welche Satelliten der GPS-Chip erfasst hat. Sie erhalten jederzeit ein Feedback über Ihre automatische Position, wenn Sie die Statusleiste herunterziehen (siehe Seite 248). Außerdem können Sie die A-GPS-Daten manuell herunterladen und auch zurücksetzen, was manchmal zur Reparatur des GPS-Empfangs notwendig ist.

Google Maps kennenlernen

Im Folgenden werde ich Ihnen die zentrale Navigations-App Google Maps einmal etwas genauer vorstellen und Ihnen die verschiedenen Elemente und Schaltflächen auf dem Display erläutern.

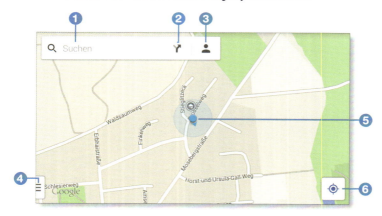

❶ In das Suchfeld können Sie Orte, Adressen oder Sehenswürdigkeiten eingeben und danach suchen.

❷ Über diesen Link gelangen Sie zum Routenplaner.

Google Maps kennenlernen

❸ Über diese Schaltfläche erhalten Sie eine personalisierte Karte, die mit Ihren Favoriten bestückt wird bzw. auch Ihre letzten Suchanfragen per Google Now enthält.

❹ Hier öffnen Sie das App-Menü.

❺ Der Punkt zeigt Ihnen Ihre eigene Position an. Der schwachblaue Kreis stellt die aktuelle Ungenauigkeit der Lokalisierung dar.

❻ Zentrieren Sie die Karte an Ihrer eigenen Position oder ändern Sie den Darstellungsmodus der Karte.

Sie können zudem mit Ihren Fingern bei Berührung des Displays den Kartenausschnitt anpassen. Die wichtigsten Gesten erläutere ich Ihnen hier:

- Legen Sie einen Finger auf das Display und bewegen Sie ihn, verschieben Sie so den aktuellen Kartenausschnitt. Das eignet sich besonders, wenn Sie etwas in der näheren Umgebung eines Ortes suchen.

- Sie können den Kartenausschnitt vergrößern und eine detailreichere Karte ansehen, indem Sie mit zwei gespreizten Fingern das Display berühren und die Finger auseinanderziehen (Pinch-to-Zoom). Wenn Sie hingegen den Kartenausschnitt mit zwei gespreizten Fingern zusammenziehen, verkleinert sich die Karte, Sie sehen also weniger Details.

- Wenn Sie zwei Finger parallel auf das Display legen und nach oben oder unten fahren, kippen Sie die Displaydarstellung. Sie erreichen diese gekippte Darstellung auch durch Antippen des Lokalisierungssymbols in der rechten unteren Displayecke: Dadurch wird die Karte entweder in Draufsicht ❶ (Seite 252) oder in perspektivischer Position ❷ dargestellt. In Letzterer wird zusätzlich ein Kompasssymbol ❸ eingeblendet.

Kapitel 10 – Karten und Navigation

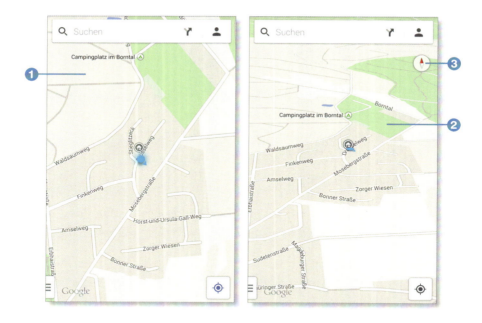

- Durch das Drehen zweier gespreizter Finger auf dem Display können Sie den Kartenausschnitt drehen.

Mithilfe dieser Gesten können Sie sich jederzeit die Kartenausschnitte ganz nach Ihren Wünschen und Bedürfnissen anzeigen lassen. Das ist doch praktisch!

Mit Google Maps unterwegs

Haben Sie bei Ihrem Mobilfunkvertrag ein begrenztes Datenvolumen, erreichen Sie bei häufiger Verwendung von Google Maps über das Mobilfunknetz womöglich schnell Ihr Datenlimit. Die zur Positionsbestimmung verwendeten Karten werden bei Ihren Anfragen stets aktuell aus dem Internet geladen. Aber auch dafür bietet Ihnen die App eine Lösung: Sie können die benötigten Kartenausschnitte bereits zu Hause bei bestehender WLAN-Verbindung herunterladen und speichern. Unterwegs nutzen Sie dann die zuvor gespeicherten Karten und benötigen keine Internetanbindung.

Mit Google Maps unterwegs

1. Starten Sie zunächst Google Maps und suchen Sie sich den benötigten Kartenausschnitt. Benutzen Sie auch die Fingergesten, um den richtigen Ausschnitt in der richtigen Größe zu erhalten.

2. Wenn der Ausschnitt stimmt, geben Sie »ok maps« in das Suchfeld von Google Maps ein (Sie können dieses Kommando übrigens auch per Spracheingabe ausführen lassen). Dadurch laden Sie sich den gewünschten Kartenausschnitt in den Offlinespeicher der App. Sie können diesen Kartenteil nun in Zukunft auch offline nutzen. Dazu müssen Sie nichts weiter tun – die Karten werden im Offlinebetrieb für diejenigen Bereiche angezeigt, die zuvor heruntergeladen wurden. Um einen Überblick über die bereits heruntergeladenen Karten zu erhalten, zoomen Sie am besten ein wenig aus der Darstellung heraus.

3. Sollte der Speicher Ihres Smartphones mit der Zeit ein wenig voll werden, so können Sie die heruntergeladenen Karten löschen, indem Sie sich in den **Einstellungen** in den Bereich **Apps** begeben und dort den Cache der App Google Maps löschen (siehe ab Seite 189).

Sie sehen, es gibt viele nützliche Funktionen innerhalb der App, mit deren Hilfe Sie getrost Ihre alten Straßenkarten zu Hause lassen können. Aber das waren längst noch nicht alle interessanten Funktionen für unterwegs, die Google Maps für Sie bereithält. Schauen wir uns die App doch noch einmal genauer an.

Suchen Sie zunächst nach einer beliebigen Adresse, indem Sie sie in das Suchfeld der App eingeben. Wird Ihnen Ihr Ziel angezeigt, können Sie nun auf Wunsch durch Antippen des Automobilsymbols ❶ die Route zu der gesuchten Adresse aufrufen. Im vorliegenden Beispiel erhielten Sie die Fahrtstrecke für das Auto. Sie bekommen außerdem bereits die voraussichtliche Fahrzeit angezeigt ❷. Als Startpunkt für die Messung wird standardmäßig immer Ihr aktueller Standort verwendet.

Sie können die Routenführung jederzeit an Ihre Fortbewegungsart anpassen. Schalten Sie dazu über die Einstellungen der App zwischen der Routenplanung für Fußgänger, Auto- und Radfahrer um, mehr dazu später im Abschnitt »Navigation – Der Routenplaner« ab Seite 258.

Auch Sehenswürdigkeiten, die sich in der Nähe Ihres derzeitigen Standorts befinden, werden intelligent gefunden. Dazu können Sie auch ein einfaches Schlagwort wie beispielsweise »Museum« oder »Kloster« in das Suchfeld eintragen. Zunächst wird Ihnen dann nur die nächstgelegene Sehenswürdigkeit angezeigt.

Tippen Sie die Schaltfläche mit dem Namen der Sehenswürdigkeit ❸ an, erhalten Sie weiterführende Informationen wie beispielsweise die genaue Adresse, Telefonnummer und Öffnungszeiten. Durch das Antippen der Listen-Schaltfläche ❹ werden Ihnen weitere Vorschläge in der näheren Umgebung angezeigt. So finden Sie beim nächsten Ausflug schnell alle Sehenswürdigkeiten.

Mit Google Maps unterwegs

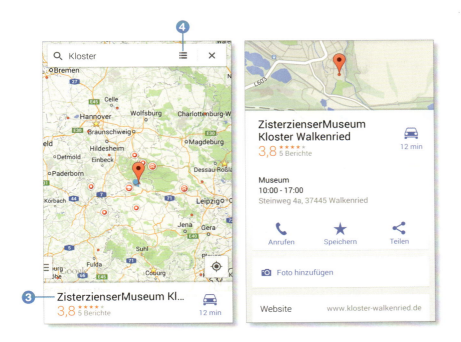

Mit Google Maps können Sie sich auch schon vorab die nähere Umgebung einer Adresse anschauen, z. B. wenn Sie eine Rast in einer Unterkunft planen, aber die Gegend bisher nicht kennen. Diese Option funktioniert allerdings nur, wenn der Ort zunächst per Google Street View erfasst wurde.

1. Geben Sie eine Adresse oder eine Unterkunftsbezeichnung in das Suchfeld ein. Tippen Sie anschließend die Zielbeschreibung am unteren Displayrand an. Falls Street View für die Gegend verfügbar ist, wird Ihnen das durch ein entsprechendes Feld angezeigt ❺. Tippen Sie dieses an und Sie gelangen in die Street-View-Ansicht.

255

Kapitel 10 – Karten und Navigation

2. Im Street-View-Modus können Sie sich im Bild durch Antippen der weißen Pfeile ❶ »umsehen« bzw. bewegen und per Fingerspreizen den Ausschnitt vergrößern oder verkleinern.

3. Eine nette Funktion verbirgt sich hinter dem Doppelpfeil in der linken unteren Displayecke ❷. Wenn Sie ihn antippen, färbt er sich blau, und Sie können sich nun mit Ihrem Smartphone um 360 Grad drehen, um einen Rundumblick von der Gegend zu erhalten. Neigen Sie Ihr Smartphone, wird die Perspektive geändert – das nenne ich virtuellen Tourismus!

Einige Großstädte werden mittlerweile auch als 3D-Modelle angezeigt. Diese Funktion bietet Ihnen ähnlich wie Street View eine Voransicht der Umgebung.

Mit Google Maps unterwegs

Sehen Sie sich doch beispielsweise einmal in Berlin am Potsdamer Platz etwas näher um, indem Sie per Fingergeste das Bild vergrößern bzw. hineinzoomen und dann die Darstellung wie oben beschrieben mit zwei Fingern kippen. Beeindruckend, oder?

Zu guter Letzt haben Sie die Möglichkeit, aus Google Maps heraus die *Google Earth*-App aufzurufen. Begeben Sie sich dazu in das Menü der Maps-App und rufen Sie von dort aus den Link zur Google-Earth-App auf. Sie können Google Earth aber natürlich auch aus dem App-Menü heraus starten.

Innerhalb der Earth-App können Sie wiederum Suchanfragen eingeben, so wie Sie es bereits von Google Maps gewohnt sind. Sie erhalten dann eine 3D-Satellitenansicht Ihrer Suchanfrage und können sich das Geländeprofil der Umgebung anschauen.

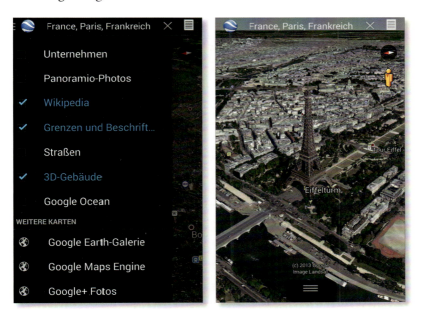

Google Earth stellt prominente Bauwerke als 3D-Gebilde dar.

Auch die Steuerung per Fingergesten funktioniert ganz ähnlich wie die Steuerung in Google Maps. So können Sie sich bequem von Ihrem Sofa aus auf Weltreise begeben.

Kapitel 10 – Karten und Navigation

> **Alternative Karten-Apps**
>
> Mittlerweile gibt es diverse ernst zu nehmende Konkurrenten zu Google Maps und Google Earth. Mir persönlich hat es die App *Locus Map Pro* angetan: Diese ist ideal zum Wandern, Mountainbiken und Bergsteigen, da man hier die Möglichkeit hat, topografische Karten aus dem Open-StreetMap-Projekt und diversen anderen Kartografieprojekten in die App zu laden.

Navigation – der Routenplaner

Kommen wir zu einer kleinen Navigationsaufgabe. Sie möchten eine Route zwischen zwei Orten planen. Dies können Sie direkt aus Google Maps heraus tun. Bei älteren Android-Systemen gibt es außerdem noch eine Navigations-App, die Sie im App-Menü finden.

1. Starten Sie Google Maps und tippen Sie auf das Routensymbol neben dem Suchfeld (vgl. Seite 250). Als Startort wird zunächst automatisch der aktuelle Standort verwendet, Sie können hier aber auch andere Startorte vorgeben, indem Sie das Feld antippen und eine andere Adresse eingeben.

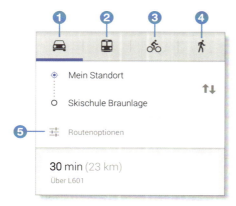

258

Navigation – der Routenplaner

2. Nachdem Sie den Anfangs- und Endpunkt der Route eingegeben haben, wird diese sofort berechnet und grafisch dargestellt. Sie können über die Wahlfelder am oberen Rand des Displays bestimmen, ob die Routenführung für Autofahrer ❶, öffentliche Verkehrsmittel ❷, Radfahrer ❸ oder Fußgänger ❹ berechnet werden soll. Über die **Routenoptionen** ❺ können Sie die Streckenführung genauer einstellen – bestimmen Sie z. B. beim Erstellen einer Autofahrtstrecke, ob Autobahnen oder mautpflichtige Straßen vermieden werden sollen.

3. Das folgende Bild zeigt Ihnen die Streckenvorschläge für das Auto, das Fahrrad und für Fußgänger. Neben der blau dargestellten Standardroute werden auch immer Alternativrouten angezeigt, die grau unterlegt sind. Wählen Sie die gewünschte Route durch Antippen aus. Unter den Routenvorschlägen werden Ihnen außerdem die ungefähre Dauer und die Streckenlänge angezeigt.

4. Starten Sie nun die Routenführung durch Antippen der Schaltfläche **Start** ❻. Sie werden sowohl optisch als auch akustisch über Ihre Route geführt. Durch Antippen der oberen Leiste können Sie von Zwischenziel zu Zwischenziel springen, um sich einen Eindruck über den Routenverlauf zu verschaffen.

259

Kapitel 10 – Karten und Navigation

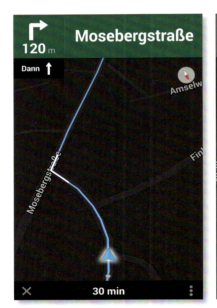 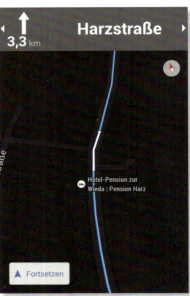

In der Nachtansicht erhalten Sie eine augenschonende dunkle Darstellung der Karte.

Sollten Sie oft mit dem Auto unterwegs sein, dann interessiert Sie sicher auch die Verkehrslage. Google Maps bietet in Verbindung mit der Navigations-App die Möglichkeit, die Verkehrssituation in die aktuelle Karte einzublenden und bei Bedarf nach Umleitungen zu suchen.

Wählen Sie im Menü der App die Option **Verkehrslage** aus. Ihnen wird sofort die aktuelle Verkehrslage in Form von grünen (flüssiger Verkehr), gelben (zäh fließender Verkehr) und roten (Stau) Linien angezeigt. Zusätzlich erhalten Sie einen Überblick über bestehende Straßensperrungen, Baustellen oder anderen Verkehrsbehinderungen.

Durch Antippen der Symbole bzw. Stauanzeigen erhalten Sie nähere Informationen über die entsprechende Störung.

Apps für unterwegs

> **TIPP**
>
> **Direkte Navigation zu einem Kontakt aus Ihrem Adressbuch**
>
> Haben Sie die Adressdaten zu einem Kontakt in der Kontakte-App hinterlegt, können Sie kinderleicht die Route planen: Starten Sie Google Maps und geben Sie in das Suchfeld die ersten Buchstaben Ihres Kontakts an. Daraufhin erscheint Ihr Kontakt in einer Auswahlliste der möglichen Ziele, und Sie können ihn durch Antippen des Eintrags als Navigationsziel auswählen. Schon wird die Route für Sie berechnet.

Die Navigations-App hat allerdings auch einen kleinen, nicht unbedeutenden Nachteil: Mit ihr lassen sich nur Routen von einem Start- zu einem Zielpunkt errechnen, Zwischenziele können Sie nicht zur Route hinzufügen, Sie können sich höchstens von Zwischenziel zu Zwischenziel hangeln. Abhilfe schafft hier die Verwendung einer professionellen Routing-App wie z. B. *NAVIGON*, die allerdings auch ihren Preis hat: Ca. 50 € müssen Sie für die Europaversion bezahlen. Die App lässt sich per In-App-Module beliebig aufpeppen; so erhalten Sie per Live-Traffic-Modul einen Überblick über aktuelle Verkehrsbehinderungen in Echtzeit.

NAVIGON Europe

> **TIPP**
>
> **NAVIGON Select ist für T-Mobile-Kunden kostenlos**
>
> Sie haben T-Mobile als Mobilfunkanbieter? Dann dürfen Sie das NAVIGON-Select-Paket kostenlos nutzen!

Apps für unterwegs

Im folgenden Abschnitt stelle ich Ihnen zwei Apps vor, die Sie bei Ihren Outdooraktivitäten begleiten oder, wie im zweiten Fall, diese sogar mitgestalten. Bei meinen Touren in den Alpen zu Fuß, per Ski oder mit dem Gleitschirm schätze ich es sehr, wenn ich mein Tagespensum aufzeichnen kann. Diese Aufgabe erfüllt für Sie die Google-eigene App *Meine Tracks*.

Meine Tracks

Kapitel 10 – Karten und Navigation

1. Installieren Sie zunächst die App Meine Tracks und stellen Sie in der Statusleiste sicher, dass Sie die GPS-Option aktiviert haben.

2. Tippen Sie auf das GPS-Symbol ❶ und warten Sie ab, bis das Smartphone Ihre Position eindeutig ausgemacht hat. Das erkennen Sie am entsprechenden Symbol in der Statusleiste (vgl. auch Seite 248).

3. Starten Sie nun die Aufzeichnung durch Betätigen der Aufzeichnungstaste ❷ und legen Sie Ihre geplante Strecke zurück.

4. Während der Aufzeichnung können Sie zwischen Kartenmodus ❸, Höhenprofil ❹ und Statistikansicht ❺ wählen. Sogar Ihr Kalorienverbrauch wird Ihnen dabei angezeigt ❻.

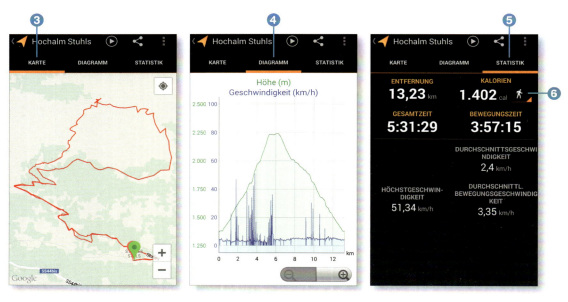

5. Beenden Sie die Aufzeichnung mit der **Stopp**-Schaltfläche ❼. Die aufgezeichnete Wegstrecke wird auf Wunsch in Ihrem Google-Konto auf Google Drive gespeichert, sodass Sie sich Ihre Tour bequem zu Hause am PC noch einmal in Google Earth anschauen können.

Apps für unterwegs

Mit dem Zeitstrahl am oberen linken Bildrand können Sie durch Ihre Tour navigieren.

Sie erinnern sich doch bestimmt noch an eine Schatzsuche, die Sie als Kind unternommen haben, oder? Ganz ähnlich funktioniert *Geocaching*, die neue Freizeitaktivität für technikverliebte Naturliebhaber. So bringt man selbst den Nachwuchs weg vom Bildschirm und zurück in die Natur. Beim Geocaching geht es darum, einen kleinen »Schatz« – den sogenannten *Cache* –, dessen GPS-Position von Mitspielern auf der Seite *geocaching.com* abgelegt wird, mit dem GPS Ihres Smartphones ausfindig zu machen. Sie benötigen hierfür nur Ihr Smartphone und die kostenlose App *c:geo*, und schon kann die moderne Schatzsuche losgehen.

1. Laden Sie zunächst die App herunter und installieren Sie sie auf Ihrem Smartphone. Richtig nützlich wird die App, wenn Sie sich ein Konto auf *www.geocaching.com* einrichten. Tun Sie dies ebenfalls, bevor Sie die App öffnen.

c:geo

2. Starten Sie nun die App. Es erscheint eine Liste verschiedener Webanbieter, die Geocaching-Daten hosten. Wählen Sie hier für den Anfang *geocaching.com* und loggen Sie sich mit Ihren Zugangsdaten ein. Das Login ist übrigens für Sie nicht zwingend notwendig, erleichtert aber später die Meldung eines gefundenen Caches.

Kapitel 10 – Karten und Navigation

3. Wählen Sie zunächst den Menüpunkt **In der Nähe** ❶.

4. Daraufhin werden Ihnen alle in der Nähe befindlichen Geocaches in Listenform angezeigt ❷. Es wird Ihnen außerdem angezeigt, wie weit die verschiedenen Geocaches von Ihrem Standort entfernt sind.

Sie können sich die Caches auch auf einer Übersichtskarte anzeigen lassen. Dazu wählen Sie im Menü den Punkt **Live-Karte** ❸.

Haben Sie dabei etwas Geduld, bis sämtliche Caches in Ihrer Umgebung von der App erfasst werden. Beachten Sie auch, dass Sie dazu eine Internetverbindung benötigen.

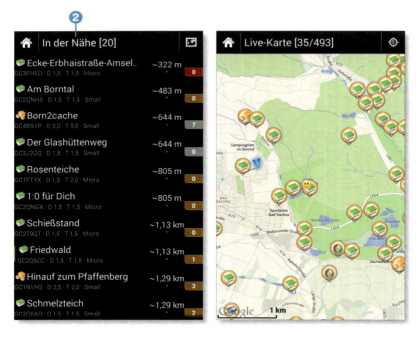

5. Sie können nun Ihre Suchstrecke zum Geocache entweder über die Live-Karte verfolgen oder das Kompasswerkzeug der App verwenden. Tippen Sie dazu zunächst den gewünschten Cache und anschließend das Kom-

Apps für unterwegs

passsymbol ④ neben der Kurzbeschreibung an. Daraufhin erscheint ein Kompass ⑤, der Sie zu Ihrem Cache führt. Orientieren Sie sich hierzu an dem breiten Richtungspfeil ⑥. Entfernung zum Cache und Peilung werden immer aktualisiert.

6. Befinden Sie sich in der unmittelbaren Nähe des Caches, sollten Sie über das Optionsmenü den Spurenmodus aktivieren, der Ihre Bewegung protokolliert und somit das Auffinden leichter gestaltet: Sie sehen so, wo Sie bereits zuvor gesucht haben.

Ein roter Kreis ⑦ gibt die nähere Umgebung des Caches auf der Karte an. Sie können nun entweder diesen Bereich absuchen oder Sie umgehen diese Ungenauigkeit. Speichern Sie sich dazu die Koordinaten des Caches vorab über das Menü auf Ihrem Smartphone, so erhalten Sie eine genauere Verortung des Caches. Tippen Sie dazu in der Übersicht den Cache und im folgenden Dialog die Schaltfläche **Speich.** an.

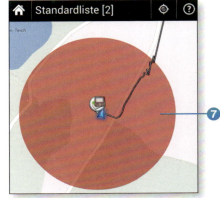

7. Suchen Sie schließlich in dem eingegrenzten Bereich nach dem Cache. Meistens sind die Caches in kleinen Plastikfilmdosen ❶ versteckt. Vergessen Sie nicht, den Fund mithilfe der App zu bestätigen und Ihre Signatur auf dem Zettel in der Dose zu hinterlassen.

Sie sehen, Ihr Smartphone kann auch bei Ihren Freizeitaktivitäten ein ausgesprochen hilfreicher Begleiter sein.

Kapitel 11
Musik und E-Books auf dem Smartphone

Eine gute Nachricht: Sie müssen auf Ihrem Android-Smartphone nicht auf Ihre mühsam zusammengetragene digitale Musiksammlung verzichten. Das Android-System ist für die Wiedergabe diverser Tonformate bestens aufgestellt und besitzt mit *Play Music* sogar eine ideale Möglichkeit, Ihre Lieblingssongs in der Google-Cloud zu sichern. Möchten Sie Ihren musikalischen Horizont erweitern, dann bietet sich die Play Music Flatrate *All-Inclusive* an.

Musik auf das Smartphone übertragen

Wenn Sie ohne große Umstände sofort loslegen und Musik auf Ihrem Smartphone hören möchten, übertragen Sie einzelne Stücke oder Alben am einfachsten per USB-Anschluss vom PC auf Ihr Gerät. Das funktioniert unter Windows 8 folgendermaßen:

1. Schließen Sie Ihr Smartphone per USB-Kabel an Ihren PC an. Das Gerät wird als Mediengerät oder Massenspeicher ähnlich wie ein USB-Stick erkannt. Meist werden zunächst automatisch einige Treiber installiert.

2. Nach der Installation der Treiber erscheint Ihr Gerät im Dateimanager von Windows. Hier können Sie nun bequem auf den Speicher Ihres Smartphones ❶ (Seite 268) zugreifen und Dateien austauschen.

Kapitel 11 – Musik und E-Books auf dem Smartphone

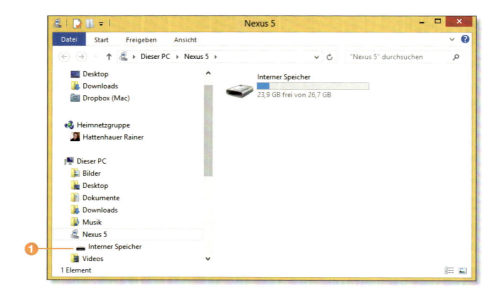

Sollte Ihr Gerät mit einer externen SD-Karte ausgestattet sein, dann tauchen im Explorer zwei Einträge für Ihr Smartphone auf: **Phone** ❷ bezeichnet den internen Speicher, **Card** ❸ die SD-Karte. Idealerweise kopieren Sie Ihre Musik auf eine solche SD-Karte, denn das spart wertvollen internen Speicherplatz.

3. Navigieren Sie nun einmal per Dateimanager in den internen Speicher Ihres Geräts. Dort gibt es bereits einen Ordner namens *Music* ❹. Hier werden alle Musikstücke verwaltet. Sie können einen solchen Ordner mithilfe des Explorers aber auch problemlos auf der externen SD-Speicherkarte **Card** erstellen, falls eine solche eingebaut ist.

Musik auf das Smartphone übertragen

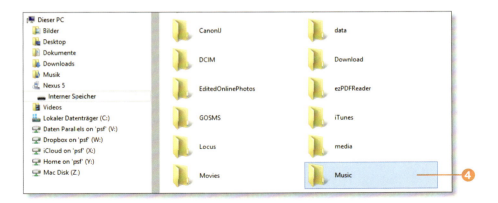

4. Suchen Sie nun mithilfe des Explorers ein Stück oder ein ganzes Album aus, das Sie auf Ihrem Smartphone hören möchten. Wissen Sie nicht, wo sich die Musik auf Ihrem PC befindet, schauen Sie einmal in der Bibliothek *Music*, ob Sie dort fündig werden.

Haben Sie *iTunes* installiert, so wird Ihre komplette Musiksammlung dort im iTunes-Unterordner abgelegt. Begeben Sie sich hier in den Pfad *iTunes/iTunes Media/Music*.

5. Ziehen Sie die gewünschten Stücke bzw. Alben per Drag & Drop (siehe Glossar, Seite 365) in das Verzeichnis *Music* auf Ihrem Smartphone, idealerweise auf die externe SD-Karte. Der Play-Music-App ist es egal, ob die Stücke ungeordnet oder in Ordnern zusammengefasst auf dem Speicher landen. Es ist aber sinnvoll, die auf dem PC vorgegebene Ordnerstruktur beizubehalten.

Fertig! Sie haben Ihr Android-Smartphone nun mit Futter für die Ohren ausgestattet.

> **HINWEIS**
>
> **Auf dem Mac Android File Transfer verwenden**
>
> Sind Sie Mac-Besitzer? Dann verwenden Sie zur Datenübertragung am besten das Programm *Android File Transfer*, das Sie hier herunterladen können: *http://www.android.com/filetransfer*.

269

Kapitel 11 – Musik und E-Books auf dem Smartphone

Musik abspielen

Zur Wiedergabe der soeben übertragenen Musik verwenden wir die Play-Music-App.

1. Starten Sie die Play-Music-App aus dem App-Menü und wählen Sie mithilfe der Schaltfläche **Jetzt anhören** ❶ den Bereich **Auf dem Gerät** ❷.

2. Bestätigen Sie beim ersten Start der App zunächst die Meldung für Titelvorschläge mit der Schaltfläche **OK** und wählen Sie ein Album und anschließend ein Musikstück durch Antippen aus.

3. Das ausgewählte Musikstück wird nun im Hintergrund wiedergegeben. Sollten Sie die App verlassen, wird das Stück bzw. Album weiter im Hintergrund abgespielt. Möchten Sie wieder in den Player-Modus wechseln, ziehen Sie einfach die Statusleiste herunter und tippen auf die Player-Statusmeldung ❸.

4. Sie gelangen so erneut in die Player-Oberfläche der Play-Music-App.

iSyncr

TIPP

iSyncr – die Alternative zur Offlinesynchronisierung

Wenn Sie Ihre iTunes-Bibliothek auf den Speicher Ihres Smartphones übertragen wollen, bietet sich die Android-App *iSyncr* an. In Verbindung mit einer Desktop-App (separat erhältlich für Windows und MacOS X) lässt sich damit bequem eine Synchronisierung per WLAN herbeiführen – Sie ersparen sich den lästigen Transfer per USB-Kabel.

Musik in der Cloud speichern

Die im vorherigen Abschnitt beschriebene Vorgehensweise mutet heutzutage altmodisch an. Der moderne Datennomade geht heute anders vor. Er gleicht seine Musiksammlung mit der *Cloud* ab. Die Cloud ist dabei eigentlich nichts anderes als eine große Festplatte im Internet. So werden dann sämtliche Musikstücke der Musiksammlung auf einen Server hochgeladen oder mit bestehenden Stücken abgeglichen. Der Clou dabei: Selbst wenn es sich bei Teilen Ihrer Musik um qualitativ schlechte Internetradio-Mitschnitte oder Ähnliches handelt, wird stets versucht, das Originalstück zu finden und mit Ihrem Konto zu verknüpfen. So einen Service bietet z. B. Apple unter dem Namen *iTunes Match* für eine Jahresgebühr von 25 € an. Die Wiedergabe der so gespeicherten Stücke erfolgt per Streaming, was natürlich eine bestehende Onlineverbindung voraussetzt. Es gibt aber auch die Möglichkeit, Stücke oder Alben aus der Cloud herunterzuladen und dauerhaft auf dem Gerät für eine Offlinewiedergabe zu speichern.

Auch Google bietet eine solche Cloud-Lösung an. Diese ist im Vergleich zur Apple-Lösung iTunes Match kostenlos. Gehen Sie zum Abgleich Ihrer Musiksammlung mit der Google-Cloud folgendermaßen vor:

1. Begeben Sie sich auf die Seite *music.google.com* und loggen Sie sich mit Ihren Google-Accountdaten dort ein.

2. Betätigen Sie unter Ihrem Kontonamen die Schaltfläche **Musik hochladen** ❹.

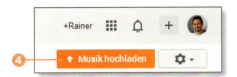

3. Je nach verwendetem Betriebssystem wird Ihnen nun die App *Music Manager* für Windows oder Mac OS zum Download angeboten. Laden Sie das Programm herunter und installieren Sie es.

4. Nach dem ersten Start muss der Music Manager konfiguriert werden. Hier geht es im Wesentlichen darum, dass Sie sich mit Ihren Google-Kontodaten beim System anmelden und dem Music Manager mitteilen, wo sich Ihre Musik befindet.

5. Nun können Sie mithilfe des Programms Ihre lokale Musiksammlung mit der Cloud abgleichen. Die App sucht dabei den PC nach den Standardmediatheken wie beispielsweise iTunes ab. Beachten Sie, dass DRM-geschützte Musik nicht mit der Google-Cloud synchronisiert werden kann (siehe Kasten auf Seite 274).

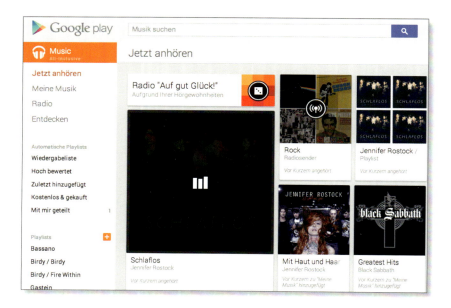

6. Testen Sie, ob der Upload erfolgreich war, indem Sie sich Ihre Musikbibliothek bei Google über den Link *music.google.com* in einem beliebigen Browser ansehen. Falls nicht bereits geschehen, loggen Sie sich vorher mit Ihrem Google-Konto ein.

Zum Upload oder Download von Musik auf Ihrem PC steht Ihnen nun stets der Music Manager zur Verfügung. Sie starten ihn über das Kopfhörer-Icon in der Windows-Taskleiste oder über die Kachel auf der Windows-Startseite.

Musik in der Cloud speichern

7. Nach der Synchronisierung, die entweder über die Schaltfläche **Hochladen** ❶ oder den automatischen Abgleich mit iTunes (Option **Titel automatisch hochladen** aktiviert ❷) erfolgt, stehen Ihnen sämtliche Titel Ihrer PC-Musiksammlung in der Cloud zur Verfügung und können insbesondere auch auf Ihrem Smartphone mit der Play-Music-App genutzt werden. Dazu wählen Sie im Bereich **Jetzt anhören** den Punkt **Alle Musiktitel** ❸ und tippen das gewünschte Album an. Falls keine Onlineverbindung zur Verfügung steht, erscheinen lokal verfügbare Titel in kräftigen Farben ❹, per Streaming verfügbare Musik hingegen blass markiert ❺.

Auf dem Gerät befindliche Musik erscheint in kräftigen Farben; Musik, die in der Cloud gespeichert wurde, ist grau dargestellt, wenn die Onlineverbindung unterbrochen ist.

Kapitel 11 – Musik und E-Books auf dem Smartphone

> **INFO**
>
> **Was ist DRM?**
>
> DRM (*Digital Rights Management*, auf Deutsch: digitale Rechteverwertung) ist ein Verfahren, das dafür sorgt, dass gekaufte Musik nur auf bestimmten Endgeräten wiedergegeben werden kann. Die Zahl der nutzbaren Endgeräte ist zudem limitiert.

Google Play Music im Überblick

Die Play-Music-App allein zur Wiedergabe von Musik zu verwenden täte ihr Unrecht. Vielmehr ist sie die Schaltzentrale für sämtliche Aktivitäten rund um alles, was mit Musik zu tun hat. So können Sie hier auch neue Musik kaufen. Sehen wir uns ein wenig auf der Oberfläche um:

1. Über die **Menü**-Schaltfläche links neben dem Kopfhörersymbol ❶ gelangen Sie in das Hauptmenü der App. Den Bereich **Jetzt anhören** haben Sie schon kennengelernt. Begeben Sie sich nun in den Bereich **Meine Musik** ❷.

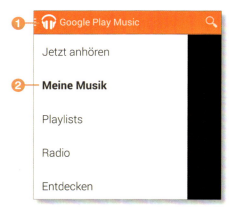

2. Hier erhalten Sie einen Überblick über sämtliche Musik, die sich sowohl in der Google-Cloud als auch lokal auf Ihrem Gerät befindet. Durch Hin- und Herwischen auf dem Display wechseln Sie zwischen den Ansichten **Genres**, **Interpreten** ❸, **Alben** ❹ und **Titel** ❺.

Google Play Music im Überblick

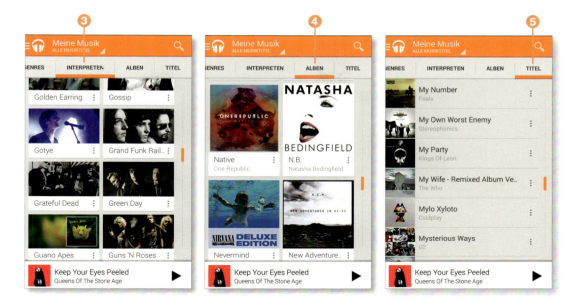

3. Einzelne Musikstücke wählen Sie nun in den entsprechenden Ansichten durch Antippen aus. Wenn Sie ein bestimmtes Stück suchen, geht das oft schneller durch Verwenden der Suchfunktion ❻. Dabei genügt es, die ersten Buchstaben des Titels einzugeben, um erste Vorschläge zu erhalten.

4. Play Music verfügt über die Option, bestehende Playlists (also die Zusammenstellung von Musikstücken) z. B. aus iTunes zu übernehmen oder auch neue Listen zu erstellen. Bei einer Synchronisation des Music Managers mit einer iTunes-Bibliothek finden Sie die Playlists im Untermenü **Playlists** ❼ (Seite 276). Mehr zur Erstellung von Playlists erfahren Sie im nächsten Abschnitt.

Kapitel 11 – Musik und E-Books auf dem Smartphone

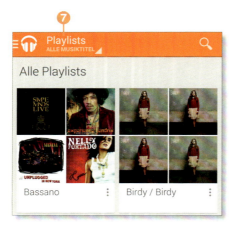

5. Im Menübereich **Radio** des Hauptmenüs kommen Sie in den Genuss eines nützlichen Features: Google analysiert auf der Basis der Stücke, die Sie abspielen oder vorher auswählen, Ihre Hörgewohnheiten und erstellt eine Mix-Sammlung aus Stücken ähnlichen Typs. So ersparen Sie sich das langwierige Zusammenstellen einer Playlist. Wenn Sie ein wenig herunterscrollen, finden Sie schon erste Radio-Schnellmixe. Den Umgang mit Radio-Schnellmixen behandele ich ab Seite 280.

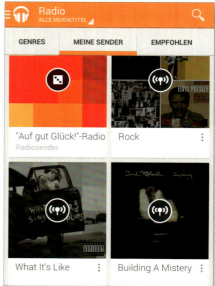

Google Play Music im Überblick

6. Schauen Sie sich einmal etwas im Google Play Music Store um, den Sie über die Menü-Schaltfläche mit dem Link **Entdecken** erreichen. Bei Betätigung des Links wechseln Sie in die Musikabteilung des Play Store. Hier können Sie DRM-freie Musik erwerben. Stöbern Sie dazu durch die riesige Musikbibliothek von Play Musik und hören Sie durch Antippen Musikausschnitte an. Gefällt Ihnen ein Album oder ein Stück, so wählen Sie über das lokale Menü den Punkt **Kaufen** aus. Sie werden in die Musikabteilung des Google Play Store weitergeleitet und können dort das Album oder Stück ähnlich dem Kauf einer App erwerben.

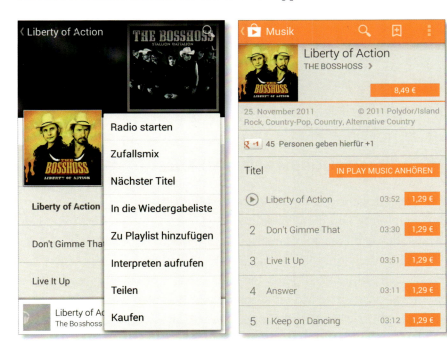

7. Schließlich sollten Sie sich auch noch einmal mit den Optionen der App Play Music vertraut machen. Diese erreichen Sie über das Hauptmenü im Bereich **Einstellungen**. Hier finden Sie u. a. einen leistungsfähigen Equalizer ❶ (siehe Seite 278), der bei angeschlossenem Headset sogar 3D-Soundeffekte ermöglicht. Über den Punkt **Cache leeren** ❷ werden sämtliche lokal gespeicherten Stücke gelöscht – das ist recht nützlich, wenn Ihr Smartphone-Speicher zur Neige geht.

Kapitel 11 – Musik und E-Books auf dem Smartphone

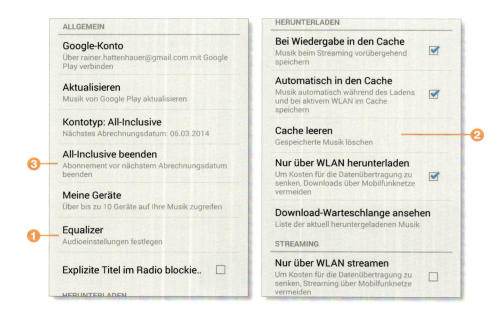

All-Inclusive: Googles Musik-Flatrate

Wie wäre es, wenn Sie Zugang zu ca. 20 Millionen Titeln hätten, die Sie nach Belieben hören könnten? Sie können sogar ganze Alben für Ihren nächsten Urlaub auf dem Smartphone abspeichern. Der Service kostet 9,99 € im Monat, ist jederzeit kündbar und nennt sich *Google Music All-Inclusive*. Suchen Sie danach auf der Startseite des Play Music Store im Internet und testen Sie den Service einen Monat kostenlos. Bei Gefallen wird das Abo automatisch verlängert, bei Nichtgefallen können Sie es jederzeit kündigen. Das geschieht in den Einstellungen der Play-Music-App im Bereich **Allgemein ▶ All-Inclusive beenden** ❸.

> **INFO**
>
> **Alternative Musik-Flatrates**
>
> Auch andere Anbieter bieten Musik-Flatrates an. Allen voran wäre hier *Spotify* zu nennen. Aber auch die Dienste *Deezer* und *Simfy* machen der Google Musik-Flatrate Konkurrenz.

278

All-Inclusive: Googles Musik-Flatrate

Nach Abschluss des Abos können Sie sich beliebig viele Alben, so lange der Speicherplatz reicht, auf Ihr Smartphone laden oder auch nur streamen. Suchen Sie sich dazu ein Album über den Menüpunkt **Entdecken** aus und geben Sie es wie lokal gespeicherte Musik wieder. Gefällt es Ihnen, so speichern Sie es in einer Playlist ab und laden es für den späteren Offlinegenuss herunter, mehr dazu im nächsten Abschnitt.

TIPP

Google All-Inclusive auf dem PC nutzen

Selbstverständlich steht Ihnen die Google Music Flatrate All-Inclusive auch auf Ihrem PC zur Verfügung. Starten Sie dazu einen Browser und öffnen Sie den Link *https://play.google.com/store/music*.

Begeben Sie sich anschließend in den Bereich **Meine Musik** und wählen Sie dort den Menüpunkt **Entdecken** – schon können Sie in Googles Musikfundus stöbern.

279

Kapitel 11 – Musik und E-Books auf dem Smartphone

Musik zusammenstellen – Playlists und Play Music Radio

Hören Sie sich unterwegs noch komplette Alben am Stück an oder legen Sie sich auch Wiedergabelisten mit gemischten Stücken an? Das geht selbstverständlich auch mit Ihrem Android-Smartphone:

1. Starten Sie Play Music, begeben Sie sich in den Bereich **Meine Musik** und suchen Sie sich den ersten Titel für Ihre neue Playlist aus.

2. Wählen Sie über die In-App-Menü-Schaltfläche (das sind die drei Punkte) ❶ (Seite 281) den Menüpunkt **Zu Playlist hinzufügen** ❷ aus. Sie können nun eine bestehende Playlist verwenden oder auch eine neue erstellen.

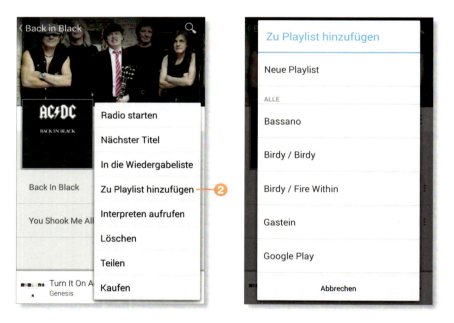

3. Fahren Sie so fort, bis Sie genügend Stücke in Ihrer Playlist haben.

4. Zur Wiedergabe der Liste begeben Sie sich im Hauptmenü der App in den Bereich **Playlists** ❸. Wählen Sie die entsprechende Liste aus und starten Sie die Wiedergabe durch Antippen des ersten Titeleintrags.

Musik zusammenstellen – Playlists und Play Music Radio

5. Wenn Sie mögen, können Sie auch sämtliche Stücke der Liste für die Offlinewiedergabe herunterladen. Haben Sie eine WLAN-Verbindung? Dann tippen Sie das Pinnnadelsymbol ❹ an, und der Download startet. Eine rote Markierung ❺ um das Nadelsymbol herum zeigt den Fortschritt des Downloads an. Auf diese Weise können Sie auch andere Stücke oder komplette Alben auf Ihr Smartphone zur Offlinewiedergabe herunterladen.

6. Möchten Sie die Titelabspielreihenfolge zufällig gestalten, so verwenden Sie aus dem In-App-Menü den Punkt **Zufallsmix**.

Das Erstellen von Playlists ist Ihnen zu mühsam? Dann lassen Sie doch die App Ihre Arbeit machen! Die Lösung ist die Erstellung eines eigenen Radiosenders mit Ihrer Lieblingsmusik. Das funktioniert folgendermaßen:

281

Kapitel 11 – Musik und E-Books auf dem Smartphone

1. Wählen Sie aus dem Hauptmenü der App den Punkt **Radio** ❻ (Seite 281) aus. Betätigen Sie die Schaltfläche **Neuen Sender erstellen** ❼.

2. Geben Sie in der folgenden Suchmaske einen Titel an, der als Basis für den neuen Radiosender dienen soll. Tippen Sie auf das Radiosymbol ❽, nachdem der Titel gefunden wurde.

3. Daraufhin sucht das System nach ähnlich klingenden Titeln und stellt eine Liste zusammen. Es ist erstaunlich, wie gut die Titel miteinander harmonieren. Das Ganze funktioniert sowohl mit Ihren lokal gespeicherten Stücken als auch mit Musik aus Googles Play-Music-Repertoire, falls Sie die All-Inclusive-Option gebucht haben.

4. Sie können bei Auswahl eines beliebigen Stücks oder Interpreten auch jederzeit einen neuen Radiosender erstellen, indem Sie aus dem In-App-Menü die Option **Radio starten** wählen.

> **INFO**
>
> **Alternative Musikplayer**
>
> Der Google Play Store bietet eine schier unbegrenzte Zahl an alternativen Musikwiedergabe-Apps an. Mein persönlicher Favorit ist der *Rocket Player*, dessen Vertreiber auch für die iTunes-Synchronisations-App iSyncr verantwortlich zeichnet (vgl. Seite 270). Der Player bietet sich insbesondere zur Wiedergabe von Offlinemusik an.

Herausfinden, welche Musik gerade gespielt wird

Stellen Sie sich vor, Sie hören einen Titel im Radio, der Ihnen spontan gefällt. Wenn Sie doch nur wüssten, wie der Künstler heißt! Mittlerweile verfügt jedes Google-Smartphone über eine eingebaute Lösung, um unbekannte Musikstücke zu identifizieren.

1. Installieren Sie das Widget *Sound Search* ❶ auf einem freien Homescreen.

2. Wenn nun ein interessanter Song im Radio läuft, dann tippen Sie einfach auf das Widget. Es erscheint ein Oszillogramm, welches den Erkennungsprozess visualisiert ❷, und kurze Zeit später wird der Titel des Stücks angegeben – vorausgesetzt, er befindet sich in der Play-Music-Bibliothek auf dem Google-Server.

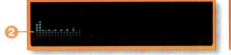 

Sollte die Suche bei Google nicht zum gewünschten Erfolg führen, dann bietet sich die *Shazam*-App an: Damit lassen sich auch Exoten ausfindig machen.

Kapitel 11 – Musik und E-Books auf dem Smartphone

Shazam

Sie haben bei Shazam sogar die Möglichkeit, sich per Druck auf die Schaltfläche **Songtexte** den Text des Liedes anzeigen zu lassen. Vorbildlich ist weiterhin die Anbindung an den Musikstreaming-Service *Spotify*: Hier können Sie entdeckte Stücke automatisch zu Ihren Spotify-Playlists hinzufügen.

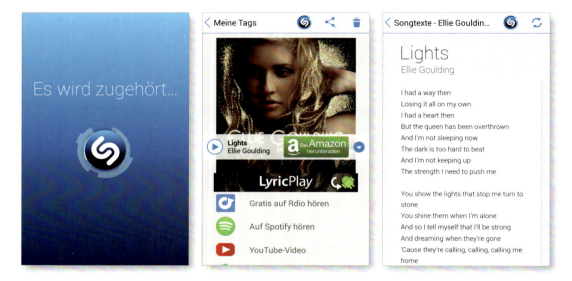

Wer hätte so etwas noch vor zehn Jahren für möglich gehalten? Für mich ist das wieder einmal ein Beispiel dafür, wie man das Smartphone mit viel Gewinn im Alltag einsetzen kann.

Radio hören

TuneIn

Nahezu jeder bekannte Radiosender im deutschsprachigen Raum lässt sich mittlerweile per Smartphone über eine Internetverbindung hören – mit der passenden App. Besonders bewährt hat sich hier *TuneIn Radio*.

1. Installieren Sie die TuneIn-App und starten Sie sie. Verschaffen Sie sich zunächst einen Überblick über die lokalen Sender, indem Sie den Menüpunkt **Lokales Radio** ❶ auswählen.

284

Radio hören

2. Andererseits können Sie aber auch Musik nach Zeitraum oder Genre auswählen. Dazu wählen Sie im Menü den Punkt **Musik** und tippen nun den Bereich an, der Sie persönlich interessiert, z. B. **Alternativer Rock** ❷.

3. Wählen Sie aus der erscheinenden Liste einen Sender aus. Dort ist auch ersichtlich, welches Musikstück aktuell auf dem Sender gespielt wird. Nach kurzer Zeit beginnt die Wiedergabe. Diese können Sie jederzeit durch Betätigen des **Stopp**-Knopfes unterbrechen.

Die kostenpflichtige Pro-Version der App bietet weitere interessante Features: So können Sie den Livestream über eine **Record**-Schaltfläche ❸ aufzeichnen und die Qualität des Streams durch längeres Antippen der Station auswählen.

285

Hörbücher und Podcasts hören

AntennaPod

Viele Menschen hören auf ihrem Smartphone gerne Podcasts. Das sind meist kurze Sendungen, die in Form einer Audio-, manchmal auch einer Videodatei daherkommen. Podcasts werden von vielen Webseiten angeboten und können in aller Regel auch über einen RSS-Feed (siehe Glossar ab Seite 369) abonniert werden. Android verfügt über eine Vielzahl von Podcast-Apps, darunter z. B. *AntennaPod*.

Im Folgenden zeige ich Ihnen, wie Sie den Podcast der letzten Tagesschau-Sendungen mit AntennaPod abonnieren:

1. Installieren Sie AntennaPod und starten Sie das Programm.

2. Suchen Sie parallel per Browser nach den Begriffen »tagesschau podcast«.

3. Kopieren Sie einen dort zu findenden Link wie in Kapitel 1, »Start mit dem Android-Smartphone«, ab Seite 41 beschrieben.

4. Tippen Sie in AntennaPod auf das **+**-Zeichen und geben Sie dort den kopierten Link per Einfügefunktion ein ❶.

5. Bestätigen Sie die Eingabe über die Schaltfläche **Bestätigen** ❷.

6. Ihnen stehen nun die aktuellen Tagesschau-Sendungen als Podcasts zur Verfügung. Durch Antippen des Downloadsymbols ❸ können Sie den Podcast auch zur lokalen Nutzung aus dem Internet herunterladen. Möchten Sie die Sendung lediglich streamen, so tippen Sie einfach auf das Antennensymbol ❹.

Hörbücher und Podcasts hören

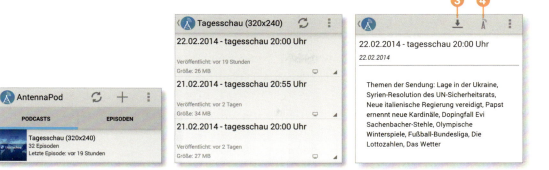

Abend- und urlaubsfüllender als Podcasts sind Hörbücher. Die beliebteste Plattform für Hörbücher in Deutschland ist *Audible*. Hier können Sie eine Vielzahl aktueller Hörbücher erwerben und direkt auf Ihr Smartphone herunterladen.

Audible

1. Nach dem Start der App legen Sie entweder ein neues Konto an oder melden sich, falls Sie bereits Kunde bei Amazon sind, mit Ihren Amazon-Kontendaten an.

2. In der Oberfläche stehen Ihnen einige Hörproben zur Verfügung ❺, die Sie sich zu Gemüte führen können. Selbstverständlich können Sie über die eingebaute Suchfunktion ❻ gezielt selbst nach Hörbüchern suchen.

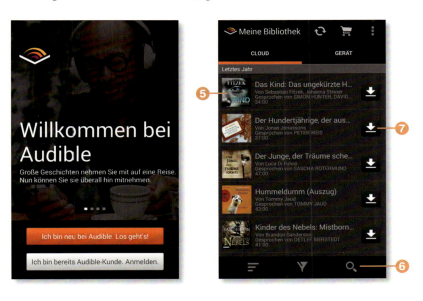

287

Kapitel 11 – Musik und E-Books auf dem Smartphone

3. Haben Sie sich zum Kauf eines Hörbuches entschlossen, so können Sie dieses nach dem Kauf entweder per Streaming direkt aus der Cloud hören oder sich eine lokale Kopie zur Offlinenutzung herunterladen. Dazu tippen Sie auf die **Download**-Schaltfläche ❼ (Seite 287).

4. Während der Wiedergabe können Sie jederzeit über die Geschwindigkeitsschaltfläche ❽ die Vorlesegeschwindigkeit ändern.

E-Books lesen

Der Google Play Store besitzt eine eigene Abteilung für E-Books. Starten Sie die Play-Books-App und schauen Sie sich einmal in der Rubrik **Bücher kaufen** um.

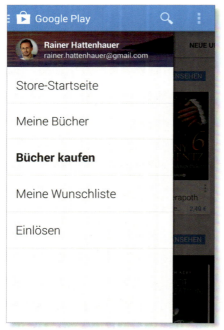
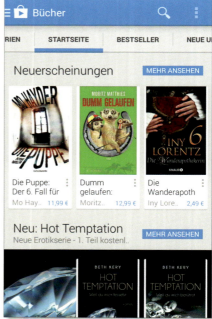

E-Books lesen

Durch seitliches Scrollen wechseln Sie die Ansicht durch die Rubriken **Kategorien**, **Startseite**, **Bestseller**, **Neue Unterhaltungsliteratur**, **Neue Sachliteratur**, **Top kostenlos**. Das kennen Sie in ähnlicher Form schon aus dem Play Music Shop.

Wenn Sie sich zum Kauf eines E-Books entschlossen haben, so finden Sie dieses nach der Bezahlung über das Google-Konto in der App *Play Books* unter **Meine Bücher**.

Die Play-Books-App ist bereits mit einigen kostenlosen E-Books »vorgefüllt«. Dabei handelt es sich um Werke, deren Urheberrecht abgelaufen ist, z.B. Goethes Faust. Laden Sie sich doch einfach einmal eines der angebotenen Werke herunter. Sie blättern per Antippen der rechten Displayseite.

Kindle

Im Vergleich zu Deutschlands größtem Angebot an E-Books bei Amazon fällt das Portfolio des Google Book Store eher spärlich aus, wenngleich die meisten aktuellen Bestseller auch bei Play Books zu finden sind. Wer eine umfangreichere Auswahl haben möchte, installiert am besten zusätzlich die App *Amazon Kindle*, die Zugriff auf den Amazon Kindle Store bietet. Dort erworbene Bücher können Sie dann plattformübergreifend nutzen, entsprechende App vorausgesetzt.

Kapitel 11 – Musik und E-Books auf dem Smartphone

INFO

Auch das gibt es: eine Flatrate für Leseratten

Wer Amazon-Prime-Kunde ist, der darf sich einmal pro Monat ein E-Book kostenlos ausleihen. Der Anbieter *readfy* geht noch ein Stück weiter und bietet eine echte Leseflatrate an. Der Dienst befand sich zum Zeitpunkt der Drucklegung des vorliegenden Buches noch in der Beta-Testphase. Mehr Informationen dazu finden Sie auf *http://www.readfy.com*.

Kapitel 12
Nützliche Apps und Spiele

»Gibt's da nicht ne App für?« In der Tat lassen sich heutzutage die meisten Probleme in Alltag und Freizeit mit einem kleinen elektronischen Helfer besser meistern. Und auch für die Kurzweil ist gesorgt: Der Play Store bietet unzählige spannende Spiele für den entspannten Feierabend.

Mit dem Android-Smartphone auf Reisen

So richtig nützlich ist Ihr Smartphone auch im Urlaub: Schlagen Sie beispielsweise schnell die Fahrpläne öffentlicher Verkehrsmittel nach oder rufen Sie noch kurz den Wetterbericht ab, um zu wissen, ob Sie den Regenschirm einpacken sollten. Lernen Sie nützliche Apps kennen, die Ihnen in der schönsten Zeit des Jahres wertvolle Dienste leisten.

Öffi

Sie sind in einer fremden Stadt unterwegs und möchten sich mit öffentlichen Verkehrsmitteln fortbewegen? Bevor Sie sich an der Bushaltestelle durch die teils unübersichtlichen Fahrpläne quälen, sollten Sie sich einmal *Öffi* anschauen – diese App gibt Ihnen die Fahrpläne der meisten deutschen und europäischen Metropolen an; noch dazu können Sie Ihre Route mit Bus und Bahn genauestens planen.

Öffi besteht aus drei Teil-Apps: *Öffi Haltestellen*, *Öffi Netzpläne* und *Öffi Verbindungen*. Nach dem ersten Start einer App, z. B. Öffi Verbindungen, müssen Sie zunächst angeben, ob Sie Verbindungen europaweit oder nur im deutschen Verkehrsverbund suchen möchten. Haben Sie diese Einstellungen vorgenommen, werden Ihnen sofort die Verbindungen in Ihrer näheren

Kapitel 12 – Nützliche Apps und Spiele

Umgebung angezeigt. Ihr Aufenthaltsort wird in diesem Fall sowohl per Mobilfunknetz als auch mithilfe des eingebauten GPS ermittelt.

Sie können aber auch Verbindungen in anderen Städten recherchieren und sich Netzpläne anzeigen lassen. Dazu verwenden Sie das Menü der App. Dort können Sie auch den Routenplaner aufrufen, der gezielt Verbindungen zwischen zwei Orten sucht.

Es werden Ihnen dabei alle Umsteigmöglichkeiten sowie Fußwege zwischen den Haltestellen aufgelistet. Bei den Fußwegen haben Sie die Möglichkeit, sich durch Anklicken des Maps-Symbols ❶ zur nächsten Haltestelle navigieren zu lassen. Wählen Sie eine Verbindung aus, so erhalten Sie außerdem einen detaillierten Streckenverlauf.

Auch die Deutsche Bahn bietet Ihnen ihren Fahrplan als App an: Mit dem *DB Navigator* können Sie jederzeit unterwegs Ihre benötigte Verbindung suchen. Auch hier geben Sie dazu Ihren Start- und Zielort ein, das Programm sucht dann passende Verbindungen für Sie heraus und stellt sie Ihnen zur Wahl.

> **INFO**
>
> **Tickets und Leihwagen online buchen**
>
> Bei Bedarf können Sie mit der App *DB Tickets* auch gleich ein Handy-Ticket buchen: Sie erhalten Ihr Ticket also digital direkt auf Ihrem Smartphone und benötigen keinen ausgedruckten Fahrschein. Dabei handelt es sich um ein Piktogramm ähnlich den im Buch verwendeten QR-Codes, das vom Schaffner mit einem Scanner eingelesen wird.

DB Navigator

Wo finde ich ein gutes Hotel? Welches kulturelle Angebot erwartet mich am Reiseziel? Ihr Android-Smartphone gibt Ihnen bereitwillig Auskunft.

Äußerst beliebt sind die Apps *HRS Hotels* und *TripAdvisor*. Damit können Sie Hotels und Pensionen in der Nähe Ihres Aufenthaltsorts finden sowie (ganz wichtig!) aktuelle Beurteilungen anschauen. Sie sollten die Bewertungen jedoch kritisch betrachten, da unter Umständen einige von den Betreibern unter falschem Namen erstellt wurden um die Unterkunft in einem besseren Licht präsentieren. Bei TripAdvisor erhalten Sie von der Community Tipps und Empfehlungen zu Gaststätten und Sehenswürdigkeiten.

TripAdvisor

Kapitel 12 – Nützliche Apps und Spiele

Nun haben Sie schon die Möglichkeit, Ihre Reise zu planen, eine Unterkunft zu finden und vor Ort die Sehenswürdigkeiten kennenzulernen. Für Ihre Reisen fehlt Ihnen da nur noch, die aktuelle Wettervorhersage an jedem beliebigen Ort mit sich zu führen. Das ist auch dann recht praktisch, wenn Sie während der Rad- oder Motorradtour Ausblick auf eine Regenfront erhalten und Ihre Strecke noch vor dem ersten Tropfen anpassen können.

WeatherPro

Mein Favorit bei den Wettervorhersage-Apps ist die *WeatherPro*-App.

WeatherPro ist eine sehr umfangreiche Wettervorhersage-App. Sie umfasst neben der einfachen Vorhersage für einen Ort auch den Zugriff auf Satellitenfilme sowie das Niederschlagsradar. Sie gibt Ihnen so einen genauen Überblick, mit welchem Wetter Sie sowohl in Deutschland als auch im Ausland rechnen müssen. Über In-App-Erweiterungen rüsten Sie die App beliebig auf, z. B. mit einer Niederschlags- oder 14-Tage-Wetterprognose.

Worldscope Webcams

Im Urlaub haben Sie vielleicht auch schon einmal die Situation gehabt: Sie befinden sich in einem Skiort in den Alpen, und das Tal ist komplett nebelverhangen. Da wäre es doch ideal, wenn Sie auf die Gipfel blicken könnten, um zu sehen, ob dort bereits die Sonne scheint. Hierzu eignet sich eine Webcam-Browser-App wie *Worldscope Webcams*.

Praktische Apps für den Alltag

Mit dem Worldscope-Webcams-Browser haben Sie Zugriff auf fast alle Webcams dieser Welt und können sich ein Bild vom aktuell herrschenden Wetter machen. So verpassen Sie keine Sonnenstunden mehr auf dem Gipfel oder am Strand, während es zu Hause regnet.

Praktische Apps für den Alltag

Eine Wasserwage, ein Winkel- und Entfernungsmesser oder gar ein Magnetfeldmessgerät zum Aufspüren von Metall – all das finden Sie im Play Store. Sehr beliebt ist hier insbesondere die App *Smart Tools – Werkzeugkasten*, die regen Gebrauch von den eingebauten Sensoren Ihres Smartphones macht.

Smart Tools

Ob Magnetfelddetektor oder Lupe: Die Smart Tools bieten ein komplettes Messlabor für Ihr Smartphone.

Oftmals möchte man auf die Schnelle einen Geistesblitz aufzeichnen. Anstatt diesen umständlich auf der kleinen Tastatur z. B. in Google Keep einzutippen, verwende ich hierzu lieber eine Diktiergerät-App. Bei mir hat sich der *Hi-Q MP3 Rekorder* bewährt, welcher die Aufnahmen in Echtzeit in

Hi-Q MP3

295

Kapitel 12 – Nützliche Apps und Spiele

platzsparende MP3-Dateien umwandelt. In der freien Version des Hi-Q MP3 Rekorders ist die Dauer einer Aufnahme auf 10 Minuten beschränkt.

Knots 3D

Wer kennt das nicht? Man muss im alltäglichen Haushaltsgeschäft die zwei Enden einer Schnur miteinander verbinden, und alles, was einem dazu einfällt, ist ein stümperhafter Knoten, der sich sofort wieder löst. Das kann Ihnen nicht passieren, wenn Sie im Besitz der App *Knots 3D* sind (für 0,75 € erhältlich). Hier werden Ihnen rund 80 verschiedene Knoten aus aller Welt interaktiv auf dem Smartphone-Display zum Nachbinden vorgeführt.

Auch komplexe Knoten werden dank Knots 3D zum Kinderspiel.

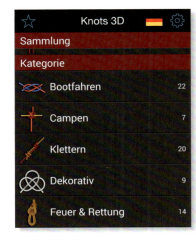
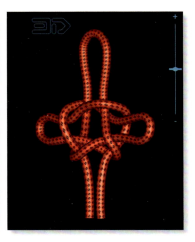

296

Praktische Apps für den Alltag

Zu guter Letzt möchte ich Ihnen noch eine App vorstellen, mit deren Hilfe Mathematik zum Kinderspiel wird. Diese ist eine Schnittstelle zur international renommierten Rechen- und Suchmaschine *WolframAlpha*.

Mithilfe der WolframAlpha-App (im Play Store für 2,29 € erhältlich) lassen sich komplizierte Probleme der höheren Mathematik lösen, aber auch trickreiche Suchanfragen stellen. Erfinder der Onlinerechenmaschine ist kein Geringerer als Stephen Wolfram, der auch für das bekannte Mathematikprogramm *Mathematica* verantwortlich zeichnet. Es gelang ihm mit seiner Wissensmaschine, Faktenwissen geschickt miteinander zu vernetzen. Für die Suchabfrage hilft es, wenn man der englischen Sprache mächtig ist.

Wolfram-Alpha

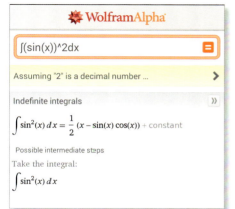

WolframAlpha erledigt die Mathe- und Physikhausaufgaben und berechnet auch, mit welcher Frequenz sich ein nasser Rottweiler schüttelt.

Kapitel 12 – Nützliche Apps und Spiele

Auf dem Laufenden: Spiegel, Stern und Co.

Information ist *der* Rohstoff des 21. Jahrhunderts. Gut, wenn man mehrere Quellen dafür in petto hat.

Spiegel Online

Wohl kaum jemand kommt an Deutschlands Nachrichtenmagazin Nr. 1 herum. Die *Spiegel Online*-App bietet Aktuelles in bewährter Qualität.

stern.de Mobil

Auch der *Stern* bietet ein gutes Onlineangebot: Henri Nannens Vermächtnis gibt es mittlerweile auch als App.

298

Auf dem Laufenden: Spiegel, Stern und Co.

Fußball-Liebhaber schätzen *Onefootball*: Hier erfahren Sie alle aktuellen Ergebnisse und Neuigkeiten rund um Ihren Lieblingsverein.

 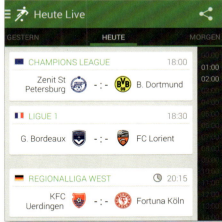

Onefootball

Der Ball ist rund, und ein Spiel dauert in der Regel 90 Minuten: Onefootball.

IT-Interessierte lieben hingegen die Seiten von *Heise* und *Golem* – auch hier gibt es jeweils eine App für Ihr Android-Smartphone.

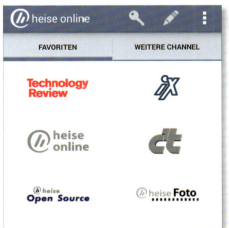 

heise online

Golem IT News

Die Platzhirsche der IT-News-Branche: Heise und Golem

299

Kapitel 12 – Nützliche Apps und Spiele

Knobel- und Geschicklichkeitsspiele

Kommen wir zum unterhaltsamen Teil des Buches: Nachfolgend stelle ich Ihnen einige meiner Lieblingsspiele vor. Beginnen wir mit Knobel- und Geschicklichkeitsspielen.

Wo ist mein Wasser?

Beim Spiel *Wo ist mein Wasser?* (Preis der Vollversion: 1,49 € im Play Store) geht es darum, einem kleinen Krokodil die Badewanne mit Wasser zu füllen. Dazu graben Sie Kanäle mit Ihrem Finger vom Wasserreservoir zur Wanne.

Versorgen Sie Swampy, das Krokodil, mit Badewasser, indem Sie per Fingerstrich Kanäle für das Wasser graben.

Das verrückte Labyrinth

Eines meiner Lieblingsspiele zu Jugendzeiten war *Das verrückte Labyrinth* von Ravensburger. Das Spiel hat mittlerweile wie viele andere klassische Brettspiele auf dem Smartphone Einzug gehalten. Bei dem Spiel geht es darum, durch geschicktes Verschieben eines Labyrinths den Weg zu Schätzen frei zu machen.

Treten Sie gegen bis zu drei Gegner an – via Google Games auch online.

Schließlich möchte ich Ihnen noch ein nettes kleines Geschicklichkeitsspiel vorstellen, das wir in der »Analogversion« zu Schulzeiten heimlich unter der Bank gespielt haben: Navigieren Sie mithilfe der Neigungssensoren Ihres Smartphones die Kugel an den Löchern des folgenden Labyrinths vorbei.

Labyrinth Lite

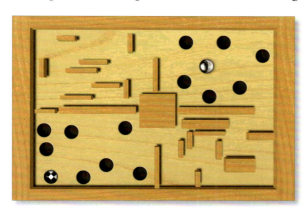

Quizspiele

Eine Siegeszug ohnegleichen hat das beliebte Quizspiel *Quizduell* erlebt: Hier treten Sie gegen mittlerweile über 15 Millionen Gegner allein in Deutschland an. In 6 Fragerunden müssen Sie dabei Ihre Allgemeinbildung auf verschiedenen Gebieten unter Beweis stellen.

Quizduell

Kapitel 12 – Nützliche Apps und Spiele

Ein Spiel mit Suchtpotenzial: Quizduell

Wer wird reich

Wer gern offline spielen möchte, der findet eine gute Alternative im Quizspiel *Wer wird reich?*. Hier versucht man nach bekanntem Vorbild aus dem TV, so viel virtuelles Geld wie möglich zu erspielen. Anders als beim großen Vorbild ist hier bei einer Million noch lange nicht Schluss.

Lässt sich auch offline spielen: Wer wird reich?

302

Abenteuerspiele

Das erste Spiel in der Kategorie Abenteuerspiele, das ich Ihnen ans Herz legen möchte, ist *The Cave* (im Play Store erhältlich für 3,61 €). Entdecken Sie mit einer Gruppe Abenteurer eine geheimnisvolle Höhle. Jeder der Abenteurer verfügt über besondere Fähigkeiten, die Ihnen in kniffligen Situationen nützlich sein werden.

The Cave

The Cave ist ein in düsterer Optik gehaltenes, spannendes »Point and Click Adventure«.

Der zweite Vertreter der Kategorie Abenteuer (engl.: *adventure*) ist *Baphomets Fluch* (Preis im Play Store: 3,99 €), die Umsetzung eines beliebten PC-Spiels auf die Android-Plattform. Hier erleben Sie spannende Abenteuer mit einem Detektiv und dessen Freundin.

Baphomets Fluch

Erkunden Sie in Baphomets Fluch die dunklen Seiten von Paris.

Kapitel 12 – Nützliche Apps und Spiele

Jump & Run

Temple Run 2

Bei *Jump & Run*-Spielen geht es darum, eine Figur durch einen Parcours zu steuern, ohne in Fallen zu laufen. Ein Klassiker dieser Kategorie ist *Temple Run*. Das beliebte Spiel ist mittlerweile in der Version 2 erschienen.

Indiana Jones lässt grüßen: Bei Temple Run kommt keine Langeweile auf.

Gemeinsam spielen

Es langweilt Sie, allein zu spielen? Dann verschaffen Sie sich mit der App *Google Play Games* Anschluss an andere Spieler. Voraussetzung dafür ist, dass Ihr Lieblingsspiel die Verbindung zu Google Play Games unterstützt und Sie sich bei Google+ registriert haben. Ob Sie an Play Games mit einem speziellen Spiel teilnehmen können, erfahren Sie schnell, indem Sie die App starten und sich in den Bereich **Meine Spiele** begeben. Anschließend können Sie sich mit anderen Spielern messen oder sich in Bestenlisten verewigen.

304

Augmented Reality

Verabreden Sie sich mit Gleichgesinnten zu einem Spielchen.

Augmented Reality

Die ganze Welt wartet derzeit gespannt auf Googles Wunderbrille *Glass*: Das gute Stück blendet computergenerierte Informationen in Echtzeit in Ihr Auge und überlagert diese so mit dem Bild der realen Umgebung. Das Ganze nennt man *Augmented Reality* – die erweiterte Realität.

Wikitude

Wer nicht mehr so lange warten möchte, bis die Brille den breiten Markt zu einem akzeptablen Preis erreicht, der rüstet sein Android-Smartphone mit den passenden Apps aus. Als Beispiel sei hier *Wikitude* genannt.

Kapitel 12 – Nützliche Apps und Spiele

Die Attraktionen der näheren Umgebung werden im Radar angezeigt und können direkt angesteuert werden.

TV Spielfilm Play

Mittlerweile gibt es auch einige Printmedien, die ihren papiernen Inhalt mit elektronischen Zugaben aufpeppen, so z.B. die bekannte Programmzeitschrift *TV Spielfilm*. Mit der passenden App *TV Spielfilm Play* rufen Sie durch Betrachten einer Seite durch die Kamera des Smartphones zusätzliche Elemente auf. Das kann z.B. eine Rezension zu einem aktuellen Kino- oder Fernsehfilm sein, die auf einen Trailer verweist.

Die erweiterte Programmzeitschrift per Blick durch die Smartphone-Kamera: »Jetzt abspielen« zeigt den Trailer zum Film, »Jetzt speichern« erinnert Sie zu gegebener Zeit an den Film.

Kapitel 13
Sicherheit, Backup und Synchronisation

Je mehr sich ein Betriebssystem verbreitet, umso stärker gerät es auch in das Visier von Kriminellen, die es darauf abgesehen haben, das schnelle Geld zu machen. Android ist infolge seiner großartigen Verbreitung im Mobilfunkbereich zum Hauptziel der Hacker geworden. Das folgende Kapitel zeigt Ihnen, wie Sie sich schützen und was Sie tun können, wenn Sie doch einmal Viren auf Ihrem System haben: es neu installieren und ein sauberes *Backup* (eine Sicherung) Ihrer gesicherten Daten zurückspielen.

> **INFO**
>
> **Viren und Trojaner**
>
> Während ein Virus das Betriebssystem eines Computers oder Smartphones lahmlegen oder dessen Softwarestruktur nachhaltig schädigen kann, sind Trojaner darauf aus, sich unbemerkt in dem System einzunisten und Ihre persönlichen Informationen abzufangen und diese nach außen zu tragen. Die Begriffe *Viren* und *Trojaner* fasst man mit der Bezeichnung *Malware*, zu Deutsch »Schadprogramme«, zusammen.

Vor Viren und Trojanern schützen

Glaubt man den Herstellern von Antivirensoftware, so tummeln sich derzeit mehr als zehntausend Schadprogramme im Netz, Tendenz stark steigend.

Kapitel 13 – Sicherheit, Backup und Synchronisation

Natürlich haben die Hersteller eigene Interessen, ihre Software zu verbreiten und damit Geld zu verdienen, sodass Sie diese Zahl kritisch hinterfragen sollten. Die renommierte Computerzeitschrift *c't* klärte in der Ausgabe 17/2013 auf, dass bei der Zählweise der Antivirensoftware-Hersteller alle Einzelfälle gezählt werden, die sich oft nur minimal voneinander unterscheiden. Betrachtet man nur die reine Anzahl von Schädlingsfamilien, so fand man im Jahr 2012 ganze 52, im Jahr 2013 ganze 56 Familien, was schon weit weniger dramatisch aussieht.

Die aktuell stärkste Bedrohung für Smartphones geht von Trojanern aus:

- Ein Trojaner kann Ihre persönlichen Daten und Adressen auf dem Smartphone ausspähen und weiterleiten.

- Ein Trojaner kann ein Smartphone in ein großes Netzwerk integrieren, das Schaden anrichtet, und ohne Ihr Wissen könnten so beispielsweise Betrugsmails von Ihrem Smartphone versandt werden.

- Ein Trojaner kann Ihre Onlinebanking- oder Kreditkarteninformationen abfangen und dem Ersteller zuspielen.

- Ein Trojaner kann von Ihrem Smartphone kostenpflichtige SMS an überteuerte Dienste verschicken, ohne dass Sie es als Nutzer mitbekommen.

Von allen genannten Bedrohungen ist die letztgenannte momentan die häufigste. Die Frage ist, wie zuverlässig die empfohlenen Antivirenkits Sie gegen die beschriebenen Gefahren schützen können. Sie sollten sich immer bewusst sein, dass Ihnen eine Antivirensoftware Schutz bietet, dies aber auch nur in einem begrenzten Rahmen. Sobald ein bekanntes Schädlingsprogramm beispielsweise nur leicht verändert wird, wird es von den meisten Schutzprogrammen nicht mehr erkannt. Es ist daher immer wichtig, dass Sie sich selbst mit der nötigen Vorsicht im Internet bewegen. Ich werde Ihnen nun einige Tipps dazu geben und Ihnen erläutern, was Sie beachten sollten.

Der beste Schutz vor Viren und Trojanern auf Ihrem Android-Smartphone ist zurzeit die Vorbeugung. Lassen Sie daher bei Ihrem Mobilfunkprovider kostenpflichtige SMS-Nummern sperren. Informationen dazu erhalten Sie auf der Webseite oder über den Kundenservice Ihres Providers. Es ist außerdem ratsam, dass Sie Apps für Ihr Smartphone nur aus dem Google Play Store laden und auch Installationen nur über den Store zulassen. Sie sollten dies standardmäßig auf Ihrem Smartphone einrichten.

1. Begeben Sie sich dazu in die Einstellungen und dort in den Bereich **Nutzer ▸ Sicherheit**. Hier darf kein Haken hinter **Unbekannte Herkunft** ❶ stehen. In diesem Menü sollten Sie jedoch einen Haken bei dem Punkt **Apps verifizieren** ❷ setzen. So werden schädliche Anwendungen gegebenenfalls direkt vom Google-System erkannt.

2. Sie sollten durch Antippen der Schaltfläche **Geräteadministratoren** ❸ das gleichnamige Untermenü öffnen und kontrollieren, ob hier unerwünschte Apps, die Sie nicht installiert haben, aufgelistet sind. Die Apps in dieser Liste verfügen über maximale Rechte. Wäre Schadsoftware hier gelistet, könnte sie viel Schaden anrichten.

3. Tippen Sie auf eine der gelisteten Apps, dann erhalten Sie eine Übersicht über die Rechte der entsprechenden App. Möchten Sie diese Rechte zulassen, tippen Sie die Schaltfläche **Aktivieren** ❹ an.

4. Im vorliegenden Fall erhält die Antivirensoftware *TrustGo* sehr umfassende Berechtigungen. Sie

Kapitel 13 – Sicherheit, Backup und Synchronisation

kann z. B. bei Eingang eines Fernsteuerungsbefehls sämtliche Daten auf dem Smartphone löschen, falls Ihr Telefon gestohlen wurde oder zu häufig ein falsches Passwort eingegeben wurde.

Es bleibt Ihnen freigestellt, eine der zahlreichen Antiviren-Apps als zusätzlichen Schutz zu installieren. Wie das funktioniert, haben Sie ja bereits zu Anfang in Kapitel 1, »Start mit dem Android-Smartphone«, am Beispiel der TrustGo Mobile Security erfahren (ab Seite 48). Die folgende Tabelle aus der Zeitschrift c't mit meinen Ergänzungen gibt einen Überblick über aktuelle kostenlose Antivirenprogramme.

Hersteller	Name
AVAST Software	Mobile Security & Antivirus
AVG Mobile Technologies	AntiVirus GRATIS
Bitdefender	Mobile Security & Antivirus
Comodo Security Solutions	Comodo Mobile Security
ESET	Mobile Security & Antivirus
F-Secure Corporation	F-Secure Mobile Security
G-Data Software AG	G Data AntiVirus Free
Ikarus Security Software GmbH	IKARUS mobile.security
Kaspersky Lab	Kaspersky Internet Security
Lookout Mobile Security	GRATIS Antivirus & Sicherheit
McAfee Mobile Security	McAfee Antivirus & Security
Sophos Limited	Free Antivirus and Security
Symantec	Norton Antivirus & Sicherheit
Trend Micro	Mobile Security & Antivirus
TrustGo Inc.	Antivirus & Mobile Security
Webroot Inc.	SecureAnywhere Complete

Einige kostenlose Antiviren-Apps und ihre Hersteller im Überblick

310

Diese Programme testen während der Installation einer App, ob diese (bekannte) schädliche Codes enthält. Auch hier noch einmal der Warnhinweis: Antivirensoftware bietet Ihnen Schutz, die wenigsten der genannten Apps jedoch erkennen brandaktuelle Viren und Trojaner zuverlässig.

> **TIPP**
>
> **Test mit dem EICAR-Viruspaket**
>
> Sie können eines der obigen Sicherheitspakete jederzeit mit dem EICAR-Viruspaket aus dem Google Play Store testen. Dabei handelt es sich um ein harmloses Virus. Schon beim Versuch, diese App zu installieren, sollte Ihr Sicherheitspaket Alarm schlagen.
>
>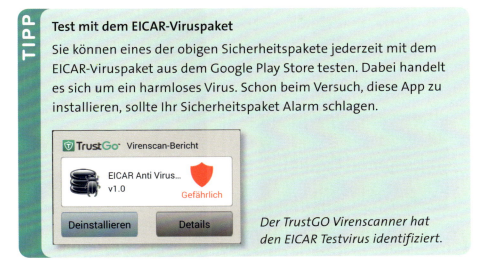
>
> *Der TrustGO Virenscanner hat den EICAR Testvirus identifiziert.*

EICAR Anti-virus Test

Den Sperrbildschirm einrichten

Zur zusätzlichen Sicherung Ihres Geräts sollten Sie unbedingt eine Display-Sperre einrichten. Dadurch können ein Dieb oder andere Unbefugte Ihr Smartphone nicht auf die Schnelle nach Ihren persönlichen Daten durchsuchen. Gehen Sie zum Einrichten einer Bildschirmsperre folgendermaßen vor:

1. Begeben Sie sich in den Bereich der **Einstellungen ▶ Nutzer ▶ Sicherheit** und tippen Sie dort im Menü **Bildschirmsicherheit** den Eintrag **Display-Sperre** an.

   Sie sehen daraufhin ein Menü mit verschiedenen Optionen zur Sicherung des Bildschirms.

Kapitel 13 – Sicherheit, Backup und Synchronisation

2. Wir entscheiden uns für die Option **PIN** ❶, ein guter Kompromiss zwischen Bequemlichkeit und Sicherheit. Die anderen Methoden finden Sie im Kasten auf Seite 313 erklärt.

3. Geben Sie nun eine von Ihnen selbst gewählte PIN ein und bestätigen Sie sie im nächsten Schritt.

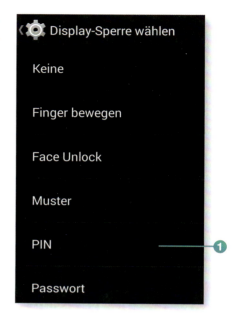

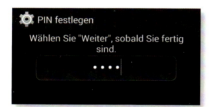

4. Nach Ablauf der *Display-on-Zeit* – also der Zeit, bis das Telefon in den Standby-Modus wechselt – schaltet sich das Display aus. Zum Aufwecken aus dem Standby-Modus müssen Sie nun immer die PIN eingeben.

Sollte Ihnen die Zeit bis zum Eintreten in den Standby-Modus zu kurz erscheinen, können Sie sie jederzeit in den Einstellungen – **Einstellungen** ▶ **Display** ▶ **Ruhezustand** ändern.

Die PIN der SIM-Karte ändern

> **INFO**
>
> **Weitere Methoden zur Sicherung des Bildschirms**
>
> Außer mit einer PIN können Sie die Display-Sperre auch über andere Methoden sichern:
>
> Bei der Option **Finger bewegen** müssen Sie zur Aktivierung Ihres Smartphones lediglich mit einem Finger einmalig über das Display streichen. Dazu erscheint ein entsprechendes Schloss-Symbol, das Sie nach rechts schieben müssen.
>
> Wenn Sie **Face Unlock** wählen, schauen Sie zum Entsperren des Bildschirms in die Frontkamera. In jedem Fall benötigen Sie aber noch eine PIN, falls die Gesichtserkennung nicht optimal funktioniert oder Sie diese wieder deaktivieren möchten.
>
> Mittlere Sicherheit bietet Ihnen die Option **Muster**. In diesem Modus müssen Sie mit Ihrem Finger ein Entsperrmuster auf das Display »zeichnen«. Clevere Diebe können ein solches Muster oft an den Fettspuren, die Ihr Finger auf dem Display hinterlässt, nachvollziehen.
>
> Den höchsten Sicherheitsgrad bietet Ihnen die Option **Passwort**. Hier geben Sie entweder ein Wort oder eine Buchstaben-Zeichen-Kombination ein.

Die PIN der SIM-Karte ändern

Direkt nach dem Einschalten werden Sie nach der PIN der eingelegten SIM-Karte gefragt. Sie können diese jederzeit ändern.

1. Stellen Sie zunächst sicher, dass die SIM-Karte eingelegt ist und sich Ihr Smartphone nicht im Flugzeugmodus befindet.

2. Begeben Sie sich nun in den Bereich **Einstellungen ▸ Sicherheit ▸ SIM-Kartensperre** und wählen Sie dort den Punkt **SIM-Sperre einrichten** ❷.

Kapitel 13 – Sicherheit, Backup und Synchronisation

3. Im folgenden Untermenü sollten Sie den Haken hinter **SIM-Karte sperren** ❶ setzen. Möchten Sie die SIM-PIN ändern, so begeben Sie sich in das entsprechende Untermenü ❷.

4. Nun müssen Sie zunächst die alte PIN eingeben. Danach geben Sie Ihre neue PIN ein, die Sie im Anschluss noch einmal bestätigen müssen.

Es bleibt Ihnen natürlich freigestellt, auf die Eingabe der SIM-PIN gänzlich zu verzichten. Allerdings bietet Ihnen diese Option zusätzliche Sicherheit.

Das Smartphone verschlüsseln

Auch wenn die oben beschriebenen Maßnahmen zum Teil ein großes Maß an Sicherheit bieten, sind Sie nicht davor geschützt, dass ein findiger Hacker Ihren Gerätespeicher nebst persönlichen Daten ausliest, sollte er in den Besitz Ihres Telefons gelangen. Um auch diesen Weg zu erschweren, können Sie den Speicher Ihres Geräts verschlüsseln. Bevor Sie loslegen, bedenken Sie aber bitte: Sollten Sie selbst das Passwort vergessen, so sind all Ihre persönlichen Daten für immer verloren.

1. Begeben Sie sich in die **Einstellungen** und dort in den Bereich **Sicherheit**. Im Bereich **Verschlüsselung** sehen Sie nun zwei Untermenüs: Über das eine Menü lässt sich der Gerätespeicher verschlüsseln, mit dem anderen die (falls vorhanden) externe SD-Karte.

2. Tippen Sie zum Verschlüsseln des Geräts auf den Punkt **Telefon verschlüsseln** ❸.

3. Wählen Sie im Rahmen der Verschlüsselung einen persönlichen Verschlüsselungscode aus. Das kann

314

eine PIN oder ein Passwort sein. Bedenken Sie hierbei, dass Sie dieses fortan stets eingeben müssen – es sollte dementsprechend einfach strukturiert sein.

4. Die eigentliche Verschlüsselung des Systems nimmt mindestens eine Stunde in Anspruch und sollte mit einem vollen Akku begonnen werden. Sicherheitshalber sollten Sie aber währenddessen ohnehin Ihr Smartphone mit dem Ladekabel ans Stromnetz anschließen.

Denken Sie nun daran, sich Ihr Passwort zur Geräteentschlüsselung gut zu merken!

Eine Datensicherung erstellen

Damit Sie bei Ausfall der Hardware noch eine Sicherung der Telefondaten haben, empfehle ich Ihnen eine externe Sicherung Ihrer gesamten Daten per USB auf einem PC. Etliche Hersteller (z. B. Samsung) setzen mit einer eigenen PC-basierten Software (Samsung KIES) auf proprietäre Lösungen, die dann nur mit der eigenen Hardware funktionieren.

Ich zeige nachfolgend einen herstellerunabhängigen Weg zur Sicherung der persönlichen Daten, aber auch der wichtigsten Systemeinstellungen. Beginnen wir mit den persönlichen Daten. Diese werden per USB-Verbindung zum PC gesichert.

1. Informieren Sie sich zunächst, ob Sie für den Anschluss Ihres Smartphones an den PC spezielle USB-Treiber benötigen. Ist dies der Fall, sollten diese zuvor installiert werden.

2. Schließen Sie Ihr Smartphone per USB-Kabel an den PC an. Dieses wird kurze Zeit später im Dateimanager (Explorer) angezeigt.

3. Kopieren Sie nun entweder alle Verzeichnisse oder ausgewählte Bereiche per Drag & Drop auf Ihren PC. Interessant sind insbesondere die auf Seite 316 gezeigten Ordner.

Kapitel 13 – Sicherheit, Backup und Synchronisation

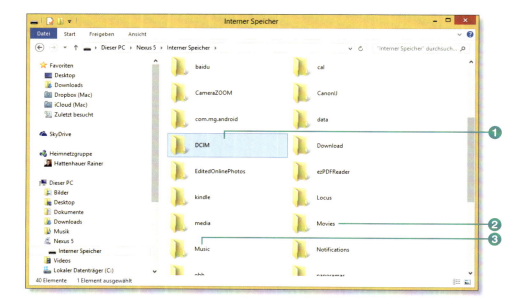

- **DCIM** ❶ enthält alle Fotos, die Sie mit der integrierten Kamera angefertigt haben.
- **Movies** ❷ enthält heruntergeladene oder überspielte Filme
- **Music** ❸ enthält Ihre Musiktracks.

Umgekehrt können Sie natürlich auf die gleiche Weise Ihr Smartphone mit Medien befüllen.

Nun ist es oft schwierig, den Überblick zu behalten, was man sichern sollte und was nicht. Darüber hinaus sichern Sie auf diese Weise nicht die mühsam erstellten Konfigurationen einzelner Apps. Hier wünscht man sich eine App, die in einfacher Weise eine regelmäßig abgleichbare Komplettsicherung erstellt. Dies war bis vor Kurzem nur mit einer Root-App namens *Titanium Backup* möglich. Beim Rooten eines Geräts erhalten Sie Vollzugriff auf das komplette Dateisystem, was für Laien gefährlich sein kann (siehe auch den Kasten auf Seite 352). Mittlerweile gibt es aber auch eine Backup-App, die ohne den riskanten Root-Zugriff funktioniert. Sie nennt sich *Helium – App Sync and Backup*. Diese App soll im Folgenden etwas genauer angeschaut werden.

Eine Datensicherung erstellen

1. Installieren Sie die Helium-App mit dem nebenstehenden QR-Code.

2. Begeben Sie sich auf die Seite *http://www.clockworkmod.com/carbon* und laden Sie den Helium-Desktop für Ihr verwendetes Betriebssystem herunter.

Helium-App Sync and Backup

   Der Desktop dient der kurzzeitigen Aktivierung von Root-Rechten für ein vollständiges Backup auf dem Smartphone, ohne dieses permanent rooten zu müssen. Windows-Anwender benötigen an dieser Stelle erneut Treiber, um per USB mit dem Smartphone kommunizieren zu können. Mehr dazu erfahren Sie auf oben genannter Website.

3. Installieren Sie die Helium-Desktop-Anwendung. Sie müssen dazu gegebenenfalls noch das *Microsoft .NET-Framework 3* installieren bzw. aktivieren. Dies geschieht unter Windows 8 in der Systemsteuerung im Bereich **Programme und Features ▶ Windows Features aktivieren**.

4. Starten Sie den Helium-Desktop auf Ihrem PC.

5. Starten Sie anschließend die Helium-App auf Ihrem Android-Smartphone und durchlaufen Sie den Assistenten zur Einrichtung. Dadurch wird der notwendige Zugriff für das Backup freigeschaltet. Dieser bleibt bis zu einem Neustart des Smartphones bestehen.

317

Kapitel 13 – Sicherheit, Backup und Synchronisation

6. Wählen Sie nach der Aktivierung die zu sichernden Apps aus. Dabei werden auch die Konfigurationseinstellungen der Apps automatisch gesichert.

Beachten Sie, dass es einige App-Hersteller gibt, die ein derartiges Backup nicht zulassen. Sie haben aber die Möglichkeit, nur die Konfigurationsdaten der Apps zu speichern (**kleinere Sicherung** ❶). Die Apps selbst können später in jedem Fall auch im Rahmen eines Google-Backups wieder rückgesichert werden.

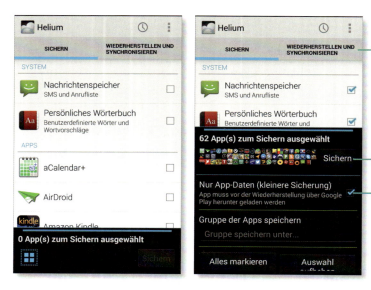

7. Starten Sie das Backup schließlich über die Schaltfläche **Sichern** ❷. Vor dem Backup haben Sie noch die Möglichkeit, den Speicherort auszuwählen. Praktischerweise wird hier auch die Möglichkeit angeboten, die Daten in Google Drive (Dropbox, Cloud …) zu speichern.

8. Nach Abschluss der Sicherung können Sie Ihre Daten, wenn Sie diese lokal gesichert haben, z. B. per USB-Kabel auf das angeschlossene Smartphone spielen. Das ist nicht nötig, wenn Sie Ihre Sicherung mit Google Drive verknüpft haben. Ihre Sicherung finden Sie dort im Verzeichnis **com.koushikdutta.backup** ❸.

9. Das Zurückspielen des Backups erfolgt in der Helium-App über den Punkt **Wiederherstellen und Synchronisieren** ❹. Die Vorgehensweise ist selbsterklärend.

Beachten Sie: Für eine vollständige Funktionalität empfiehlt sich der Erwerb des Lizenzschlüssels *Helium Premium* für ca. 4 € im Play Store.

Googles eingebauter Airbag

Als Alternative zum Helium-Backup lässt sich Ihr Android-Smartphone auch über Ihr Google-Konto sichern. Dabei wird ein Backup aller Android-spezifi-

Kapitel 13 – Sicherheit, Backup und Synchronisation

schen Einstellungen sowie aller bislang installierten Apps erstellt. Nachteil gegenüber dem Helium-Backup ist jedoch, dass nach einer Wiederherstellung alle Einstellungen innerhalb der Apps verloren gehen. Trotzdem ist die Google-Sicherung ein zusätzlicher Rettungsfallschirm. Die Einrichtung ist dabei sehr leicht.

1. Im Normalfall haben Sie bereits bei der Einrichtung Ihres Geräts die Sicherung über das Google-Konto konfiguriert. Falls nicht, können Sie dies in den App-**Einstellungen** im Bereich **Nutzer ▸ Sichern und zurücksetzen** jedoch auch jederzeit nachholen.

2. Achten Sie darauf, dass jeweils ein Haken hinter **Meine Daten sichern** ❶ sowie **Autom. Wiederherstellung** ❷ gesetzt ist. Sollte das nicht der Fall sein, aktivieren Sie die beiden Punkte durch Antippen der Schaltfläche.

Das war's dann auch schon: Damit werden Ihre Daten automatisch in Ihrem Google-Konto gesichert. Sie sollten allerdings noch einmal kontrollieren, ob Ihr Gerät auch in Ihrem Konto erscheint. Dazu melden Sie sich über den Browser am PC in Ihrem Google-Konto an und begeben sich in den Play Store. In den **Einstellungen** werden Ihnen die Geräte, die mit Ihrem Google-Konto verknüpft sind, angezeigt. Hier sollte nun auch Ihr Smartphone erscheinen.

Nach einem Systemreset (z. B. wenn Sie Ihr Gerät auf Werkseinstellungen zurückgesetzt haben) werden Sie in einem Einrichtungsdialog gefragt, ob Sie das Gerät von dem verknüpften Google-Konto wiederherstellen möchten. Markieren Sie einfach die entsprechende Option, und sämtliche bislang installierten Apps werden automatisch wieder auf Ihr Smartphone geladen.

Kontakte und Daten mit dem Google-Konto synchronisieren

In regelmäßigen Abständen sollten Sie Ihre Kontakte und Daten zwischen einem Google-Konto, einem PC und Ihrem Smartphone synchronisieren, sodass alle Daten überall auf dem gleichen Aktualitätsstand sind. Besitzer eines Samsung-Smartphones können ihre Daten bequem mit der herstellereigenen Software Kies mit ihrem PC abgleichen. Dies geschieht in Kies im Untermenü **Synchronisierung**. Wer Microsoft Outlook besitzt, der kann an dieser Stelle auch die Outlook-Kontakte und -Termine abgleichen. Ich empfehle Ihnen allerdings generell, einen Datenabgleich mit Ihrem Google-Konto vorzunehmen, da Sie so auch die Möglichkeit haben, unterwegs auf Ihre Daten zuzugreifen. Sie werden sehen, auch das gelingt Ihnen im Nu.

Bereits bei der ersten Inbetriebnahme haben Sie Ihr Smartphone mit einem bestehenden Google-Konto verknüpft oder ein neues Konto eingerichtet. Im Folgenden zeige ich Ihnen, wie Sie die Daten und Inhalte auswählen, die Sie dann mit Ihrem Google-Konto abgleichen möchten.

1. Zunächst schauen wir nach, ob das Konto permanent synchron gehalten wird. Dazu verwenden Sie das Energiesteuerungs-Widget (siehe Kapitel 1, »Start mit dem Smartphone«, Seite 44) und kontrollieren, ob die Synchronisierungsschaltfläche ❸ aktiviert ist.

Kapitel 13 – Sicherheit, Backup und Synchronisation

2. Überprüfen Sie nun, welche Daten über Ihr Google-Konto synchronisiert werden. Dazu begeben Sie sich in den Bereich **Einstellungen** ▸ **Konten** ▸ **Google** und tippen den Eintrag Ihres Kontos ❶ an.

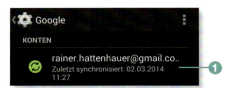

3. Überprüfen Sie in dem folgenden Menü, ob hier alle Haken gesetzt sind. So werden Ihre gesamten Anwendungsdaten mit Ihrem Google-Konto abgeglichen. Sie können natürlich auch einige Punkte gezielt von der Synchronisation ausschließen. Scrollen Sie durch das Menü, um einen Überblick über die Daten zu bekommen, die abzugleichen sind.

4. Die Synchronisierung erfolgt üblicherweise automatisch. Sie können sie aber über den Punkt **Jetzt synchronisieren** ❷ im App-Menü auch manuell starten.

Während des Datenabgleichs erscheint neben der Haken-Schaltfläche ein sich drehendes Pfeilsymbol ❸. Sobald Sie dieses nicht mehr sehen, ist die Synchronisation abgeschlossen, und Ihre Daten wurden mit Ihrem Google-Konto abgeglichen.

Den Onlinespeicher »Google Drive« nutzen

TIPP

Google Play reparieren

Manchmal, insbesondere nach Android-Systemupdates, kann es vorkommen, dass Sie den Play Store nicht mehr vollständig nutzen können: Updates lassen sich z. B. nicht installieren oder produzieren eine Fehlermeldung. In diesem Fall entfernen Sie am besten das Gocgle-Konto über die Schaltfläche **Konto entfernen** ❹ in dem Menü **Sync-Einstellungen** und legen Ihr Konto auf dem Smartphone neu an. Starten Sie nun eine manuelle Synchronisation, repariert das den Zugang zum Play Store.

Den Onlinespeicher »Google Drive« nutzen

In den letzten Jahren sind Onlinespeicherdienste zusehends beliebter geworden, da Sie so die Möglichkeit haben, Ihre Daten von unterwegs zu erreichen, und nicht darauf hoffen müssen, dass Ihr gewähltes Speichermedium (CD-ROM, DVD etc.) in ein paar Jahren noch lesbar ist. In Ihrem Google-Konto stehen Ihnen nach der Anmeldung 15 GByte Speicherplatz auf Google Drive, dem Internetspeicherdienst von Google, zur Verfügung.

Sie hatten ja bereits Kontakt mit Google Drive in Kapitel 6, »Kalender, Termine, Erinnerungen und Co.«, ab Seite 165. Sollte die Google-Drive-App noch nicht auf Ihrem Smartphone installiert sein, so können Sie dies mit dem nebenstehenden QR-Code nachholen.

Google Drive

1. Starten Sie die Google-Drive-App. Bei dem ersten Programmstart zeigt Ihnen eine kleine Einführungstour zunächst die Möglichkeiten von Google Drive.

2. Schließlich gelangen Sie in Ihr Google-Drive-Verzeichnis. Hier können Sie sowohl eigene Ordner hinzufügen als auch Ihre Dateien direkt abspeichern. Praktischerweise steht Ihnen dort auch eine vollwertige Textverarbeitung und Tabellenkalkulation zur Verfügung, die Sie von Ihrem Smartphone aus benutzen können. Das wurde in Kapitel 6 demonstriert (ab Seite 166).

Kapitel 13 – Sicherheit, Backup und Synchronisation

Nun nutzen wir Google Drive als Speicher für Ihre Datensicherung. Dazu eignet sich am besten der *ES Datei Explorer*, den Sie in Kapitel 15 auf Seite 361 näher kennenlernen werden. Installieren Sie diesen zunächst mit dem dort abgedruckten QR-Code. Um nun eine beliebige Datei oder gar ein Verzeichnis vom Smartphone auf Google Drive hochzuladen und somit zu sichern, gehen Sie folgendermaßen vor:

1. Starten Sie den ES Datei Explorer und tippen Sie auf das Weltkugel-Icon am linken oberen Bildrand ❶.

2. Tippen Sie in der nun erscheinenden linken Seitenleiste auf **Netzwerk ▸ Cloud** ❷ und definieren Sie über die Schaltfläche **+Neu** einen neuen Cloud-Zugang. Wählen Sie als Speicherort **Gdrive** ❸ aus und melden Sie sich mit Ihren Google-Kontodaten an. Bestätigen Sie die vom ES Datei Explorer angeforderten Berechtigungen.

Den Onlinespeicher »Google Drive« nutzen

3. Sie können nun jederzeit durch Antippen des Google-Drive-Symbols ❹ in den Google-Drive-Speicher wechseln.

4. Sie können jetzt zwischen Ihrem lokalen Speicher und dem Cloud-Speicher hin und her kopieren. Wechseln Sie per ES Datei Explorer in ein lokales Verzeichnis und kopieren Sie eine Datei, indem Sie diese länger antippen und anschließend die Schaltfläche **Kopieren** ❺ (siehe Seite 326) auswählen. Sie können auch mehrere Dateien auswählen.

5. Wechseln Sie nun, wie in Schritt zwei beschrieben, in Ihr Google-Drive-Verzeichnis und fügen Sie dort die kopierte Datei durch Antippen der **Einfügen**-Schaltfläche ❻ ein. Auf diese Weise können Sie auch ganze Verzeichnisse sichern.

Kapitel 13 – Sicherheit, Backup und Synchronisation

Den Speicherdienst »Dropbox« nutzen

Ein anderer beliebter Speicherdienst ist *Dropbox*: Hier stehen Ihnen zunächst 2 GByte Speicherplatz zur Verfügung, diesen können Sie aber mithilfe von Empfehlungen an Freunde oder Zuzahlung erweitern.

Dropbox

1. Installieren Sie die Dropbox-App mit dem nebenstehenden Code.

2. Starten Sie die Dropbox-App. Wenn Sie den Cloud-Speicher bisher noch nicht verwenden, können Sie sich nun für den Dienst anmelden. Sollten Sie Dropbox bereits nutzen, können Sie sich mit Ihren bestehenden Zugangsdaten anmelden und auf Ihre gespeicherten Daten zugreifen. Bei der ersten Anmeldung können Sie zudem den automatischen Upload sämtlicher Bilder, die Sie mit Ihrem Smartphone schießen, aktivieren ❶.

Den Speicherdienst »Dropbox« nutzen

3. Nach der Anmeldung steht Ihnen der Dropbox-Cloud-Speicher zur Verfügung. Hier können Sie eine eigene Ordnerstruktur einrichten, indem Sie das App-Menü ❷ aufrufen und den Punkt **Neuer Ordner** ❸ wählen.

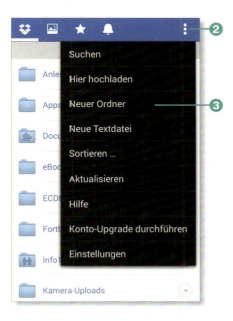

Kapitel 13 – Sicherheit, Backup und Synchronisation

4. Sie haben außerdem die Möglichkeit, Freunden Zugriff auf Ordner zu gewähren, um beispielsweise Ihre Urlaubsbilder zu teilen. Dies erreichen Sie durch langes Antippen des entsprechenden Dropbox-Ordners, gefolgt von der Auswahl des erscheinenden Menüpunkts **Freigeben** ❶. Im nachfolgenden Dialog verschicken Sie dann den Freigabe-Link per E-Mail.

Die Bilder, die Sie auf Ihrem Smartphone gespeichert haben, lassen sich ebenfalls bequem mit Ihrem Dropbox-Speicher synchronisieren, vorausgesetzt, Sie haben eine Internetverbindung. Sollten Sie dies bei der Einrichtung versäumt haben, dann tippen Sie dazu die **Bilder/Alben**-Schaltfläche ❷ an und bestätigen Sie die Aufforderung, Ihre gespeicherten Bilder mit der Dropbox zu synchronisieren. Kurz danach werden Ihre Bilder in den Onlinespeicher geladen. Sie finden sie nach dem Hochladen in dem Ordner **Kamera Uploads** oder über die **Bilder/Alben**-Schaltfläche. Fairerweise sollte ich an dieser Stelle erwähnen, dass Ihre Fotos in jedem Fall auch mit Ihrem Google-Konto synchronisiert werden, sofern Sie die Synchronisation aktiviert haben.

Praktischerweise können Sie nun auch am PC und Mac mit der passenden App auf Ihre Dropbox-Dateien zugreifen. Die Dropbox-App für PC und Mac finden Sie auf *www.dropbox.com*. Sie können sich aber auch direkt auf der Internetseite anmelden und so von jedem beliebigen Computer mit Internetanschluss auf Ihre Dateien zugreifen.

> **TIPP**
>
> **Dropbox-Speicher erweitern**
> Sie erhalten zusätzlichen Speicher für Ihre Dropbox, wenn Sie den Dienst an Freunde per E-Mail weiterempfehlen. Pro eingeladenen Nutzer gibt es eine dauerhafte Aufstockung von 500 Megabyte.

Ihr Android-Smartphone wiederfinden und aus der Ferne sperren

Für den Fall, dass Sie Ihr Smartphone verlegt haben oder es Ihnen gar gestohlen wurde, bietet Ihnen Google einen Lokalisierungsdienst an. Dieser lässt sich über den Android Geräte-Manager konfigurieren.

1. Prüfen Sie zunächst, ob der Google-Service **Standortdienste** auf Ihrem Smartphone aktiviert ist. Dazu begeben Sie sich in die Einstellungen in den Bereich **Nutzer** und wählen **Standort**. Aktivieren Sie nun den Schalter **Standort**. Es empfiehlt sich darüber hinaus, auch den GPS-Empfang am Smartphone zu aktivieren. Das geht am schnellsten über das Energiesteuerungs-Widget, vgl. Seite 44.

2. Starten Sie nun die App *Google Einstellungen* (nicht zu verwechseln mit *Einstellungen*) und tippen Sie auf den Eintrag **Android Geräte-Manager** ❸.

3. Aktivieren Sie dort die beiden Optionen **Remote-Ortung** ❹ und **Remote-Sperre** ❺. Dadurch können Sie Ihr Smartphone bei Verlust von Ihrem Google-Konto aus lokalisieren und auch ferngesteuert sperren.

4. Rufen Sie nun am PC die folgende Seite in Ihrem Browser auf: *https://www.google.com/android/devicemanager*. Sie werden nun aufgefordert, sich mit Ihren Zugangsdaten auf Ihrem Google-Konto einzuloggen.

Kapitel 13 – Sicherheit, Backup und Synchronisation

5. Ihr Smartphone wird nun lokalisiert und erscheint auf einem Ausschnitt von Google Maps. Sie können nun Ihr Gerät mithilfe der entsprechenden Schaltfläche ❶ klingeln lassen. Sollte das klappen, dann funktioniert auch die Fernsperrung des Geräts.

Mit dem Android Geräte-Manager können Sie Ihr Gerät aus der Ferne löschen und sperren.

INFO — Alternative Apps zur Ortung und Sperrung

Doppelt genäht hält besser: Bei den Tests mit dem Android Geräte-Manager wurde das Gerät oft nur dann lokalisiert, wenn der GPS-Empfang beim Smartphone funktionierte. Das können andere Softwareanbieter besser: Nahezu jedes Antivirenpaket bietet ebenfalls die Funktion, Ihr Gerät zu orten und sperren zu lassen. Infomieren Sie sich beim Hersteller, wie diese Funktionen in der Software aktiviert werden. Meist ist dazu das Erstellen eines Accounts beim Anbieter der Software erforderlich. Und wer es ganz komfortabel haben möchte, dem sei die Software *Wheres My Droid* empfohlen – ein Rundum-sorglos-Paket zum Orten und Sperren Ihres Smartphones, das dem ehrlichen Finder sogar eine SMS schicken kann.

Dateien tauschen mit AirDroid

Zum Abschluss des Kapitels über Sicherung möchte ich Ihnen noch eine Software vorstellen, die ich persönlich nicht missen möchte: Es handelt sich um *AirDroid*, eine geniale App, die es Ihnen gestattet, in Windeseile Dateien per WLAN zwischen Ihrem PC und Ihrem Smartphone auszutauschen. Das ist sehr praktisch, wenn man nur einige wenige Dateien vom Smartphone sichern oder z. B. einen Film vom PC auf das Gerät kopieren möchte.

1. Installieren Sie AirDroid mit dem nebenstehenden QR-Code.

2. Starten Sie die App und registrieren Sie sich zunächst bei AirDroid. Sie können die App auch mit Ihrem Google- oder Facebook-Konto verknüpfen.

AirDroid

3. Besuchen Sie mit Ihrem Browser auf dem PC die Internetadresse *http://web.airdroid.com*.

4. Daraufhin erscheint der AirDroid-Desktop sowie ein Fenster mit einem QR-Code ❷. Scannen Sie diesen mithilfe der Schaltfläche **QR-Code scannen** ❸ ein. Alternativ können Sie sich auch hier wieder mit Ihrem Google- oder Facebook-Account anmelden.

Kapitel 13 – Sicherheit, Backup und Synchronisation

5. Fertig! Sie befinden sich nun auf dem AirDroid-Desktop. Um Dateien drahtlos auf Ihr Smartphone zu kopieren, ziehen Sie diese einfach in das dafür vorgesehene Feld des Desktops ❶. Diese landen dort im Verzeichnis *airdroid/upload*.

6. Umgekehrt können Sie mithilfe des Desktop-Dateimanagers über die Schaltfläche **Datei** ❷ in Verzeichnisse auf dem Smartphone navigieren und Dateien daraus gezielt auf den PC herunterladen. Das ist insbesondere für die Datensicherung praktisch.

Der AirDroid-Desktop ist das Schweizer Taschenmesser für den Datenaustausch zwischen Smartphone und PC.

Kapitel 14
Die Akkulaufzeit verlängern

Eine große Enttäuschung, die ich beim Umstieg vom klassischen Handy auf mein erstes Smartphone – das Samsung Galaxy S – erlebte, war die geringe Akkulaufzeit. Hielt mein gutes altes Nokia-Handy bei regelmäßiger Nutzung knapp eine halbe Woche durch, so war beim Galaxy S nach noch nicht einmal einem Tag Feierabend.

Die gefühlt schlechte Akkuleistung hat einen guten Grund: Im Prinzip ist ein Smartphone nichts anderes als ein mobiler Multimediacomputer, dessen erstaunlich leistungsfähiger Prozessor sowie das hochauflösende Display ihren Tribut fordern. Dennoch können Sie viel dazu beitragen, dass dem Smartphone nicht schon binnen weniger Stunden der Saft ausgeht. Das folgende Kapitel hilft Ihnen dabei.

Die großen Stromfresser

Das Ranking der Kandidaten mit großem Stromverbrauch auf einem Smartphone sieht in etwa wie folgt aus:

Platz 1 nimmt unangefochten das *Display* ein. Hier gilt: Je höher dessen Auflösung, umso mehr Energie wird für die Darstellung benötigt. Wundern Sie sich also nicht, wenn aktuelle Geräte, die mit einem stärkeren Akku ausgestattet wurden, die gleiche oder sogar eine schlechtere Laufzeit als die Vorgängermodelle besitzen – dies ist meist einer Steigerung der Displayauflösung geschuldet.

Kapitel 14 – Die Akkulaufzeit verlängern

Die Netzturbos *UMTS* bzw. LTE nehmen ebenfalls viel Energie weg, falls Sie diese Netzstandards permanent nutzen. Ihr Android-Smartphone hat gewöhnlich die Option, je nach Empfangslage zwischen dem UMTS-(3G-) oder LTE-(4G-) und dem gewöhnlichen GSM-(2G-)Netz hin und her zu schalten, was beträchtlich am Akku saugt.

Der aktivierte *WLAN*-Empfang beansprucht in gleicher Weise die Energiequelle, allerdings bei Weitem nicht so stark wie der UMTS-Empfang.

Ebenso stellt die permanente Kopplung mit zusätzlichen Geräten per *Bluetooth*-Kurzstreckenfunk, etwa der Freisprechanlage im Auto, eine Energiesenke dar.

Generell bedeutet eine permanente Synchronisation von Apps, die per Mobilfunknetz oder WLAN auf Serverdaten zugreifen, eine deutliche Belastung des Energiespeichers.

Nicht ganz so dramatisch ist der Mehrverbrauch, der durch aktivierten GPS-Empfang hervorgerufen wird.

Last, but not least: Die mittlere Prozessorlast ist entscheidend dafür, ob Ihr Akku den Tag übersteht oder schon nach wenigen Stunden in die Knie geht. Das merken Sie daran, dass Sie zusehen können, wie die Akkuladung schwindet, wenn Sie sich mit einem grafikaufwendigen 3D-Spiel die Zeit vertreiben.

Erste Schritte zum Stromsparen

Wie bereits erwähnt, trägt das Display am meisten zum Energieverbrauch bei. Die beiden goldenen Regeln lauten hier:

- Reduzieren Sie die Display-Standby-Zeit auf ein erträgliches Minimum.

- Regulieren Sie die Displayhelligkeit so, dass Sie bei den gegebenen Lichtverhältnissen die Informationen gerade noch gut erkennen können.

Das persönliche Empfinden ist natürlich in beiden Punkten recht subjektiv. Die entsprechenden Einstellmöglichkeiten finden Sie im Bereich **Einstellun-**

334

Erste Schritte zum Stromsparen

gen ▶ **Display** oder über die entsprechende Schnellkonfigurationsfläche für Helligkeit, die beim Herunterziehen der Statusleiste erscheint ❶.

1. Begeben Sie sich in dem beschriebenen Bereich in das Untermenü **Helligkeit** ❷ und passen Sie diese Ihren Vorstellungen entsprechend an.

2. In der Regel ist hier der automatische Modus voreingestellt. Dieser ist allerdings in der Regel zu dunkel, insbesondere im Freien. Um die Helligkeit auf einen festen Wert einzustellen, müssen Sie die automatische Helligkeit deaktivieren. Per Regler **Helligkeitsstufe** ❸ können Sie nun eine feste Helligkeit einstellen.

Die Helligkeit lässt sich übrigens auch schnell über das Energiespar-Widget ändern.

3. Die Standby-Zeit passen Sie im Untermenü **Ruhezustand** an. Eine Zeit von 30 Sekunden genügt hier vollends ❹.

4. Eine Unsitte bezogen auf den Energieverbrauch sind die zwar hübsch anzusehenden, aber prozessorhungrigen Livehintergründe, die Sie im Bereich **Display** ▶ **Hintergrund** auswählen können. Wählen Sie hier in jedem Fall ein statisches Hintergrundbild aus.

335

Kapitel 14 – Die Akkulaufzeit verlängern

5. Der nächste Kandidat zum Energiesparen ist der Mobilfunknetz-Modus. Solange Sie nicht im Internet auf grafisch aufwendigen Seiten surfen oder größere Dateien herunterladen wollen, genügt der einfache GSM- (2G-)Modus. Begeben Sie sich in den Bereich **Einstellungen ▶ Drahtlos & Netzwerke ▶ Mehr**.

6. Begeben Sie sich in das Untermenü **Mobilfunknetze** und wählen Sie dort im Bereich **Bevorzugter Netzwerktyp** den Menüpunkt **2G** ❶.

Sollten Sie wieder eine schnelle Datenverbindung benötigen, so ändern Sie die Einstellung.

7. WLAN, Bluetooth und GPS sollten Sie, falls Sie sie nicht benötigen, generell deaktivieren. Das geschieht am schnellsten über das Energiespar-Widget, vgl. dazu auch Seite 44.

8. Wenn Sie nicht mit dem Internet verbunden sind, dann sollten Sie ebenfalls per Energiespar-Widget die Synchronisation deaktivieren ❷. Jeder Synchronisationsversuch fährt den Prozessor unnötig an und kostet Energie.

9. Viele Anwender beschweren sich darüber, dass ihr Gerät über Nacht viel Energie verliert. Die Lösung für das Problem: Aktivieren Sie über Nacht einfach den Flugmodus ❸, der sämtliche Netzwerk-Verbraucher abschaltet. Sie erreichen ihn durch einen langen Druck auf die Einschalttaste.

Den aktivierten Flugzeugmodus erkennen Sie an dem kleinen Flugzeugsymbol oben rechts in der Statusleiste ❹.

Mit Profilen arbeiten

Natürlich dürfen Sie nicht vergessen, diesen Modus am nächsten Morgen wieder zu deaktivieren.

Mit Profilen arbeiten

Die ganze Hin- und Herschalterei zum Energiesparen ist Ihnen zu mühsam? Dann sollten Sie sich einmal eine App zur Erstellung und Verwaltung von Profilen anschauen. Ein Vertreter ist der *Profile Scheduler*. Damit lässt sich Ihr Smartphone situationsbedingt sehr schnell in bestimmte Zustände versetzen.

Profile Scheduler

1. Installieren Sie die App aus dem Play Store und starten Sie sie. Bestätigen Sie nach dem Start den Lizenzvertrag.

2. Die App besitzt bereits eine Reihe vordefinierter Profile. Um eines der Profile einzusehen bzw. zu ändern, tippen Sie es länger an und wählen im erscheinenden Dialog den Punkt **Bearbeiten**. Hier können Sie eine Vielzahl von Eigenschaften justieren, die Ihr Smartphone bei Auswahl des Profils besitzen soll.

3. Lassen Sie uns nachfolgend ein neues Profil zum Energiesparen erstellen. Tippen Sie dazu auf die +-Schaltfläche der App ❺.

Unser neues Profil soll einen Energiesparmodus realisieren, der GPS, Bluetooth und WLAN deaktiviert sowie die Display-Standby-Zeit auf 15 Sekunden reduziert.

4. Nennen Sie das neue Profil »Energie sparen«.

5. Scrollen Sie im Einstellungsmenü zum Bereich **WLAN & Netzwerke** und tippen Sie den Eintrag **WLAN** so lange an, bis die Markierung **Aus** erscheint. Verfahren Sie ebenso mit dem **Bluetooth**- sowie dem **GPS**-Menüeintrag. Letzterer befindet sich ganz am Ende des Einstellungsmenüs. Passen Sie die Standby-Zeit und bei Bedarf weitere Einstellungen Ihren Wünschen entsprechend an.

Kapitel 14 – Die Akkulaufzeit verlängern

6. Wählen Sie gegebenenfalls noch ein neues Icon für das neu erstellte Profil und speichern Sie dieses ab. Es sollte nun in der Übersicht erscheinen.

7. Um das Profil zu aktivieren, tippen Sie es einfach in der Übersicht der App an. Das Icon des Profils erscheint nun in der Statusleiste ❶. Um zu einem anderen Profil zu wechseln, ziehen Sie sie herunter und tippen auf den Profile-Scheduler-Eintrag ❷. Sie gelangen in den Profile Scheduler, in dem Sie nun ein anderes Profil auswählen.

Der Profile Scheduler ist ein mächtiges Werkzeug: Über den Hauptmenüpunkt **Regeln** ❸ können Sie Bedingungen definieren, unter denen Ihr Smartphone in bestimmte Zustände wechselt. So können Sie beispielsweise definieren, dass beim Einloggen ins heimische WLAN ein Datenabgleich durchgeführt oder ab 23.00 Uhr in einen energiesparenden Nachtmodus gewechselt wird. Auch Ihr aktueller per Google-Standortdienst erkannter Ort kann zum Auswerten einer Regel verwendet werden. Ihrer Fantasie sind also keine Grenzen gesetzt.

Apps ermitteln, die zu viel Energie verbrauchen

Wie bereits erwähnt, besitzt neben dem Display der Prozessor Ihres Smartphones den größten Energiehunger, wenn er denn auf Volllast gefahren wird. So ist es interessant zu erfahren, welche der installierten Apps am meisten Prozessorleistung beanspruchen. Das müssen nicht nur die von Ihnen selbst gestarteten Apps sein, auch einige Dienste im Hintergrund können sich als Stromfresser entpuppen.

1. Um einen Eindruck davon zu bekommen, welche App oder welcher Dienst am meisten am Akku nagt, begeben Sie sich in den Bereich **Einstellungen** und wählen dort aus dem Bereich **Gerät** das Untermenü **Akku**.

2. Durch Antippen eines Listeneintrags werden Ihnen weitere Informationen angezeigt.

Im vorliegenden Fall benötigen etliche Google-Hintergrunddienste die meiste Energie, etwa die Google-Play-Dienste, die z. B. nach Updates für Apps suchen oder die Synchronisierung mit Ihrem Google-Konto kontrollieren.

Kapitel 14 – Die Akkulaufzeit verlängern

3. Sollten Sie eine »wild gewordene« App entdeckt haben, die den Akku über Gebühr in Anspruch nimmt, so können Sie sie jederzeit über den Systemmanager beenden. Rufen Sie über die Schaltfläche **Zuletzt gestartete Apps** den integrierten Task-Manager auf (siehe Kapitel 7, »Apps installieren und verwalten«, ab Seite 193) und entfernen Sie die entsprechende App durch Wischen aus dem Speicher.

4. Wenn alle Stricke reißen und Ihr Gerät immer noch einen unüblichen Akkuverbrauch zeigt, so hilft sehr oft ein Neustart des Geräts.

Battery Widget Reborn Pro

Schließlich ist es noch aufschlussreich, den prozentualen Ladezustand des Akkus permanent im Blick zu haben. Bei Verwendung einer neuen App können Sie dann gegebenenfalls ein Energieleck schneller identifizieren. Hierzu empfehle ich die App *Battery Widget Reborn*.

Nach Installation der App erscheint in der Statuszeile ein Kreis ❶, der Ihnen jederzeit den aktuellen Ladezustand anzeigt. Durch Herunterziehen der Statusleiste können Sie sich genauere Informationen zum Lade- bzw. Entladeverhalten Ihres Smartphones beschaffen. Darüber hinaus haben Sie die Möglichkeit, Schnellschaltflächen ❷ zur Deaktivierung der größten Stromverbraucher zu konfigurieren.

Stromsparen mit Snapdragon BatteryGuru

Auf Google Play werden diverse Energiespar-Apps angeboten, die über einen längeren Zeitraum das Nutzerverhalten sowie den Energiebedarf aller verwendeten Apps analysieren und im Bedarfsfall danach einige Dienste einschränken, um Energie zu sparen. So wird beispielsweise die Synchronisation einiger Apps mit webbasierten Diensten unterbrochen, falls sie zu häufig erfolgen sollte.

In vielen aktuellen Android-Smartphones befindet sich ein Snapdragon-Prozessor. Der Hersteller Qualcomm bietet eine spezielle App an, um den Energieverbrauch des Chips zu optimieren. Diese nennt sich *Snapdragon BatteryGuru*.

Nach dem ersten Start der App erläutert zunächst ein Tutorial, welche Vorkehrungen die App zum Energiesparen trifft. Nach ca. vier Tagen des Lernens greift die App dann aktiv in den Energiehaushalt Ihres Smartphones ein.

BatteryGuru

Nützliche Utensilien

Nachdem die Energie aus dem Akku gezogen wurde, muss sie ihm auch wieder zugeführt werden. Dies geschieht in der Regel über das mitgelieferte Ladegerät oder ein USB-Kabel.

Mittlerweile bevölkern etliche weitere nützliche Utensilien den Markt, die das Laden vereinfachen sollen oder auch neue Energiequellen erschließen.

Beliebt sind mittlerweile induktive Ladeschalen, die das kabellose Laden des Geräts ermöglichen. Der Spaß ist allerdings nicht billig: Rund 40 € ruft z. B. Google für das Hightech-Zubehör für die Nexus-Serie ab. Das Aufladen ist darüber hinaus nicht so effektiv wie die klassische Methode per USB-Kabel – will sagen: es dauert seine Zeit.

Kapitel 14 – Die Akkulaufzeit verlängern

Eine Möglichkeit, auch auf der Rucksacktour in entlegenen Gebieten unabhängig von der Steckdose zu sein, sind Solarladestationen. Hier sollten Sie darauf achten, dass das verwendete Solarpanel mit einem leistungsfähigen Akku gepuffert wird, der seinerseits wiederum das Smartphone per USB-Kabel lädt. Der Smartphone-Akku benötigt einen konstanten Ladestrom, was bei wechselnden Lichtverhältnissen durch das Solarpanel nicht gegeben ist. Vergessen Sie also das Projekt, ein günstiges Solarpanel (einige Exemplare sind schon für 20 € erhältlich) direkt an Ihr Smartphone anzuschließen. Recherchieren Sie besser in der Preisklasse ab 80 € nach einem Panel mit Pufferakku.

Komplettes Solarladeset, bestehend aus einem wasserfesten, mobilen Solarpanel nebst Pufferakku. Preis: 99 €; Quelle: www.sistech.com

Eine letzte Alternative, die Laufzeit Ihres Smartphones zu vervielfachen, ist der Einsatz einer akkubasierten Sekundärladestation. Dabei handelt es sich um überdimensionierte Akkus, die unterwegs als Stromtankstelle dienen. Derartige Ladestationen finden Sie bei Amazon schon ab 30 €.

Kapitel 15
Tipps, Tricks und Fehler-behebung

Das folgende Kapitel hilft Ihnen, Probleme mit Ihrem Android-Smartphone schnell und unkompliziert zu lösen. Ich stelle Ihnen zudem die wichtigsten Anlaufstellen im Internet vor, bei denen Sie weiterführende Tipps und Hinweise bei Problemen erhalten. Am Ende des Kapitels finden Sie schließlich noch einige Ratschläge, wie Sie noch mehr aus Ihrem Smartphones herausholen können.

Das Gerät neu starten

Es passiert selten, aber es kann durchaus vorkommen, dass Ihr Smartphone auf keinerlei Bildschirmeingaben mehr reagiert. Verursacht wird das meist durch eine fehlerhafte (weil schlecht programmierte) App. Ich zeige Ihnen nun, was Sie in solchen Fällen tun können, um Ihr Smartphone schnell wieder in Betrieb zu nehmen.

1. Stellen Sie sich diese Situation vor: Sie benutzen eine App, und diese reagiert plötzlich nicht mehr auf Ihre Bildschirmeingaben. Für mein Beispiel verwende ich die App *WeatherPro*. Versuchen Sie in solch einem Fall zunächst, ob Sie durch Betätigen des **Home**-Buttons auf den Homescreen gelangen.

Kapitel 15 – Tipps, Tricks und Fehlerbehebung

2. Sollte dies funktionieren, so betätigen Sie den Softbutton **Kürzlich gestartete Apps** ❶, um zur Übersicht über die geöffneten Apps zu gelangen. Schauen Sie zunächst nach, ob die betreffende App in der Liste erscheint ❷.

3. Ziehen Sie die App zum Beenden mit gedrücktem Finger aus der Übersicht des Task-Managers heraus.

Etwas schwieriger wird die Situation, wenn das komplette System nicht mehr reagiert, d. h., wenn Sie z. B. auch durch Betätigen des **Home**-Buttons keine Reaktion vom Smartphone erhalten. In diesem Fall empfehle ich Ihnen, einen sogenannten *Soft Reset*, also einen Neustart des Geräts, durchzuführen.

1. Halten Sie den Ein-Aus-Schalter ca. eine Sekunde gedrückt, sodass das Geräteoptionsmenü erscheint.

2. Wählen Sie den Punkt **Ausschalten** ❸, um Ihr Smartphone herunterzufahren und anschließend neu zu starten. Einige Geräte, so z. B. die Samsung-Galaxy-Serie, bieten an dieser Stelle auch direkt einen Punkt namens **Neustart** an.

Sollte Ihr Gerät auch auf den längeren Druck des Ein-Aus-Schalters nicht reagiert haben, müssen Sie eine andere Methode verwenden. Der Nachteil ist allerdings, dass Sie hierbei sämtliche nicht gespeicherte Daten verlieren werden. Probieren Sie Folgendes aus:

Das Gerät neu starten

1. Halten Sie die Ein-Aus-Taste für mindestens 4 Sekunden gedrückt. Dadurch schaltet sich Ihr Gerät aus, egal, welche Anwendung oder welcher Systemdienst das Gerät derzeit blockiert.

2. Um das Gerät nun neu zu starten, drücken Sie für ca. 2 Sekunden den Ein-Aus-Schalter und lassen das Gerät hochfahren. Dies dauert unter Umständen ein wenig länger als der gewöhnliche Systemstart.

Sollten Sie häufiger mit einer bestimmten App Probleme haben, so können Sie versuchen, sie von Grund auf neu einzurichten. Dazu müssen Sie nur die temporären Daten löschen, die von der App im Speicher Ihres Smartphones abgelegt wurden. Gehen Sie dazu folgendermaßen vor (ich verwende im Beispiel erneut die WeatherPro-App):

1. Begeben Sie sich in die Einstellungen und dort in den Bereich **Gerät ▸ Apps**.

2. Suchen Sie im Untermenü **Alle** nach der betreffenden App und tippen Sie sie an ❹.

345

Kapitel 15 – Tipps, Tricks und Fehlerbehebung

3. Stoppen Sie die App zunächst über **Beenden erzwingen** ❺ (Seite 345). Löschen Sie anschließend die temporär gespeicherten Daten über **Daten löschen** ❻. Sollten sich danach noch Daten im Cache befinden, so tippen Sie die Schaltfläche **Cache leeren** ❼ an.

4. Öffnen Sie die betreffende App danach wieder über das App-Menü und richten Sie sie neu ein. Die App sollte nach diesem Vorgang wieder stabil funktionieren.

> **TIPP**
>
> ## Wenn gar nichts mehr geht: Akku rausnehmen
>
> In seltenen Fällen kann es vorkommen, dass Ihr Smartphone selbst auf die Ein-Aus-Taste nicht mehr reagiert. In diesem Fall können Sie das Telefon nur durch das Herausnehmen des Akkus wieder bedienbar machen. Sie sollten diesen aber nicht unmittelbar wieder einlegen, sondern zunächst einige Minuten warten, bis sich auch der Zwischenspeicher entleert hat. Schalten Sie danach Ihr Gerät wie gewohnt ein. Bei Geräten mit fest verbautem Akku hilft nur, den Akku leer laufen zu lassen und zu hoffen, dass nach einer vollständigen neuen Ladung das Gerät wieder funktioniert.

Der schlimmste Fall, der Ihnen passieren kann, ist allerdings, dass durch die Installation einer App wichtige Systemdateien zerstört oder zumindest komplett unbrauchbar wurden. In dieser Situation helfen Ihnen der beschriebene Soft Reset, das Löschen temporärer App-Daten oder das Entnehmen des Akkus leider nicht, um das beschriebene Problem zu lösen. Ich bin selbst einmal mit einem Samsung Galaxy der ersten Generation in eine solche Situation geraten, nachdem ich eine App zur automatischen Verwaltung von Hotspots installiert hatte.

Hier hilft Ihnen nur ein *Hard Reset*, der das Gerät auf Werkseinstellungen zurücksetzt. Leider verlieren Sie bei diesem Schritt sämtliche persönliche Daten, Anwendungen und Einstellungen, die Sie auf Ihrem Smartphone gespeichert haben. Gut, wenn Sie für solch einen Fall eine Sicherungskopie der Daten angelegt haben (vergleichen Sie dazu Kapitel 13, »Sicherheit,

Das Gerät neu starten

Backup und Synchronisation«, ab Seite 315). So können Sie das Gerät auch nach einem Hard Reset schnell wiederherstellen.

1. Sollte das Gerät noch auf Ihre Eingaben reagieren, so führen Sie einen Hard Reset über den Menüpunkt **Einstellungen ▸ Nutzer ▸ Sichern und zurücksetzen** ❶ durch.

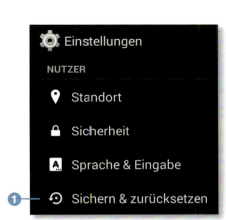

2. Wählen Sie aus dem folgenden Menü den Punkt **Auf Werkszustand zurück** ❷.

3. Im nächsten Menü erhalten Sie schließlich noch eine Warnung, dass sämtliche Daten auf Ihrem Gerät gelöscht werden. Bestätigen Sie den Reset über den Punkt **Telefon zurücksetzen** ❸.

In besonders hartnäckigen Einzelfällen reagiert Ihr Bildschirm schon direkt nach dem Einschalten nicht mehr. In diesem Fall lösen Sie einen Hard Reset direkt nach dem Systemstart über eine Tastenkombination aus.

Diese Tastenkombination ist von Gerät zu Gerät bzw. von Hersteller zu Hersteller verschieden. Hier hilft

347

Kapitel 15 – Tipps, Tricks und Fehlerbehebung

eine Google-Recherche ❶, um die spezielle Tastenkombination Ihres Geräts in Erfahrung zu bringen.

Bei Google-Recherchen zu aktuellen Geräten können Englischkenntnisse von Vorteil sein.

> **TIPP**
>
> **Vor Verkauf auf Werkseinstellungen zurücksetzen**
>
> Sollten Sie sich irgendwann dazu entschließen, Ihr Smartphone als gebrauchtes Gerät zu verkaufen, so empfiehlt sich ein Hard Reset, um sämtliche persönliche Daten auf dem Gerät rückstandsfrei zu löschen. Achten Sie dabei darauf, dass Sie auch den Inhalt der SD-Speicherkarte löschen.

Tipps und Hilfe in Internetforen finden

Android-Smartphones erfreuen sich großer Beliebtheit – deren Marktanteil im Smartphone-Sektor beläuft sich derzeit in Deutschland auf ca. 70 %. Daher finden Sie im Internet schnell Rat und Hilfe von kompetenten Benutzern, die per Foren und Blogs ihr Wissen weitergeben und Ihnen helfen, wenn Ihr Android-Smartphone einmal nicht so funktioniert, wie Sie es sich wünschen.

Bevor Sie sich in einem Forum anmelden und Ihre Fragen stellen, sollten Sie einige Grundregeln im Umgang mit Ihren digitalen Mitbürgern berücksich-

Tipps und Hilfe in Internetforen finden

tigen. So sollten Sie sich zunächst über die FAQ – die Liste häufig gestellter Fragen – und über die Suchfunktion des Forums informieren, ob Ihre Frage vielleicht zuvor schon beantwortet wurde. Auch sollten Sie darauf achten, dass Sie stets freundlich und hilfsbereit auf die Fragestellungen anderer Nutzer eingehen.

Damit Sie aber vor allen Dingen bei der Lösung Ihres Problems Hilfe bekommen, sollten Sie bei Ihrer Frage genügend Informationen zu dem verwendeten Gerät, dem eingebauten Prozessor und der derzeit installierten Betriebssystemversion bereithalten. Diese Informationen bringen Sie zum Teil über **Einstellungen ▶ System ▶ Über das Telefon** in Erfahrung.

Den genauen Typ des Prozessors und weitere Hardwareinformationen erfahren Sie darüber hinaus mit der App *Android Hardware Info*. Die App liefert Ihnen viele weiterführende Informationen über die verbaute Hardware, sollten Sie diese Informationen zur Lösung Ihres Problems benötigen.

In der Tabelle auf Seite 350 erhalten Sie einen Überblick über die wichtigsten Anlaufstellen bei Fragen für Android-Nutzer. In den meisten Android-Foren finden Sie stets auch eine Rubrik, die sich speziell mit Ihrem Gerät beschäftigt. Diese Zusammenstellung bietet natürlich bei Weitem keine vollständige Auflistung aller Foren, die genannten Websites haben mir jedoch stets bei Problemen oder Fragen geholfen.

Android Hardware Info

349

Kapitel 15 – Tipps, Tricks und Fehlerbehebung

Name	URL	Inhalte
AndroidPIT	*http://www.androidpit.de*	Foren für alle gängigen Android-Smartphones, eigene App bei Google Play, App-Tests
Android-Hilfe	*http://www.android-hilfe.de*	großes Forum zu Android
Handy FAQ	*http://www.handy-faq.de*	größtes Handyforum mit speziellem Android-Bereich
PocketPC.ch	*http://www.pocketpc.ch*	Website zu allen gängigen PDAs und Smartphones mit großem Android-Bereich
XDA-Developers	*http://www.xda-developers.com*	Expertenforum, Quelle diverser alternativer ROMs, englischsprachig
SamMobile	*http://www.sammobile.com*	Anlaufstelle zu Informationen speziell zu Samsung-Smartphones, englischsprachig

Einige Anlaufstellen im Internet bei Fragen rund um Ihr Android-Smartphone

Tapatalk

Möchten Sie vom Smartphone aus aktiv an Forendiskussionen teilnehmen, so empfiehlt sich die Installation von *Community Reader* von Tapatalk, falls das entsprechende Forum diesen unterstützt. Das ist z. B. bei den XDA-Developers der Fall.

1. Installieren Sie die Tapatalk-App. Zur Verwaltung aller Ihrer verwendeten Foren können Sie sich zunächst für eine Tapatalk-ID registrieren.

2. Geben Sie über die Suchfunktion die ersten Buchstaben eines Forums ein, mit dem Sie Tapatalk nutzen möchten, z. B. »xda«. Wählen Sie in der erscheinenden Übersicht das Forum XDA-Developers.

Tipps und Hilfe in Internetforen finden

3. Besorgen Sie sich wie oben bereits erwähnt einen Account bei den XDA-Developers und stellen Sie Ihre Fragen – infolge der internationalen Ausrichtung wird das Forum in englischer Sprache betrieben.

4. Noch ein Tipp zur Navigation: Die Suche nach speziellen Foren ist in der App nicht ganz optimal gelöst. Navigieren Sie zunächst mit dem Systembrowser (z. B. Chrome) auf die Webseite, die das gewünschte Forum enthält. Wechseln Sie dort in das Unterforum. Ihnen wird dann angeboten, das Forum in der Tapatalk-App zu öffnen.

Enthält eine Webseite ein Forum, so können Sie die Tapatalk-App bequem aus dem Browser heraus starten.

Einige Anbieter stellen Ihnen sogar eine eigene App zur Nutzung ihrer Angebote zur Verfügung, so z. B. AndroidPIT und PocketPC.ch. Mit der AndroidPIT-App beispielsweise können Sie das beliebte Forum bequem durchkämmen.

AndroidPIT

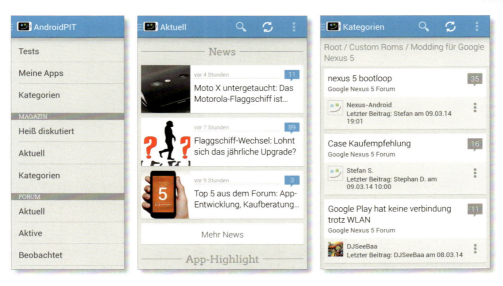

351

Im Folgenden möchte ich Ihnen einige abschließende Tipps geben, mit deren Hilfe Sie die Einsatzbereiche Ihres Smartphones erweitern können.

> **HINWEIS**
>
> **Das Smartphone rooten – ja oder nein?**
>
> In den in der Tabelle auf Seite 350 genannten Foren erhalten Sie auch ausführliche Anleitungen, wie Sie Geräte rooten können. Beim Rooten nutzt man geschickt bestehende Sicherheitslücken im Android-Systemkern (dem Linux-Kernel) aus, um sich einen vollständigen Zugang zum kompletten Betriebssystem beschaffen zu können – eine heikle und stellenweise sehr vertrackte Angelegenheit. Zudem wird das Thema Rooten bei den aktuellen Android-Versionen dadurch erschwert, dass ein besonders abgesicherter Linux-Kernel (*Security Enhanced Linux*) als Systemgrundlage verwendet wird. Lediglich Anwender, die ältere Hardware noch einmal aufpolieren möchten, sollten sich in den Rooting-Bereichen der einschlägigen Foren einmal umsehen.

Dokumente vom Smartphone aus drucken

Sie möchten Dokumente oder Bilder, die sich auf Ihrem Smartphone befinden, ausdrucken? Kein Problem! Hier stehen Ihnen folgende Möglichkeiten zur Verfügung:

- Sie binden Ihren Drucker über den Google Cloud Print Service an die Google-Cloud an. Dies setzt voraus, dass der Drucker an einem PC mit Internetzugang angeschlossen wird.

- Sie verwenden eine spezielle App des Druckerherstellers, die es gestattet, den Drucker auch ohne Extra-PC zu nutzen, vorausgesetzt, Ihr Smartphone befindet sich im gleichen lokalen Netz wie der Drucker. Eine derartige App haben Sie schon beim Druck von Fotos in Kapitel 8 kennengelernt.

- Mittlerweile gibt es auch spezielle Cloud-Drucker, die nach deren Anbindung an das Internet per Smartphone von jedem Ort der Welt ferngenutzt werden können. Vorreiter ist hier die Firma Samsung.

Dokumente vom Smartphone aus drucken

Schauen wir uns nachfolgend Googles *Cloud Print Service* einmal genauer an. Dazu benötigen Sie einen Drucker, den Sie per USB oder Netzwerk an einen PC angeschlossen haben. Der PC muss außerdem über eine Onlineverbindung verfügen. Über den genannten Google-Dienst binden Sie den Drucker dann per Cloud-Print-App an Ihr Android-Smartphone an. Ich habe diese Variante mit einem Nexus 5 und einem Canon Pixma MX925 getestet und für gut befunden. Gehen Sie dabei folgendermaßen vor:

1. Zunächst binden Sie den Drucker an die Google-Cloud an. Installieren Sie dazu (falls noch nicht geschehen) zunächst den Google-Browser Chrome auf Ihrem PC oder Mac.

2. Loggen Sie sich mit Ihrem Google-Account bei Google ein.

3. Begeben Sie sich zu den Einstellungen des Chrome-Browsers und wählen Sie dort im Bereich **Einstellungen** den Punkt **Erweiterte Einstellungen anzeigen**.

4. Scrollen Sie bis an das Ende der Seite und betätigen Sie die Schaltfläche **Drucker hinzufügen** ❶ im Untermenü **Google Cloud Print**.

Dadurch werden die auf Ihrem System installierten Drucker bzw. Druckertreiber gesucht und zu Google Cloud Print hinzugefügt. Stellen Sie sicher, dass der Drucker, den Sie in Cloud Print nutzen möchten, eingeschaltet ist.

353

5. Bestätigen Sie das Hinzufügen des erkannten Druckers über die Schaltfläche **Drucker hinzufügen** ❶. Bei Bedarf markieren Sie das Kästchen **Neu angeschlossene Drucker automatisch registrieren** ❷.

   Ist Ihr Drucker per USB am PC angeschlossen, muss der PC angeschaltet sein. Handelt es sich um einen Netzwerkdrucker, der per LAN am Router angebunden ist, kann der PC ausgeschaltet bleiben.

6. Sie erhalten eine Bestätigungsmeldung. Über den Link **Drucker verwalten** gelangen Sie zur Übersicht über Ihre Cloud-Drucker. Später können Sie aus Ihrem Google-Konto heraus jederzeit an diesen Ort wechseln, indem Sie den Link *https://www.google.com/cloudprint* aufrufen und den Link **Drucker** ❸ anklicken. Dort finden Sie außerdem eine Übersicht über alle Druckaufträge, wenn Sie dem entsprechenden Link ❹ folgen.

Dokumente vom Smartphone aus drucken

7. Seit Android 4.4 KitKat ist der Google-Cloud-Print-Dienst fest im Betriebssystem des Smartphones verankert. Begeben Sie sich zur Aktivierung in die Einstellungen und dort in den Bereich **System ▶ Drucken**. Prüfen Sie, ob dort der Cloud-Print-Dienst aktiviert ist ❺. Durch Antippen des Worts **Cloud Print** erhalten Sie einen Überblick über alle zur Verfügung stehenden Drucker ❻.

8. Wählen Sie nun eine App, in der sich ein Dokument befindet, das Sie gerne ausdrucken möchten. Ich wähle in diesem Beispiel Google Drive und tippe in der Übersicht länger auf das Dokument, das ich drucken möchte. Es erscheint ein Kontextmenü. Wählen Sie daraus den Punkt **Drucken** ❼ aus.

Kapitel 15 – Tipps, Tricks und Fehlerbehebung

9. Wählen Sie schließlich im nächsten Dialog den Drucker ❽ (Seite 355), auf dem das Dokument gedruckt werden soll. Dies sollte der zuvor eingerichtete Drucker sein.

10. Im nun folgenden Dialog können Sie noch einige Druckeinstellungen vornehmen. Der eigentliche Druck beginnt dann durch Antippen der **Drucken**-Schaltfläche ❾. Haben Sie nun etwas Geduld – der Vorgang kann schon ein wenig Zeit in Anspruch nehmen, da die Daten zunächst verarbeitet und via Internetverbindung an das Druckersystem übertragen werden müssen.

Beachten Sie bitte: Das Ganze funktioniert nur dann, wenn Ihr PC und der angeschlossene Drucker an das Internet angeschlossen sind bzw. sich der netzwerkfähige Drucker im LAN befindet. Glücklicherweise bieten mittlerweile diverse Druckerhersteller Hardware an, die für die Verwendung mit Googles Cloud-Druckservice optimiert wurde.

Cloud Print

> **TIPP** — **Cloud Print für ältere Systeme**
> Besitzer älterer Geräte rüsten die Cloud-Print-Funktion auf ihrem Smartphone mit der gleichnamigen App von Google nach. Nach der Installation starten Sie die App und können dann direkt auf diejenigen Apps zugreifen, die den Service unterstützen.

Das Smartphone als Taschenscanner

CamScanner Phone PDF Creator

Eine meiner Lieblings-Apps ist *CamScanner – Phone PDF Creator*: Dieser wandelt mit der Smartphone-Kamera eingescannte Dokumente unmittelbar in PDF-Dokumente um. Die App verfügt auch über eine integrierte Texterkennung (OCR), sodass Sie später das eingescannte Dokument nach Stichwörtern durchsuchen können.

1. Installieren Sie die App über den Google Play Store und starten Sie sie.

Das Smartphone als Taschenscanner

2. Scannen Sie ein beliebiges Dokument mit dem CamScanner ein.

3. Nach dem Scannen haben Sie zunächst die Möglichkeit, das eingescannte Dokument zu beschneiden ❶.

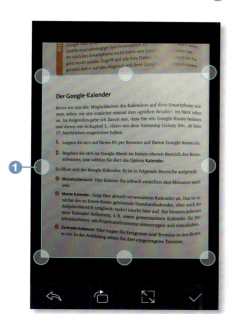
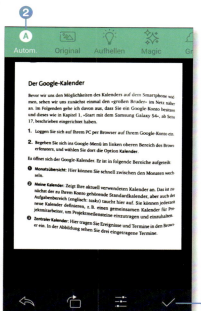

4. Anschließend können Sie den Kontrast sowie die Helligkeit des gescannten Bildes anpassen. Dazu gibt es einige vordefinierte Profile; im Normalfall fahren Sie aber mit dem automatischen Modus ❷ recht gut.

5. Bestätigen Sie die Änderungen durch Antippen des Hakens ❸.

6. Wenn Sie mit dem Ergebnis zufrieden sind, wird das Dokument lokal auf Ihrem Smartphone gespeichert. Sie können dem Dokument auch noch einen aussagekräftigen Namen geben, indem Sie aus dem App-Menü den Punkt **Umbenennen** wählen.

357

Kapitel 15 – Tipps, Tricks und Fehlerbehebung

Sie können das Dokument jederzeit einsehen, indem Sie es in der Übersicht antippen. In der Detailansicht können Sie auch das für die Texterkennung notwendige OCR-Modul aktivieren. Wenn Sie die Texterkennung das erste Mal starten, wird das Modul aus dem Internet geladen und innerhalb der App installiert. Dazu ist es erforderlich, in den globalen **Einstellungen** des Smartphones die **Installation aus unbekannten Quellen** zu aktivieren.

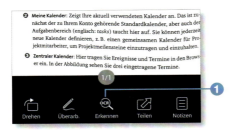

7. Führen Sie die Texterkennung durch Antippen des Symbols ❶ durch. Dabei werden sogar »schief« eingescannte Texte treffsicher erkannt.

8. Suchen Sie nun nach einem Wort innerhalb des Dokuments. Dazu wechseln Sie in das Startmenü der App, tippen das Lupensymbol an und geben ein Suchwort oder gar einen Satzteil ein. Es ist erstaunlich, wie gut die Texterkennung funktioniert.

9. Über die bekannte **Teilen**-Schaltfläche können Sie das fertige PDF schließlich auch in Google Drive hochladen und haben so auch von Ihrem PC Zugriff auf das gescannte Dokument.

> **HINWEIS**
>
> **Google Drives integrierte Texterkennung**
>
> An dieser Stelle sollte auch erwähnt werden, dass eingescannte PDFs, die auf Google Drive abgelegt werden, ebenfalls einer Texterkennung unterzogen werden.

Bluetooth-Hardware verwenden

Ich wünsche mir manchmal auf dem Smartphone statt der kleinen Bildschirmtastatur eine echte Computertastatur herbei, insbesondere wenn ich längere Texte verfassen möchte. Auch das geht problemlos: Besorgen Sie sich eine Tastatur mit Bluetooth-Funktion sowie die kostenpflichtige App *External Keyboard Helper Pro*, und schon kann's losgehen.

External Keyboard Helper Pro

1. Installieren Sie die App aus dem Play Store. Sie können auch zunächst eine Demoversion installieren, um das Programm zu testen.

2. Bringen Sie Ihre Bluetooth-Tastatur in den Kopplungsmodus. Mehr dazu entnehmen Sie dem Handbuch des Tastaturherstellers.

3. Aktivieren Sie die Bluetooth-Funktion des Smartphones über die Schnellstart-Schaltfläche im Energie-Widget. Daraufhin sucht Ihr Smartphone nach bluetooth-fähigen Geräten in der näheren Umgebung. Hier sollte die Tastatur gefunden werden ❷.

4. Tippen Sie auf den Tastatureintrag in der Liste der verfügbaren Geräte. Nun wird ein Verbindungsversuch zwischen der Tastatur und Ihrem Smartphone unternommen. Geben Sie dazu den vorgegebenen Code auf der Tastatur ein. Daraufhin sollten die Geräte miteinander verbunden werden.

359

5. Starten Sie nun die App External Keyboard Helper. Die App sorgt für die Anpassung des Tastaturlayouts, also beispielsweise, welche Spracheinstellung für die Tastatur verwendet werden soll. Aktivieren Sie die App als Eingabemethode ❶.

6. Über die Einstellungen ❷ (Schiebereglersymbol) können Sie dann die Tastatur an Ihre Bedürfnisse anpassen.

Nun können Sie loslegen und beliebige Texte per Tastatur eingeben oder z. B. Ihre E-Mails bequem schreiben.

In gleicher Weise verbinden Sie auch andere Bluetooth-Geräte wie beispielsweise Kopfhörer oder Freisprechanlagen mit Ihrem Smartphone. Mein persönlicher Favorit bei den bluetooth-fähigen Geräten ist ein FM-Transmitter für mein Autoradio: Damit verbinde ich mein Smartphone zunächst per Bluetooth mit dem Transmitter. Dieser wiederum überträgt auf einer frei wählbaren UKW-Frequenz die Musik, die auf dem Smartphone abgespielt wird, an mein Autoradio. Das Gerät kostet ca. 50 € und rüstet auch das älteste Vehikel auf Hightech-Standard auf.

Einen Netzwerkspeicher einrichten

In diesem Abschnitt verschaffen wir Ihrem Smartphone ein deutliches Plus an Speicherkapazität. Alles, was Sie dazu benötigen, ist eine Festplatte, die Sie per WLAN an Ihr Netzwerk anschließen können. Das Ganze nennt man dann NAS (*Network Attached Storage*). Ich demonstriere das im Folgenden mit einem einfachen USB-Stick, den ich als Netzwerkspeicher an eine Fritz!Box angeschlossen habe. Mittlerweile finden Sie im Handel aber auch Festplatten, die mit einem eigenen WLAN-Chip ausgestattet sind. Auf Ihrem Smartphone benötigen Sie zur Nutzung des Netzwerkspeichers das Programm *ES Datei Explorer*, das Sie auch bei Google Play finden.

ES Datei Explorer

1. Binden Sie die Festplatte entsprechend der Herstellerangabe in Ihr Netz ein. Bei mir befindet sich ein gewöhnlicher USB-Stick ❸ an meiner Fritz!Box.

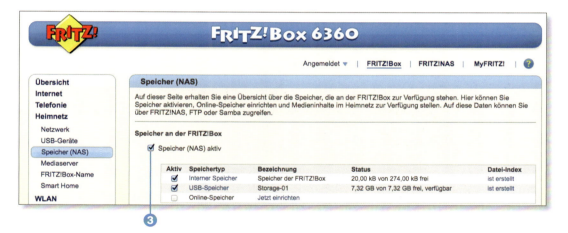

2. Starten Sie die App ES Datei Explorer und tippen Sie auf das Weltkugel-Icon in der linken oberen Ecke ❹.

3. Sie gelangen in eine Übersicht. Wählen Sie hier den Punkt **LAN** ❺ (Seite 362) aus.

361

Kapitel 15 – Tipps, Tricks und Fehlerbehebung

4. Betätigen Sie im folgenden Menü den Punkt **Durchsuchen**. Daraufhin wird Ihr Netzwerk nach Netzwerkspeichergeräten durchsucht.

5. Tippen Sie nach Abschluss des Scans auf das Symbol Ihres Netzwerkspeichers (in meinem Fall wäre das die Fritz!Box ❻). Gegebenenfalls werden Sie dabei nach einem Benutzernamen und einem Passwort für den Netzspeicher gefragt. Nun können Sie aus den Ordnern des Netzwerkspeichers, also in meinem Fall des USB-Sticks, Medien oder Dateien auf Ihrem Smartphone nutzen, beispielsweise die Videodatei *Film.mp4* ❼.

Ein großer Vorteil der ES-Datei-Explorer-App ist, dass Sie Video- und Audiodateien über ein In-App-Programm über das Netzwerk streamen können, die Dateien also nicht auf Ihrem Smartphone speichern müssen.

Glossar

Account

Account ist das englische Wort für Konto. Ein wichtiger Account für Ihr Android-Smartphone ist Ihr Konto bei Google.

A-GPS

Das Assisted GPS erleichtert das Auffinden von Satelliten bei Einsatz eines GPS. Aufgrund der per Onlineverbindung grob ermittelten Position des Smartphones erfolgt die Ortung durch das A-GPS schneller.

Android Market

Android Market war die ursprüngliche Bezeichnung des Google Play Store. Im Gegensatz zum Play Store war die Plattform nur auf Apps ausgerichtet.

APN

Access Point Name ist der Name und die Beschreibung des Zugangspunkts, mit dessen Hilfe Sie per Mobilfunknetz eine Verbindung zum Internet aufbauen können.

App

Eine App ist ein Anwenderprogramm, das auf einem mobilen Gerät, einem Tablet oder einem Smartphone, läuft.

Attachment

Ein Attachment ist ein Anhang, den Sie an eine E-Mail »anheften«. Das kann z. B. ein Foto, aber auch ein Textdokument sein.

Augmented Reality

Die erweiterte Realität ermöglicht das Einblenden von Informationen in das Livebild Ihrer Smartphone-Kamera. Dabei wird Ihre momentane Position zunächst per GPS lokalisiert, die Informationen zum Standort werden anschließend per Onlineverbindung abgerufen.

Bluetooth

Mithilfe des Bluetooth-Funks lassen sich Informationen zwischen zwei Smartphones oder auch einem Smartphone und einem PC über kurze Distanzen übermitteln.

Glossar

Chromecast

Mit Googles genialem HDMI-Stick streamen Sie in einfacher Weise Video- und Audioinhalte auf Ihr Fernsehgerät.

Client

Unter einem Client versteht man auf einem Smartphone ein Programm, das besondere Netzwerkdienste nutzen kann. So bietet Skype etwa einen Android-Client für VOIP-Telefonie an.

Cloud (Computing)

Die Cloud ist ein Verband von Servern im Netz, auf denen Daten gelagert und Programme genutzt werden können. Die Arbeit mit Programmen, die auf diesen Servern bereitgehalten werden, nennt man Cloud Computing.

Codec

Die Codier-Decodier-Software (englische Abkürzung: codec) ermöglicht das platzsparende Speichern von Audio- und Videomaterial auf Ihrem Smartphone. Typische Codecs sind der MP3-Audiocodec und der DivX-Videocodec.

Copy & Paste

Manch einer macht's im Rahmen seiner Diplom- oder Doktorarbeit: das Kopieren und Einfügen von Textteilen, eine zumeist unrühmliche Kulturtechnik des 21. Jahrhunderts. Es können nicht nur Texte, sondern auch andere Daten kopiert werden, am PC geht das am einfachsten mit den Tastenkürzeln `Strg` + `C` (Kopieren) und `Strg` + `V` (Einfügen).

DCIM

Im DCIM-Ordner (Digital Camera Images) werden in der Regel die Fotos und Videos der Smartphone-Kamera abgelegt. So ein Ordner befindet sich sowohl auf der internen als auch auf der externen SD-Karte.

Desktop

Den Desktop kennen Sie schon von Ihrem PC: Das Wort steht für Schreibtisch und beschreibt die Oberfläche, auf der Programme und Dateien in Form von kleinen Icons abgelegt werden können.

DHCP

Das Dynamical Host Configuration Protocol sorgt dafür, dass Ihr Smartphone beim Einbinden in ein Netzwerk mit einer IP-Adresse versehen wird.

Glossar

Drag & Drop
»Ziehen und Loslassen«. Platzieren Sie einen Finger über ein Objekt, verschieben Sie das Objekt mithilfe des gedrückten Fingers an eine andere Stelle und lassen Sie den Finger los: Voilà – Sie haben das Prinzip von Drag & Drop entdeckt!

E-Book
Das elektronische Buch ist auf dem Vormarsch: In den USA hat der Umsatz der E-Books bei Amazon längst den der gedruckten Bücher überflügelt.

Flash von Adobe
Mittlerweile befinden sich Flash-Inhalte im Android-Bereich auf dem Rückzug und folgen damit Apples Strategie: Google verweigert seit Android-Version 4.1 die Unterstützung des proprietären Medienformats, und Adobe bietet darüber hinaus keinen Flash-Player für aktuelle mobile Plattformen an. Dennoch können Sie auf einigen älteren Android-Smartphones noch das Flash-Plug-in aus dem Google Play Store installieren.

FTP
Mit dem File Transfer Protocol greift man auf Internetserver zu und kann darauf befindliche Dateien mithilfe eines FTP-Clients herunterladen oder hochladen.

Galerie
In der Galerie Ihres Android-Smartphones werden üblicherweise alle Mediendateien abgelegt. Mithilfe eines speziellen Browsers können Sie die Galerie durchsuchen und die Materialien u. a. in Form einer Diashow wiedergeben.

Google Play Store
Der Google Play Store ist Dreh- und Angelpunkt, wenn Sie Ihr Android-Smartphone mit Apps, Büchern und Medien ausstatten wollen. Die Installation einer App oder der Erwerb von Medien kann direkt von Ihrem Android-Smartphone per Play-Store-App, aber auch bequem am heimischen PC per Browser erfolgen.

GPS
Das Global Positioning System ist ein weltumspannendes System von Satelliten, mit deren Hilfe eine genaue Positionsbestimmung erfolgt. Ihr Smart-

365

phone muss dafür mit einem GPS-Empfangschip ausgestattet sein.

GSM
Das Global System for Mobile Communications ist der allgemein bekannte Standard für digitale Mobilfunknetze.

HDMI
Mit dem High Definition Multimedia Interface übertragen Sie digitale Bild- und Tondaten. Der Stecker bzw. die Buchse ähnelt einem USB-Anschluss und wird z. B. beim Anschluss des Google-Chromecast-Sticks an Ihr TV-Gerät verwendet.

Homescreen
Auf dem Homescreen (zu Deutsch: Heimbildschirm) legen Sie Ihre beliebten Widgets und Apps ab, um schnell darauf zugreifen zu können. Android bietet Ihnen in der Standardkonfiguration mehrere Homescreens an, die Sie thematisch geordnet belegen können.

Hotspot
Ein Hotspot ist ein Zugangspunkt für drahtlose Verbindungen per WLAN.

Icon
Ein Icon ist ein kleines Symbol, das für eine App steht. Durch Antippen des Icons starten Sie die entsprechende App.

IMAP
Mithilfe des Internet Message Access Protocol, eines Internetprotokolls für den E-Mail-Zugriff, können Sie Ihr Mailpostfach so nutzen, dass E-Mails wie bei einem stationären Mailprogramm in eine Ordnerstruktur einsortiert und bei Bedarf auch gelöscht werden können. IMAP bietet sich an, wenn Sie viel unterwegs sind und Ihr Postfach parallel per heimischem PC oder Smartphone nutzen möchten.

IP-Adresse
Die Internetprotokolladresse (IP: Internet Protocol) ist eine Zahlenkolonne, mit deren Hilfe man ein an das Internet angeschlossenes Endgerät ansprechen kann. Beispiel für eine IP-Adresse wäre 192.168.0.1.

Labels
Mithilfe von Labels, also Markierungen, lassen sich die Mails in Ihrem Gmail-Postfach sortieren.

Glossar

Linux

 Das freie Betriebssystem Linux ist der Urahne des Android-Betriebssystems. Linux wurde im Jahr 1991 von dem damals 21-jährigen Studenten Linus Torvalds entwickelt. Dieser führt bis heute die Aufsicht über die Entwicklung des Betriebssystemkerns, des sogenannten Kernels.

LTE bzw. 4G

Der neue, schnelle Mobilfunkstandard LTE (= Long Term Evolution) ist der Nachfolger von UMTS und bietet Datenübertragungsraten, die man bislang nur von Breitbandanschlüssen gewohnt war.

MMS

Der Multimedia Messaging Service stellt die Weiterentwicklung der klassischen SMS dar. Damit haben Sie die Möglichkeit, kleine Multimediadateien wie z. B. Fotos oder Videos an eine Kurznachricht zu heften.

MP3

Das MP3-Kompressionsverfahren bietet die Möglichkeit, Audiodateien – in der Regel Musik – auf einen Bruchteil ihrer Größe bei nahezu gleichbleibender Qualität zu komprimieren.

MP4

MP4 ist ein Container für Videomaterial, das mit einem Videocodec komprimiert wurde.

Multitasking

Unter Multitasking versteht man das scheinbar parallele Abarbeiten von Programmen auf einem Computer oder Smartphone. »Scheinbar« deshalb, weil der Prozessor im Mikrosekundentakt zwischen den geöffneten Anwendungen hin und her wechselt und so der Eindruck der Parallelbearbeitung erweckt wird.

NAS

NAS ist die Abkürzung für Network Attached Storage und bezeichnet die Anbindung von Massenspeichern (Festplatten, USB-Sticks …) an Ihr lokales Netzwerk.

PDF

Das Portable Document Format ermöglicht die Darstellung von Dokumenten auf beliebigen Plattformen. Sie benötigen allerdings spezielle Apps, um PDF-Dokumente anzuzeigen – das Android-System selbst beherrscht dieses Format nicht.

Glossar

PIN
Mit der PIN, der persönlichen Identifikationsnummer, aktivieren Sie Ihre SIM-Karte.

Pinch-to-Zoom
Eine Anleihe vom iPhone: Mit gespreizten Fingern können Sie Bildschirminhalte verkleinern oder vergrößern.

QR-Code
 Das ganze Buch wimmelt davon: Über diese praktischen kleinen Piktogramme, die Quick Response Codes, installieren Sie im Handumdrehen Apps mithilfe Ihrer Smartphone-Kamera und einer Scanner-App. Siehe Seite 50.

RAM
Das Random Access Memory ist derjenige Speicher Ihres Smartphones, in dem die Programme ablaufen und temporäre Daten abgelegt werden. Alle Inhalte des RAM-Speichers werden beim Abschalten des Smartphones gelöscht.

Reset
Durch das Zurücksetzen Ihres Smartphones gelangen Sie in einen definierten Ausgangszustand. Ein Reset ist dann sinnvoll, wenn das Telefon wider Erwarten einmal abstürzen oder »hängen bleiben« sollte.

ROM
Im Read-Only Memory ist das Betriebssystem Ihres Smartphones untergebracht. Dieser im Normalbetrieb nicht beschreibbare Speicher enthält sämtliche Daten und Programme, die Android benötigt. Sie haben aber stets die Möglichkeit, das ROM zu flashen und ein neues Betriebssystem einzuspielen oder das bestehende System zu aktualisieren.

Rooten
Nur für Experten zu empfehlen: Durch das Rooten Ihres Smartphones verschaffen Sie sich Zugang zum Kern des Systems und zu systemkritischen Dateien.

RSS
 Mit dem Really-Simple-Syndication-Format werden Überschriften von Nachrichtenkanälen des Internets oder ganz allgemein auch von Webseiten auf das Smartphone befördert. Dazu ist es nicht notwendig, die kom-

plette Seite zu laden, was einem Smartphone-Nutzer aufgrund des dadurch reduzierten Datenaufkommens sehr entgegenkommt.

SD-Karte

Auf einer Secure Digital Memory Card lassen sich Daten ablegen, die auch nach einem Neustart des Geräts zur Verfügung stehen. Neben der fest verbauten internen SD-Karte bieten die meisten Smartphones die Möglichkeit an, den nicht flüchtigen Speicher mit einer externen SD-Karte zu erweitern.

SIM-Karte

Zum Telefonieren oder zur Nutzung des mobilen Internets benötigen Sie ein Subscriber Identity Module, kurz SIM genannt. Derartige Chips erhalten Sie von einem der zahlreichen Mobilfunkprovider.

SMS
Der Short Message Service ist der Dinosaurier unter den mobilen Kommunikationsformen und außer in Teeniekreisen vom Aussterben bedroht. Kein Wunder, stehen doch über das mobile Internet weit kostengünstigere Alternativen zur Verfügung.

Swype
Swypen statt tippen: Durch das Nachfahren von Buchstabensequenzen mit dem Zeigefinger steigern Sie nach kurzer Zeit Ihre Geschwindigkeit bei der Texteingabe beträchtlich.

Task-Manager
Moderne Betriebssysteme setzen auf Multitasking und lassen eine Vielzahl von Programmen und Diensten parallel ablaufen. Mit einem Task-Manager haben Sie die Möglichkeit, selektiv Anwendungen zu stoppen, die Ihr Gerät ausbremsen.

Tethering
Seit der Android-Version 2.2 Froyo können Sie den Internetzugang Ihres Handys anderen Geräten zur Verfügung stellen. Ihr Smartphone dient dabei als Hotspot, das Verfahren wird als Tethering bezeichnet.

UMTS bzw. 3G
Mit dem schnellen Standard Universal Mobile Telecommunications

369

Glossar

System (auch als 3G bekannt) lassen sich Dateien im D-Zug-Tempo übertragen, und auch das Surfen per Browser gestaltet sich äußerst flüssig.

URL
Der Uniform Resource Locator ist dem Normalanwender besser bekannt unter dem landläufigen Begriff Internetadresse. Ein Beispiel für eine URL wäre *http://www.vierfarben.de*.

USB

Per Universal Serial Bus erfolgt der Abgleich Ihres Smartphones mit Ihrem PC. Jedes moderne Gerät verfügt mittlerweile über einen entsprechenden Steckanschluss, der per Kabel mit einem PC verbunden werden kann.

VOIP
Der Voice-over-IP-Standard ist jedem Computerkundigen unter dem Namen Internettelefonie ein Begriff. Skype verwendet dieses Verfahren, um kostengünstige Telefonate rund um den Globus zu ermöglichen.

Wallpaper
Mit einem Wallpaper (zu Deutsch: Tapete) gestalten Sie den Hintergrund Ihres Desktops.

Widget
Diese praktischen kleinen Helfer verwandeln Ihr Smartphone in eine Informationszentrale. Ob Wetter, Uhrzeit oder Kalendereinträge: Für jeden Zweck gibt es die passende Informationsanwendung für den Desktop.

WLAN oder WiFi
Über das Wireless Local Area Network gelangen Sie insbesondere im Ausland kostengünstig ins Internet. Mittlerweile ist jedes Standard-Smartphone mit einer WLAN-Schnittstelle ausgestattet, die die drahtlose Verbindung zu einem Hotspot herstellt.

Stichwortverzeichnis

3D-Soundeffekte 277
3G 99, 369
4G 367
8sms 92
.apk-Datei 189

A

Abroadband 95
aCalendar 161
Account 363
Adressbuch 147
A-GPS 363
AirDroid 331
  AirDroid-Desktop 331
Akku 17
Aktualisierung 24, 174
Album 215
  erstellen 216
AllCast 243
All-Inclusive 282
  Google Music 278
Amazon-Apps 188
Amazon Kindle 289
Amazon-Konto 188
Amazons Android-App-Shop 187
Anbieter 106
Android 14
Android File Transfer 234, 269
Android Geräte-Manager 329
Android Hardware Info 349
Android Market 363
AndroidPIT 187, 351
AndroVid Pro 230

Anhang verschicken 140
Anklopfen 65
Anruf
  abweisen 58
  annehmen 58
Anrufer-ID 66
Anrufprotokoll 62
AntennaPod 286
Anwendungen, kürzlich gestartet 38
Anwendungsmanager 189, 345
APK-Datei installieren 187
APN 109, 363
App 27, 47, 363
  aktualisieren 51
  auf SD-Karte verschieben 194
  deinstallieren 192
  erneut installieren 183
  kaufen 179
  löschen 192
  suchen 48, 177
  Verknüpfung erstellen 33
Aqua Mail 145
Archivierte Hangouts 88
Assisted GPS 248
Astro-Dateimanager 140
Attachment 363
Audacity 77
Audible 287
Aufgabe 150, 163
Augmented Reality 305, 363
Ausland 95
Auto Awesome 220
Automatische Updates 175

Stichwortverzeichnis

B

Backup 307
Baphomets Fluch 303
Barcode Scanner (ZXing) 50
BatteryGuru 341
Battery Widget Reborn 340
Benachrichtigung 157
Benachrichtigungston 148
Berechtigungen (Apps) 49, 176
Bild
  an E-Mail anhängen 139
  beschneiden 221
Bilder teilen 222
Blitz 205
Blitzmodus 204
Bluetooth 43, 334, 359, 363
Bluetooth-Hardware verbinden 359
Bookmarks 119
Booten 19
Browser 114
  Desktop-Ansicht 115
  Fenster 117
  Optionen 114
  Tabs 117
  Verlauf 123

C

c: geo 263
Cache leeren 192, 346
Camera Zoom FX 210
CamScanner 356
chomp SMS 92
Chrome 100, 114
Chromecast 241, 364
Circle 128
Client 364
Cloud 271, 364
  Dropxbox 327

Cloud-Print-App 356
Cloud Print Service 353
Cloudspeicher 323
Codec 364
Code einlösen 182
Copy & Paste 41, 364
CSV 74
Cursor positionieren 42

D

Das verrückte Labyrinth 300
Dateimanager 140, 196
Datenlimit festlegen 111
Datensicherung 315
  eingebaute 320
Datenverbrauch 111
Datenvolumen 106
DB Navigator 292
DB Tickets 293
DCIM 364
Deezer 278
Desktop 364
DHCP 101, 364
Diashow 218
Dienste 191
Displayhelligkeit 334, 335
Displaysperre 35
Documents To Go 167
Drag & Drop 365
DRM 272
Dropbox 326
  Kamera Uploads 328
Drucker verwenden 352

E

E-Book 288, 365
EDGE 105
EICAR-Virustest 311

Einschaltknopf 19
Einstellungen (App) 42
Einstellungsbereich 31
Einstellungsmenü 42
E-Mail
  archivieren 137
  beantworten 133
  empfangen 132
  Labels ändern 136
  mit Anhang versenden 139
  schreiben 135
E-Mail-App 131, 141
E-Mail-Provider 141
Energiefresser enttarnen 339
Energiesteuerungs-Widget 44
Equalizer 277
Erinnerung 157, 163
ES Datei Explorer 361
Exchange 75
Exchange Server 145
Explorer 268
External Keyboard Helper Pro 359
ezPDF Reader 168

F

Facebook 126
Facebook, Video teilen 234
Face Unlock 313
Fernsehen auf dem Smartphone 243
Film
  kaufen 237
  leihen 237
Find my Face 220
Fix-Icon 33
Flash-Speicher 194
Flash von Adobe 365
Flugzeugmodus 336
FM-Transmitter 360
Fokussierung 202

Forum 348
Foto bearbeiten 221
Fotos-App 213
Fotos bearbeiten 221
Fotos drucken 223
Fotos herunterladen 225
Freisprechanlage 360
Fritz!Box 361
FTP 365

G

Galerie 213, 365
Geburtstagskalender 158, 161
Geocaching 263
Geräteadministratoren 309
Gmail 21, 131
GMX Mail 141
GO Contact Sync Mod 75, 163
Golem-App 299
Google+ 127
Google Cast 243
Google Docs 166
Google Drive 166, 323
  Texterkennung 358
Google Earth 257
Google Einstellungen 329
Google Hangouts 80, 81, 95
Google-Kalender 150, 153
Google Keep 39, 164
Google-Konto 21
Google Maps 250
  3D-Darstellung 256
  Offlinekarten 253
Google Nexus 15
Google Now 22, 37, 45, 53, 59, 123, 251
Google Play 171
  reparieren 323
Google Play Games 304
Google Play Store 25, 47, 171, 365

Stichwortverzeichnis

Google Wallet 180
Go SMS Pro 91
GPRS 105
GPS 247, 336, 365
GPS Status 248, 250
Gruppe erstellen 71
GSM 366
GTasks 163

H

Handcent SMS 92
Hangouts 85, 95
 Chat 95
 SMS 86
Hard Reset 346, 347
 Tastenkombination 347
Hardwaretasten 16
HDMI 366
HDR 209
HDR-Modus 204
Headset 15, 67
Heise-App 299
Helium – App Sync and Backup 316
Helligkeitsstufe 335
Hintergrundbild 335
 ändern 33
Hi-Q MP3 Rekorder 295
History 123
Höhenprofil 262
Home-Bildschirm 30
Home-Schaltfläche 197
Homescreen 27, 366
Home-Taste 28
Hörbuch 286, 287
Hotspot 113, 366
HRS Hotels 293
HSDPA 105

I

iCalendar-Format 162
Icon 32, 366
IMAP 142, 366
IMEI 65
In-App-Bezahlung 185
Internetforum 348
IP-Adresse 366
ISO 205
iSyncr 270
iTunes 269
 Synchronisierung mit 270

J

Jamba 78
Jump-&-Run-Spiele 304

K

Kalender 149
 Eintrag löschen 157
 neu erstellen 159
 synchronisieren 153
 Termin eintragen 154
Kalender-App 154
Kalender-Widget 153
Kamera-App 201, 203
Kamerafunktion 201
Karten (Google Now) 123
Keep 164
Kies 163, 315
Kindle 289
Kingsoft Office 166
Klingelton 76, 148
Knots 3D 296
Knowledge Graph 123

Stichwortverzeichnis

Kontakte 68, 147
  einrichten 68
  hinzufügen 70
  importieren 73
Konten 44
Konversation 135
Kopieren und Einfügen 41
Kostenkontrolle 111
Kreditkarte 179

L

Labels 136, 366
  verwalten 137
Labyrinth 301
Ladeadapter 15
Ladekabel 15
Ladeschale, induktive 341
Lautstärke anpassen 77
LED als Videoleuchte 228
Lesezeichen 118
Linux 14, 367
Liste 163
Live-Hintergrund 33
Live-Traffic 261
Locus Map Pro 258
Lokale Suche 121
LTE 43, 99, 105, 334, 367

M

MAC-Adresse 103
Mailbox einrichten 63
Malware 307
Mathematica 297
Mediathek-Apps 245
MediaThekCast 243
Meine Tracks 261
Memo 164
Menü-Taste 28
microSD 18

Micro-SIM 19
Microsoft Exchange 145
Microsoft Outlook 321
MMS 89, 90, 367
Mobiler Internetzugang
  Einrichtung 107
Mobilfunkrechnung 179
MP3 296, 367
MP4 367
Multitasking 197, 367
Music Manager 271
Music Player 270
Musik
  abspielen 270
  kaufen 277
  übertragen 267
Musik-Flatrate 278
Musikstreams aufzeichnen 285
Muster 313
mysms 92

N

Nachricht senden 62, 85
Nano-SIM 19
NAS 361, 367
Navigation 258
NAVIGON 261
Netzwerkspeicher 361
Neustart 343

O

Oberfläche 26
Öffi 291
Office-Software 165
Onefootball 299
Onlinealben 213
Onlinespeicher
  Dropbox 326
  Google Drive 323

375

Stichwortverzeichnis

Open StreetMap 258
Ordner 35
Ortung 329
Outlook 68, 162
 Synchronisierung 162
Over-Air-Update 26

P

Panoramafunktion 209
Papier Kamera 211
Passwort 313
pdassi 187
PDF 367
 Sprachausgabe 169
PDF-Reader 168
PhotoSphere 207
Picasa 213
PIN 19, 312, 368
Pinch-to-Zoom 116, 251, 368
PIN-Code ändern 313
PlanMaker 168
Play Books 288, 289
Playlist 275, 280
Play Movies 239
Play Music 270, 274
Play Music Radio 280
Play Store 25, 47, 171
 Filme 237
 Optionen 186
 Überblick 171
Podcast 286
Polaris Office 167
Posteingang 137
Presentations 168
Privat surfen 122
Profil 337
 einrichten 78
Profile Scheduler 78, 337
Provider 106

Q

QR-Code 50, 368
Quizduell 301

R

Radio hören 284
Radio (Play Music) 276
RAM-Speicher 193, 194, 368
readfy 290
Remote-Sperre 329
Reset 368
Roaming 108
Rocket Player 283
ROM 368
Rooten 352, 368
Root Explorer 197
Routenführung 254, 259
Routenplaner 258
Router 101
RSS 368
Rufweiterleitung 64
Ruhezustand 335

S

Samsung Galaxy 17
Samsung Kies 315
Scannen 356
Schaltfläche am Smartphone 27
Schnappschuss 203
Schnellzugriff 67, 120
Schnellzugriffleiste 42
SD-Karte 194, 369
SD-Speicherkarte 268
Security Enhanced Linux 352
Selbstauslöser 204
Selbstporträt 206
Serientermine 158

Stichwortverzeichnis

Shazam 283
Signatur 138, 148
SIM 19
Simfy 278
SIM-Karte 17, 369
SIM-Sperre 43
SIP 67
Sipgate 79
Skype 82
Smart Tools – Werkzeugkasten 295
SMS 85, 369
SMS-App festlegen 91
SMS archivieren 87
Snapdragon-Prozessor 341
Softmaker Office 167
Soft Reset 344
Solarpanel 342
Sonderzeichen eingeben 40
Songtext 284
Speicherbelegung analysieren 193
Speicherkarte 18
Sperrbildschirm 35, 311
Sperren des Geräts 329
Spiegel Online 298
Spiele 291
Spotify 278
Spracheingabe 45
SSID 99
SSL 143
Standby 25
Standortdienste 22
Startbildschirm 27
Statusleiste 26
Street View 208, 255
Stromfresser identifizieren 333
Strom sparen 334
Stromtankstelle 342
Suchfunktion 53
Suchwidget 53, 114
S Voice 59

Swype 41, 369
Synchronisation 321
Sync.me 75
Szenenmodus 205

T

Tabellenkalkulation 323
Task-Manager 340, 369
Tastatur 39
Telefon-App 55
Telefonieren 55
Telefonkonferenz 61
Telefonnummer, eigene 65
Temple Run 304
Termin
    eintragen 151
    regelmäßiger 158
    wiederholen 158
Tethering 112, 369
TextMaker 168
Textverarbeitung 323
The Cave 303
Thread (E-Mail) 135
Thread (SMS) 86, 88
Titanium Backup 316
Tooltips 133
Torvalds, Linus 14
Tracking 261
Traffic Monitor 104
Tripadvisor 293
Trojaner 307
TrustGo 48, 309
TTY-Modus 66
TuneIn Radio 284
TV Spielfilm Play 306
Twitter 129

Stichwortverzeichnis

U

Umlaut eingeben 39
UMTS 99, 334, 369
UMTS-Modus 108
Update 51, 174
  automatisches 175
URL 370
USB 30, 370
USB-Kabel 267

V

Verkehrslage 260
Verlaufsprotokoll 60
Verschlüsselung 314
Vibrationsalarm 76
Video
  aufnehmen 227
  hochladen 235
  Navigation 229
  trimmen 230
Videoanruf 81
Videokonferenz 80
Videomaterial übertragen 232
Videomodus 227
Videoschnitt 230
Videostreaming 239
Viren 307
Virenscanner 48
  Testvirus 311
  TrustGo 48, 309
  Überblick 310
Virenschutz 308
VOIP 79, 370

W

Wallpaper 370
Watchever 239, 243

WeatherPro 294
Webcam-Browser 294
WEB.DE 141
Weißabgleich 205
Werkszustand 347
Wer wird reich? 302
WhatsApp 92
Wheres My Droid 330
Widget 32, 370
WiFi 370
Wifi Analyzer 103
Wi-Fi Direct 99
Wikitude 305
WLAN 20, 43, 97, 370
  aktivieren 97
  einrichten 99
Wo ist mein Wasser? 300
WolframAlpha 297
Worldscope Webcams 294
WPS 100

X

XDA-Developers 350

Y

Yahoo 141
YouTube
  Video anschauen 236
  Video teilen 234

Z

Zattoo Live TV 243
Zertifikat 146
Zufallsmix 281
Zurück-Taste 28, 38

- Windows 8.1 kennenlernen
- Internet, E-Mails, Apps, Fotos, Sicherheit u.v.m.
- Keinerlei Vorkenntnisse nötig

Mareile Heiting

Windows 8.1
Der verständliche Einstieg

Von Anfang an durchblicken! Begeben Sie sich mit unserer erfahrenen Autorin Mareile Heiting auf Entdeckungstour durch das neue Windows. Leicht verständlich und anschaulich vermittelt sie Ihnen direkt umsetzbares Wissen – Vorkenntnisse sind nicht nötig. Mit Rat und Tat steht sie Ihnen zur Seite, wenn Sie im Internet surfen, E-Mails schreiben, Ihre Fotos bearbeiten oder die Kacheloberfläche Ihren Bedürfnissen anpassen. Dank der zahlreichen farbigen Abbildungen und schrittweisen Anleitungen finden Sie sich auf Anhieb an Ihrem Computer zurecht.

420 Seiten, broschiert, in Farbe, 19,90 Euro
ISBN 978-3-8421-0135-7
erscheint Juli 2014
www.vierfarben.de/3658

- Grundlagen, Praxistipps und Profiwissen

- Alles zu Word, Excel, Outlook, PowerPoint und OneNote

- Mit vielen Schritt-für-Schritt-Anleitungen, Beispielen und Tipps

Robert Klaßen

Office 2013
Der umfassende Ratgeber

Dieses Buch beantwortet Einsteigern und Fortgeschrittenen alle Fragen zu Word, Excel, Outlook, PowerPoint und OneNote! Auf über 1.000 Seiten steht Ihnen der erfahrene Fachbuchautor und Office-Experte Robert Klaßen mit Rat und Tat zur Seite. Verständliche Schritt-für-Schritt-Anleitungen, nützliche Tipps, anschauliche Screenshots und viele Praxisbeispiele machen dieses Buch zu einem Lern- und Nachschlagewerk, das Sie bald nicht mehr missen möchten.

1.194 Seiten, gebunden, in Farbe, mit CD, 39,90 Euro
ISBN 978-3-8421-0090-9
erschienen Mai 2014
www.vierfarben.de/3424

Das gesamte Buchprogramm: www.vierfarben.de

Jörg Rieger, Markus Menschhorn

Das große Mac-Buch
für Einsteiger und Umsteiger

Lernen Sie Ihren Mac kennen! Im Internet surfen, E-Mails schreiben, Bilder mit iPhoto bearbeiten, Musik genießen mit iTunes oder Dateien in iCloud speichern – alle wichtigen Themen werden anschaulich, leicht verständlich und auf spannende, unterhaltsame Art und Weise erklärt.

436 Seiten, broschiert, in Farbe
ISBN 978-3-8421-0093-0, 24,90 Euro
erschienen Januar 2014
www.vierfarben.de/3445

Herbert Thoma, Marc Oliver Thoma

Das iPad-Buch
Die verständliche Anleitung

Nutzen Sie Ihr iPad richtig! Dieses Buch macht Ihnen den Einstieg leicht. Es erklärt Ihnen Ihr iPad im Detail und zeigt Ihnen Schritt für Schritt alle wichtigen Funktionen. Lernen Sie die beliebtesten Apps für Musik, Filme, Spiele und Fotos kennen.

326 Seiten, broschiert, in Farbe
ISBN 978-3-8421-0078-7, 19,90 Euro
erschienen März 2014
www.vierfarben.de/3291

418 Seiten, gebunden, in Farbe, mit DVD
ISBN 978-3-8421-0118-0, 29,90 Euro
erschienen November 2013
www.vierfarben.de/3522

Mareile Heiting

MAGIX Video deluxe 2014
Schritt für Schritt zum perfekten Video

Eigene Filme schneiden, den perfekten Sound dazumischen und Effekte à la Hollywood erzielen – sehen Sie, wie es geht! Mareile Heiting zeigt Ihnen, wie Sie mit MAGIX Video deluxe das Beste aus Ihren Videos herausholen!

304 Seiten, gebunden, in Farbe
ISBN 978-3-8421-0018-3, 16,90 Euro
erschienen Juni 2011
www.vierfarben.de/2572

Jacqueline Esen

Digitale Fotografie
Grundlagen und Fotopraxis

Dieses Buch ist Ihr kompetenter Begleiter beim Einstieg in die digitale Fotografie! Verständlich und kompakt finden Sie hier schnell alles, was Sie wissen müssen, um die digitale Fotografie zu meistern – inklusive Profitipps für bessere Fotos!

Leseprobe unter: www.vierfarben.de

Dietmar Spehr

Digital fotografieren lernen

Schritt für Schritt zu perfekten Fotos

Porträtieren Sie Menschen, fangen Sie die Schönheit der Natur ein, erkunden Sie die Makrofotografie und vieles mehr! Der Autor zeigt Ihnen leicht verständlich alles, was Sie brauchen, um tolle Fotos zu machen.

424 Seiten, broschiert, in Farbe
ISBN 978-3-8421-0063-3, 19,90 Euro
erschienen März 2014
www.vierfarben.de/3216

Jacqueline Esen

Fotografieren!

Die Fotoschule zum Mitmachen

Dieses Buch bietet Ihnen haufenweise Fotoideen und Anregungen! Ob Sie wenig Zeit haben oder viel, ob Sie gerne drinnen oder lieber draußen fotografieren, für jeden ist etwas dabei …

379 Seiten, gebunden, in Farbe
ISBN 978-3-8421-0034-3, 29,90 Euro
erschienen April 2012
www.vierfarben.de/2982

397 Seiten, gebunden, in Farbe
ISBN 978-3-8421-0129-6, 39,90 Euro
erschienen April 2014
www.vierfarben.de/3587

Kyra Sänger, Christian Sänger

Sony alpha 7/7R
Das Handbuch zur Kamera

Dieses Buch ist Ihr praktischer Begleiter für die Sony alpha 7 und 7R! Hier finden Sie alle Funktionen und Programme verständlich erklärt. Machen Sie herausragende Porträts, beeindruckende Landschaftsaufnahmen, spannende Nahaufnahmen und, und, und.

413 Seiten, gebunden, in Farbe
ISBN 978-3-8421-0121-0, 39,90 Euro
erschienen Dezember 2013
www.vierfarben.de/3544

Dietmar Spehr

Canon EOS 70D
Das Handbuch zur Kamera

Wie Sie mit Ihrer EOS 70D tolle Fotos machen, zeigt Ihnen dieses Buch. Reizen Sie die vielen Profi-Funktionen aus, und setzen Sie Ihre Motive gekonnt in Szene – vom schmeichelhaften Porträt bis zur atemberaubenden Landschaft.

 Folgen Sie uns: www.facebook.com/Vierfarben